Ulrich Störiko-Blume
Kinder- und Jugendbuchverlage
Macher, Märkte, Medien

BRAMANN Basics – buch & medien

Band 6

Hg. von Klaus-W. Bramann und Anke Vogel

Ulrich Störiko-Blume

Kinder- und Jugendbuchverlage

Macher, Märkte, Medien

bramann.

Für Monika

Alle Titel der Reihe werden in der Deutschen Nationalbibliografie angezeigt.
Die Deutsche Nationalbibliothek bietet nach Erscheinen detaillierte bibliografische Informationen unter https://www.dnb.de/

Herstellung
Margarete Bramann, Frankfurt am Main

Druck und Bindung
Druckerei TZ-Verlag & Print GmbH
Printed in Germany 2021

ISBN (Print) 978-3-95903-015-1
ISBN (EPUB) 978-3-95903-108-0

Mit herzlichem Dank an

*Christian Stottele, Wolfgang Hartmann,
Christian Warweg, Peter Usborne, Gert Frederking,
Volker Neumann, Brigitte Obermayer, Karl Heinz Pütz,
Craig Virden, Renate Raecke, Hans-Joachim Gelberg,
Andreas Meyer, Edite Kroll, Michael Krüger
und viele weitere kluge Buch- und Verlagsmenschen.*

Inhalt

	Vorwort der Herausgeber	8
1	**Einführung**	9
1.1	Verlegen heißt: Büchern Chancen geben	10
1.2	Kinder brauchen Bücher	12
1.3	Studien zum Leseverhalten	18
1.4	Vom Wert des Papier-Buchs	22
1.5	Das Kinder- und Jugendbuch zwischen Literatur, Pädagogik, Unterhaltungswirtschaft und Buchhandel	23
1.6	Das Kinder- und Jugendbuch als zweitgrößte Teilbranche des Buchmarkts	30
2	**Typen von Kinder- und Jugendbuchverlagen und ihre Marktbedeutung**	35
2.1	Zahl und Struktur der Kinder- und Jugendbuchverlage	38
2.2	Der Vertrieb: Nadelöhr oder Türöffner?	42
2.3	Aufmerksamkeit gewinnen	44
2.4	Alternative Verlagsformen – Ergänzung, Erweiterung oder Überflutung des Marktes?	46
3	**Wie ein Programm entsteht**	53
3.1	Verlag, Imprint, Marke	54
3.2	Programm-Findung	55
3.3	Das Verlags-Portfolio	61
3.4	›Make or Buy‹ – eigene Buchrechte schaffen oder Lizenzen einkaufen?	63
3.5	Spitzentitel, Midlist, Pressetitel	65
3.6	Klassiker, Bestseller, Flops	68
3.7	Die Backlist	77

4 **Macher und ihre Motive** ... 79
4.1 Menschen haben Motive für ihr Tun ... 80
4.2 Die Kreativen: Autoren, Übersetzer, Illustratoren, Lektorinnen, Assistentinnen, Gestalter ... 82
4.3 Die Kommunikativen: Marketing-Experten, Pressereferenten, Event- und Veranstaltungsmanager, Werbefachleute, Internet-Spezialisten ... 100
4.4 Die Kommerziellen: Vertriebler im Innen- und Außendienst, Key-Accounter ... 106
4.5 Die Kaufmännischen: Personaler, Buchhalter, Vertragsexperten, Datentechniker, Controller ... 110
4.6 ›Kindernah‹ – wie lässt sich dieser Anspruch erfüllen? ... 114

5 **Die Beziehung Autor/Verlag** ... 117
5.1 Der literarische Autor ... 118
5.2 Der Sachbuch-Autor ... 127
5.3 Das rechtliche Verhältnis Autor/Verlag ... 128
5.4 Die Rolle der Agenturen ... 132
5.5 Der Autor als Promoter seines Werkes ... 133

6 **Das Zusammenwirken der Verlagsfunktionen** ... 135
6.1 Routine und Innovation ... 136
6.2 Planung versus Risiko und Improvisation ... 140
6.3 Buchkalkulation ... 143
6.4 Anforderungen an Mitarbeiter in Kinder- und Jugendbuchverlagen ... 148
6.5 Freie Mitarbeiter ... 150
6.6 Frauen und Männer in Kinder- und Jugendbuchverlagen ... 152

7 **Ausblick** ... 155

Anhang
#Spotlights ... 157
Quellenverzeichnis ... 160
Literaturverzeichnis ... 164
Sachregister ... 168
Verlags- und Namensregister ... 169

Vorwort der Herausgeber

Der Kinder- und Jugendbuchmarkt nimmt den zweiten Rang im Bereich der Publikumsverlage ein. Damit hat dieses Marktsegment nicht nur kulturelle Bedeutung, sondern besitzt auch ökonomische Relevanz. Seit Jahrzehnten verzeichnet man steigende Umsätze und der Marktanteil des Kinder- und Jugendbuchs liegt aktuell bei rund 17 % des Gesamtumsatzes der Branche. Doch nicht Daten stehen im Vordergrund dieses Titels, sondern Menschen, die mit ihrer Individualität das Marktgeschehen prägen: Autorinnen und Autoren, Programmleiter, Lektorinnen, Übersetzerinnen und freie Mitarbeiter, um nur einige von ihnen zu nennen.

Aus pragmatischen Gründen werden im Folgenden keine *Sternchen, Versal-Is oder andere Signale eingesetzt, die auf geschlechtliche Diversität hinweisen. Da wiederholt Berufsbezeichnungen genannt werden, würden solche Markierungen die Aussagekraft nicht erhöhen. Der Autor ist sich bewusst, dass in allen Berufsrollen Menschen beiderlei Geschlechts oder mit unterschiedlichen geschlechtlichen Orientierungen arbeiten. Dies wird auch von den Herausgebern respektiert und ausdrücklich begrüßt. Ferner werden im Fließtext durchgängig die Abkürzungen KJB sowie KJBV für ›Kinder- und Jugendbuch‹ bzw. ›Kinder- und Jugendbuchverlag‹ verwendet, um ein unnötiges Aufblähen des Textkorpus zu vermeiden.

Ulrich Störiko-Blume betreibt seit 2015 die ProjektAgentur, die Manuskripte an Kinder- und Jugendbuchverlage vermittelt. Seine Erfahrungen hat er als Lektor und Verlagsleiter in bekannten Verlagen sowie in einschlägigen Verbänden der Branche gesammelt. Er hält Vorträge, schreibt Artikel in Fachzeitschriften und wirkt als Dozent am Zentrum für Buchwissenschaft der Ludwig-Maximilians-Universität München.

April 2021 — Klaus-W. Bramann und Anke Vogel

1 Einführung

Die Formel 6 x M besagt: Die Buchbranche ist ein von Menschen betriebenes komplexes Aktionsfeld; in ihm arbeiten Macher mit bestimmten Motiven, die Medien produzieren; sie haben Mechanismen entwickelt, mit denen sie die Märkte bedienen.

Ein spezielles Marktsegment bilden die Kinder- und Jugendbücher. Hier nehmen Schriftsteller und Illustratoren ihre potenziellen Leser auf eine besondere Weise ernst; hier (er)finden sie für Kinder und Jugendliche Geschichten; hier bemühen sie sich, ihnen die Welt zu erklären; dabei gehen sie sehr bewusst mit der Sprache um; gemeinsam mit ihren Verlagen suchen sie die adäquate Buchform.

Kinder- und Jugendbuchverlage sind wie Katalysatoren: Sie verwandeln die Schöpfung der Autoren vom Manuskript-Stadium in fertige Bücher. Sie betreuen die Interaktion zwischen Autoren, die Kindern und Jugendlichen etwas zu sagen haben, und den jungen Lesern, die mehr über die Welt wissen wollen, als sie selbst jemals werden erfahren können. Verlage bringen ›gute‹ Geschichten ›in Form‹ – das ist ihre genuine Leistung. Mit ›gut‹ ist hier gemeint: der Stoff kommt an; die Figuren bewegen; die Verbindung von Inhalt und Form fasziniert; und man ist bereit, hierfür Geld auszugeben.

Deutschland hat den besten Buchhandel der Welt – das soll kein Eigenlob sein, sondern so bestätigen es immer wieder Kollegen aus anderen Ländern. Das Netz der Buchhandlungen ist so dicht wie nirgends sonst. Praktisch jede Buchhandlung liefert fast jedes Buch über Nacht, und das überall zum festgelegten #gebundenen Ladenpreis. In allen Wirtschaftskrisen der Vergangenheit verlief die Buchhandels-Konjunktur besser als die allgemeine Konjunktur, auch besser als die des Einzelhandels mit Konsumgütern, zu denen Bücher statistisch zählen. Das hat sich auch während der Lockdown-Zeit in der Corona-Pandemie 2020/2021 gezeigt, als der Umsatzeinbruch in Grenzen gehalten werden konnte, wobei das KJB mit knapp 5 % ein beachtliches Wachstum verzeichnete. Dafür gesorgt hat aber nicht die Logistik von #Amazon, sondern der Einfallsreichtum und das erhebliche Zusatz-Engagement vieler Buchhandlungen. Die Buchbranche steht relativ gut da, u.a. auch deshalb, weil die Distribution analoger Bücher hocheffizient organisiert ist, vergleichbar nur der Medikamenten-Lieferung an die Apotheken. Der Wettbewerb sorgt dafür, dass an der Kostenoptimierung der Prozesse ständig gearbeitet wird.

1.1 Verlegen heißt: Büchern Chancen geben

Was heißt Verlegen, und mit welcher Zielsetzung werden Verlage, insbesondere Kinder- und Jugendbuchverlage (im Folgenden KJBV) betrieben? Die Wege und Methoden, die programmatischen und die unternehmerischen Ziele mögen sich noch so sehr unterscheiden – die Kernaufgabe lautet: Finde Autoren, lass sie Geschichten schreiben und bring diese als Bücher zu den Lesern! Über die Existenzberechtigung eines Verlages entscheidet in unserem System zum Glück keine Behörde oder Kommission, sondern der Markt. Der Markt ist kein ideologisches Konstrukt, erst recht kein gottähnliches Wesen, und man sollte ihn keinesfalls idealisieren – so als ob er immer nur Gutes hervorbrächte. Der Markt hat durchaus negative Seiten. Auf den #Bestsellerlisten ganz oben stehen jede Menge Bücher, über deren Qualität man erheblich unterschiedlicher Meinung sein kann. #Filialisten zwingen selbstständige Buchhandlungen zur Aufgabe oder zum Verkauf ihres Geschäfts. Große Verlage schlucken kleine. Bücher, die gewisse Drehzahlen nicht erreichen, werden gnadenlos remittiert und landen entweder auf dem Ramschtisch oder im Schredder. Viele Autoren können von den Honoraren aus dem Verkauf ihrer Bücher nicht leben.

Aber auf ebendiesem Markt werden auch Bücher von literarischen Autoren gekauft, versetzen sich lesende Kinder in das Leben von Gleichaltrigen auf der Flucht aus ihrem vom Krieg erschütterten Heimatland, werden Augen und Sinne geöffnet für die Schönheit und Verletzlichkeit unseres Planeten, wird gelacht und geweint. Verlage sind nicht zum Verhindern von Publikationen da – so wird das ja oft von abgelehnten Manuskripteinsendern dargestellt. Verlage wählen aus, in der Regel aus guten Gründen. Und die Buchhandlungen wiederum stellen aus deren Programmen ihr – ebenfalls ausgewähltes – Sortiment zusammen.

Ein Markt lässt sich verstehen als ein Ort, an dem Angebot und Nachfrage aufeinandertreffen. »Der Markt liest nicht« hat der frühere Hanser-Verleger Michael Krüger einmal zutreffend formuliert. Hans-Joachim Gelberg, Gründer und langjähriger Leiter von Beltz & Gelberg, hat sinngemäß gesagt: Bücher werden nicht geschrieben, weil es einen Markt gibt, sondern weil Autoren etwas mitzuteilen haben.

Markt ist, wo das Angebot der Schreibwilligen auf die Nachfrage der Lesewilligen trifft. Jeder kann schreiben, was er will. Jeder kann drucken lassen, was er will. Jeder kann heute als Self-Publisher (siehe Kap. 2.4) ins Netz stellen, was er will. Zum Glück haben wir diese für ein demokratisches Gemeinwesen konstitutive Freiheit (sofern dabei die Gesetze respektiert werden). Aber nur, weil das Verbreiten von Büchern so einfach geworden ist, bedeutet das noch lange nicht, dass man die Veröffentlichung jeder beliebigen Schrift durch jeden beliebigen Autor begrüßt.

> *Redaktionen, Verlage und Lektorate haben eine Filterfunktion; sie prüfen und wählen Autoren und Beiträge aus, […] und entscheiden nach kognitiv überprüfbaren Geltungsansprüchen über die Veröffentlichung.*
> (Habermas 2020, 106)

Früher wie heute verlegen Verlage Bücher nicht einfach deshalb, weil ein Verfasser das so will oder gar dafür bezahlt. Niemand jenseits seines persönlichen Umfelds wird solche nur privat motivierten Schriften lesen wollen; das ändert sich auch nicht deshalb, weil sie im Internet im Prinzip jedermann leicht zugänglich zu machen sind. Eine Aufgabe von Verlagen ist es, den geprüften und lektorierten Büchern ihre Chance zu verschaffen – und die Leserschaft (und den Buchhandel) vor chancenlosen, schlecht geschriebenen, abseitigen und überflüssigen Büchern zu bewahren.

Es gibt keine universalen Rezepte, keine verbindlichen Regeln oder gar Vorschriften, wie ein Verlag zu führen ist. Der Stil eines Verlages lässt sich daran erkennen, wie er mit dem ewigen Widerspruch von Kunst und Kommerz umgeht. Es droht ein Übergewicht des kommerziellen Denkens, wenn Lektorate immer mehr zum Produktmanagement mutieren; wenn Verkaufszahlen das eigene Urteil ersetzen; wenn gefordert wird, #Kalkulationen statt Buchkonzepte zu optimieren. Und man wird auf Dauer nicht bestehen, wenn man durch zu aufwändige interne Prozesse seine Kosten nicht in den Griff bekommt oder aufgrund von Marktferne Bücher anbietet, die sich nicht in ausreichenden Stückzahlen verkaufen.

Wenn ein Verlag sich für eine Buchidee entschieden hat, übernimmt er die Kosten, diese in Form zu bringen und zu vervielfältigen. Dafür geht er ein – häufig erhebliches – Risiko ein. Oft genug geht es schief. Man riskiert nur aus wenigen Gründen etwas: aus Ahnungslosigkeit, aus Übermut, aus Leidenschaft oder aus Kalkül. Gute Verlage werden in einer Kombination von Leidenschaft und Kalkül betrieben.

Auch KJBV haben einen Doppelcharakter als Wirtschaftsunternehmen und als Kulturträger. Unter Verwendung dieser einfachen Bipolarität kann man die unterschiedlichen Verlage mal eher auf der kulturellen, mal eher auf der kommerziellen Seite angesiedelt sehen. Was es allerdings nicht gibt, sind einbeinige Extreme. Professionell verlegen heißt also genauer: ausgewählten Büchern Chancen verschaffen.

1.2 Kinder brauchen Bücher

Diese These, die sich auch als Forderung verstehen lässt, ist der Titel einer berühmten Studie von Bruno Bettelheim. Sie trägt den Untertitel *Lesen lernen durch Faszination* und drückt die gleiche Grundüberzeugung aus, in der auch das vorliegende Buch geschrieben wurde. Bettelheims Werk wurde nach jahrelangen Studien des Psychologen und seiner Mitarbeiter in US-amerikanischen Schulen geschrieben. Zur Zeit dieser Untersuchungen war die einzige Form, Bücher anzuschauen oder zu lesen, das auf Papier gedruckte Buch. Um Geschichten zu lesen, musste man Bücher lesen. Deshalb konzentrieren sich Bettelheims Überlegungen darauf:

> *Erlebt es [das Kind, Erg. d. Verfassers] das Lesen als etwas Interessantes, Wertvolles und Erfreuliches, so wird ihm die Mühe, die das Lesenlernen kostet, im Vergleich zu den Vorteilen, die es einbringt, kein zu hoher Preis sein. Es ist ziemlich einfach, dem Kind diesen Eindruck zu vermitteln, falls man dabei von seinem Elternhaus unterstützt wird.* (Bettelheim 1982, 14)

Die Bedeutung des Lesen-Könnens

Was ist Lesen? Man tut gut daran, sich die einmalige und unersetzliche Bedeutung des Lesens immer wieder klarzumachen. Durch das Entziffern der abstrakten Codes, die wir Buchstaben nennen, entstehen beim Leser Vorstellungen, sinnhafte Bilder, Gedanken, Zusammenhänge, Abläufe, Emotionen. Ein komponiertes, gestaltetes Ganzes solcher Codes erzeugt Eindrücke in unserem Innern, die sich z.B. zu einer Geschichte zusammensetzen.

Im Gegensatz zu seinen Komponenten, wie Sehen und Sprechen, die genetisch organisiert sind, existiert für das Lesen kein unmittelbares genetisches Programm, das es an zukünftige Generationen weitergibt. […] Dies ist ein Grund, warum sich das Lesen – wie jede kulturelle Erfindung – von anderen Prozessen unterscheidet und warum es unseren Kindern nicht ganz von selbst in den Schoß fällt. (Wolf 2009, 13)

Bücher kann man nicht passiv in sich aufnehmen – Lesen ist ein aktiver Prozess, der die gesamte Aufmerksamkeit des Lesenden erfordert. Wenn man das einmal in seinem Gehirn zu synthetisieren gelernt hat, steht einem eine Welt offen. So wie ein Radfahrer entscheiden kann, wohin und wie schnell er fahren möchte, kann der Leser entscheiden, was und in welchen Portionen er lesen will. Die ganze Welt (soweit sie aufgeschrieben und publiziert wurde), wird lesbar; Gedanken, Erfahrungen, Gefühle und eben Geschichten werden auf eine ganz persönliche Rezeptionsweise verfügbar.

»Das Verb *lesen* duldet keinen Imperativ. Eine Abneigung, die es mit ein paar anderen teilt: dem Verb *lieben*, dem Verb *träumen*.«
Daniel Pennac, *Wie ein Roman*

Lesen-Können ermöglicht Kindern den Zugang zu erheblichen Teilen der Welt, die vor dem Erwerb dieser Fähigkeit den Erwachsenen vorbehalten waren. Lesen ist ein Universalschlüssel zum Entziffern von allem, das schriftlich vorliegt, nicht nur von Büchern. Wenn dieses Tor einmal aufgeschlossen ist, eröffnen sich grenzenlose Räume des Lesbaren.

Der Prozess dahin ist allerdings mühsam, es ist wie alles wirkliche Lernen mit Anstrengung verbunden – aber auf die Mühe folgt auch die Belohnung.

Haben die Kinder erst einmal alle Buchstaben und Entzifferungsregeln gelernt, das verborgene Leben der Wörter erfasst und die verschiedenen Verständnisprozesse ins Rollen gebracht, kann die Erfahrung, dass das Lesen Gefühle hervorrufen kann, in ihnen eine lebenslange, leidenschaftliche Liebe zum Lesen wecken und sie zu kompetenten, verstehenden Lesern machen.
(Wolf 2009, 158)

Somit kommt die Entwicklungspsychologin und Literaturwissenschaftlerin Maryanne Wolf zum gleichen Befund wie Bruno Bettelheim ein halbes Jahrhundert zuvor.

Die allermeisten Kinder erlernen in unserer Gesellschaft die Technik des Lesens. Wenn sie endlich lesen können, erfüllt es die Kinder in der Regel mit einem ähnlichen Glücksgefühl, wie wenn sie endlich Fahrrad fahren oder schwimmen können. Wenn es jedoch versäumt wird, bei einem Kind diese Leistung mit Glücks-Empfindungen, auch ›Flow‹ genannt, zu verbinden, wenn Freude am Lesen nicht erfahren wird, ist die Chance oft vertan. Wer als Kind nicht gern und freiwillig liest, wird mit hoher Wahrscheinlichkeit auch als Erwachsener nicht zum privaten Leser. Dazu meint Alberto Manguel, bekannt geworden durch sein Werk *Eine Geschichte des Lesens* in einem Interview:

> *Ich glaube, es hilft, Kindern zu zeigen, wie viel Freude man selbst an Büchern hat. Aber man kann sie nicht zwingen, sich zu verlieben.* (Manguel 2020)

Leselust ›Leselust‹ ist ein schöner Begriff für intensiv empfundenen Umgang mit Büchern. Bilderbücher ermöglichen das schon bei ganz jungen Kindern, auch vorgelesene Geschichten, dann Kinderbücher, Jugendbücher sowie später die allgemeine Literatur. Lesen ist ein intimer Vorgang *(ich bin mit dir, meinem Buch, allein; du bist nur für mich da; wir beide verstehen uns)*. Lesen geschieht so langsam, so schnell, so oft, wie ich will. Ein gutes Buch ist wie ein guter (Gesprächs-)Partner: verständnisvoll, aber vor allem macht er einen auf etwas aufmerksam, das man selbst nicht gekannt oder so nicht gesehen hat. Entrücktheit, Versunkensein, rote Wangen, Gleichgültigkeit gegenüber den Erfordernissen des Alltags – all das gehört zur Leselust bei Kindern genauso wie bei Erwachsenen.

Wenn das obligatorische Lesenlernen in der Schule nicht durch das freiwillige Anschauen, Vorlesen und Lesen von Büchern zu Hause ergänzt wird, stellt sich das Lesebedürfnis nicht ein. Dieser Prozess ist – bei allen Unterschieden – dem Sprechenlernen vergleichbar: Wenn ein Kind in einer bestimmten Phase nicht mit dem Sprechen beginnt (was aus ganz verschiedenen Ursachen vorkommen kann), wird es keinen normalen Sprachaufbau durchlaufen.

Lesefrust Das Gegenteil von Lust und Liebe ist nicht nur Hass, sondern auch Gleichgültigkeit; der Feind der (roten) Leselust ist nicht einfach der (schwarze) Lesefrust, sondern das (graue) Desinteresse. Lesefrust kann sich einstellen bei einem Buch, das einem nicht gefällt: wegen des Themas, der Protagonisten, der Erzählweise etc. Wie ein abstraktes Gemälde oder ein eigenartiges Musikstück kann man ein Buch als unverständlich und unnahbar empfinden. Man ärgert sich, man ist abgestoßen. Als erfahrener Kunstbetrachter, Musikhörer und Leser wendet man sich dann anderen Künstlern, Bildern, Musikern bzw. anderen Autoren und Büchern zu.

Wer allerdings ganz junge, unerfahrene Leser mit Büchern konfrontiert, die sie nicht zugleich fesseln und entfesseln, wird den schwarzen, aktiv-ablehnenden Lesefrust ganz schnell in ein graues, voreingenommenes Desinteresse umwandeln, etwa Haltungen der Art ›Bücher sind langweilig, schwer zu verstehen und haben nichts mit mir zu tun‹.

Diese Art von Lesefrust ist gefährlich, wenn sie sich bei Kindern einstellt, die Leseglück nie erfahren haben. In jeder individuellen Bildungsgeschichte gibt es Zeitfenster für bestimmte Entwicklungsschritte. Wenn diese Fenster nicht innerhalb eines gewissen Zeitraums aufgestoßen wurden, bleiben sie meistens für immer verschlossen – oder können später nur mit einem gewaltigen Mehraufwand an Energie, Geschick oder Motivation noch geöffnet werden.

Lesen fürs Leben Der Erwerb der Lesefähigkeit wirkt sich also nicht nur auf die Kinderzeit aus, sondern auf das gesamte spätere Leben. Es lassen sich verschiedene Formen des Lesens unterscheiden:

- **Lesen als elementare zivilisatorische Fähigkeit** Lesen ist ein obligatorisches Kernelement des Ausbildungsauftrags der Schule im Rahmen der allgemeinen Schulpflicht.
- **Lesen, um sich in der Welt zurechtzufinden** Hinweisschilder, Gebrauchsanleitungen und schriftliche Mitteilungen liefern notwendige Informationen.
- **Lesen, um Rechte und Pflichten wahrnehmen zu können** Man muss Verträge lesen, um sie unterschreiben zu können.
- **Lesen als Voraussetzung für das Schreiben** Wer sich schriftlich mitteilen will, muss schreiben können – das wiederum ist nicht möglich ohne Lesefähigkeit.
- **Lesen zum Erwerb von Wissen** Fachliche, berufliche und wissenschaftliche Qualifizierung kann nicht ohne Lesefähigkeit erreicht werden.
- **Lesen als Aneignung von Kultur** Ein wichtiger Teil unseres kulturellen Erbes, des Bildungskanons, der Gesetze und des gegenwärtigen Kulturschaffens liegt in geschriebener Form vor und entsteht weiterhin auf schriftlichem Wege.
- **Lesen als persönliche Bereicherung** Wer Lesen nicht nur als Pflicht erfährt, dem erschließt sich ein Universum von Möglichkeiten individueller Leseerfahrung.
- **Lesen als Unterhaltung** Lesen kann zur Entspannung, zum ›Zeitvertreib‹, als Konsumvergnügen, als reiner Spaß genossen werden.

Welche Art zu lesen der erwachsene Mensch benötigt oder bevorzugt, bleibt ihm überlassen. Aber es ist nicht egal, ob, wann und mit welcher Motivation Kinder lesen lernen. Zugespitzt: Wenn Kinder nicht gerne lesen, werden sie es schwerhaben, in einer komplexen Welt mitzudenken. Texte leben vom Wort, dem Anfang und Element alles Denkens.

Lesen und Verstehen Oft werden diese Überlegungen, Anstrengungen und Aktivitäten unter dem Begriff #Leseförderung zusammengefasst. Anlässlich der Preisverleihungen der Deutschen Akademie für Kinder- und Jugendliteratur hat der Lyriker, Autor und Übersetzer Uwe-Michael Gutzschhahn im Gespräch mit der Akademie-Präsidentin Claudia Maria Pecher im November 2020 den schönen Satz geprägt:

> *Die beste Leseförderung ist Leseerfahrung.* (Gutzschhahn 2020)

Bei zu vielen Kindern sind Lesefähigkeit und Leseverständnis zu schwach ausgebildet, von Leselust ganz zu schweigen. Das kann individuelle und milieubedingte Ursachen haben. Um die Defizite auszugleichen und nicht größer werden zu lassen, existieren zahlreiche Initiativen zur Leseförderung. Hinter diesem hölzernen, stets ein wenig betulich klingenden Begriff verbirgt sich tatsächlich ein großes Thema unserer Gesellschaft. Klarer, als es die Autorin Kirsten Boie mit einigen weiteren Erstunterzeichnern am 15.08.2018 formuliert hat, kann man die Wichtigkeit des Lesens kaum auf den Punkt bringen.

Auf der Website www.change.org kann man zusehen, wie sich die Zahl der Unterschriften dem Ziel 150.000 nähert. Die Resonanz auf diese von zahlreichen bekannten Politikern, Autoren, Bildungsforschern und anderen Interessierten erstunterzeichnete Petition war erheblich. Dennoch musste Alexander Skipis, Hauptgeschäftsführer des #Börsenvereins des Deutschen Buchhandels, ein gutes Jahr seit der Übergabe der Hamburger Erklärung an die Vertreter der Politik feststellen, dass nichts passiert sei: »Es ist höchste Zeit für einen Lesepakt, bei dem Politik, Bildungsinstitutionen sowie breite Teile der Zivilgesellschaft Hand in Hand arbeiten.« (Börsenblatt vom 03.12.2019). Um diesem Ziel einen Schritt näherzukommen, haben Börsenverein und Stiftung Lesen am 03.03.2021 erstmalig einen (digitalen) Nationalen Lese-Summit abgehalten. 150 Organisationen bis hin zum Bundesministerium für Bildung und Forschung wollen gemeinsam dem Lesen größere Sichtbarkeit verleihen. Was dabei über die bekannten ›Sonntagsreden‹ hinaus konkret am Einsatz für das Lesen verbessert wird, bleibt abzuwarten.

Jedes Kind muss lesen lernen!

Hamburger Erklärung

Seit dem vergangenen Dezember wissen wir: Knapp ein Fünftel der Zehnjährigen in Deutschland kann nicht so lesen, dass der Text dabei auch verstanden wird (18,9%, Internationale IGLU-Studie 2016). Im internationalen Vergleich ist Deutschland damit seit 2001 von Platz 5 auf Platz 21 aller beteiligten Länder abgerutscht und liegt unter dem EU- wie dem OECD-Durchschnitt. Zudem ist Deutschland das Land, bei dem das Ergebnis am stärksten von der sozialen Herkunft abhängt. Wer nach der Grundschulzeit nicht sinnentnehmend lesen kann, wird es in den weiterführenden Schulen nicht lernen. Denn hier wird Lesen nicht mehr gelehrt, sondern vorausgesetzt.

Lesen ist noch immer DIE Schlüsselqualifikation für die Teilhabe an der Gesellschaft. Die betroffenen 18,9 % der Kinder werden einmal unsere Erwachsenen sein. Neben den Folgen, die eine fehlende Lesefähigkeit für jeden Einzelnen von ihnen haben wird, sind auch die Folgen für die Gesellschaft insgesamt erschreckend. Ohne die Möglichkeit, einen qualifizierten Beruf zu erlernen, werden die meisten dieser Menschen vermutlich jahrzehntelang auf staatliche Unterstützung angewiesen sein. Umso wichtiger, dass JETZT in die Bildungspolitik investiert wird.

Die 16 Länder, die Deutschland im Ranking seit 2001 überholt haben, beweisen, dass und wie es möglich ist, die Lesefähigkeit aller Kinder signifikant zu steigern. Ein Land wie Deutschland, dessen wichtigste wirtschaftliche Ressource ein hoher Bildungsstand seiner Bevölkerung ist, kann das Thema nicht länger marginalisieren. Der Verweis auf gewachsene Probleme in der Schülerschaft reicht nicht aus. Auf die Analyse muss die Lösung folgen, und diese Lösung darf nicht länger an Elternhäuser und Ehrenamtliche delegiert werden. Nur die Schule erreicht wirklich alle Kinder.

Die Unterzeichner fordern die Politik in allen Bundesländern, die Bundesministerin für Bildung und Forschung, die Kultusministerkonferenz und die Bildungsminister aller Bundesländer daher dazu auf, für folgende Punkte Sorge zu tragen:

- Das Lesenlernen und Lesen muss sehr viel stärker in den Fokus der Bildungspolitik rücken.
- An den Grundschulen müssen frühzeitig Fördermaßnahmen in Kleingruppen eingeführt werden, die sich auf die reichlich vorliegenden Erkenntnisse der Leseforschung und die Erfahrungen der Lehrer stützen.
- Diese Förderstunden dürfen nicht für Vertretungsunterricht zweckentfremdet werden.
- Es müssen ausreichend Grundschullehrer eingestellt werden, um dieses Ziel umzusetzen. Das heißt: An den Hochschulen müssen deutlich mehr Studienplätze für die Lehrerausbildung geschaffen werden.
- Es muss Schulbibliotheken, Lesungen und Lektüreprogramme gerade auch an solchen Schulen geben, deren Schülerschaft eher bildungsfern ist. Die Lektüre altersgerechter Bücher vermittelt die Fähigkeit, komplexere Zusammenhänge aus längeren Texten zu entnehmen. So kann man später zum Beispiel Zeitungsartikel lesen und verstehen.
- Für all diese Zwecke müssen jetzt genügend Mittel in den Haushalten ausgewiesen werden. Das Lesen darf nicht den derzeitigen (kosten)intensiven Bemühungen um die Digitalisierung der Schulen zum Opfer fallen.

Unverbindliche Absichtserklärungen reichen nicht mehr aus. Deutsche Grundschulen müssen es schaffen, alle Kinder das Lesen zu lehren!

Quelle: https://lesefuechse.org/wp-content/uploads/2018/09/Hamburger-Erkl%C3%A4rung_Jedes-Kind-muss-lesen-lernen_150818.pdf

1.3 Studien zum Leseverhalten

Um sich ein Bild davon zu machen, welche Rolle Bücher und Lesen im Alltag von Kindern, Jugendlichen und Familien spielen, werden immer wieder Studien durchgeführt. Die Verlagshäuser Egmont Ehapa, Gruner + Jahr, Panini, SPIEGEL und ZEIT geben gemeinsam repräsentative Erhebungen zur Freizeitgestaltung unter den 7,38 Millionen 4- bis 13-jährigen Kindern in Deutschland in Auftrag. Zuletzt wurde der Kinder Medien Monitor 2020 veröffentlicht. Befragt wurden 6- bis 13-jährige Kinder und ihre Eltern sowie Eltern von 4- bis 5-jährigen Vorschulkindern. In der Tabelle ein Auszug, der für das Bücherlesen relevant ist.

Fazit für die 4- bis 5-Jährigen (knapp und abgerundet):

- Fast 1/10 der kleinen Kinder lesen nie ein Buch bzw. bekommen nie vorgelesen,
- 1/4 lesen selten oder nie ein Buch,
- 3/4 lesen mindestens mehrmals pro Woche ein Buch bzw. bekommen vorgelesen,
- Keine gravierenden Unterschiede zwischen Jungen und Mädchen.

Fazit für die 6- bis 13-Jährigen (knapp und abgerundet):

- Über 1/20 der Kinder lesen nie ein Buch,
- 1/4 lesen selten ein Buch,
- 2/3 lesen mindestens mehrmals pro Woche ein Buch,
- Jungen sind bei den Nicht- und Selten-Lesern stärker vertreten.

Kinder Medien Monitor 2020

Bücher	Alle 4-5	Jungen 4-5	Mädchen 4-5	Alle 6-13	Jungen 6-13	Mädchen 6-13	Alle 6-9	Alle 10-13
Fallzahlen-Basis in Tsd.	1.506	774	732	5.873	3.019	2.854	2.922	2.951
(fast) jeden Tag	17,2%	15,8%	18,6%	16,9%	15,1%	18,8%	17,5%	16,3%
mehrmals pro Woche	56,8%	57,0%	56,5%	52,6%	50,8%	54,5%	53,1%	52,1%
etwa 1x pro Woche	9,2%	8,1%	10,4%	12,3%	12,6%	12,0%	12,2%	12,4%
seltener	7,6%	9,8%	5,2%	12,5%	14,6%	10,2%	11,5%	13,4%
nie	9,3%	9,3%	9,4%	5,7%	6,9%	4,5%	5,7%	5,8%

Mehr als zwei Drittel der Kinder gehen also intensiv mit Büchern um – das ist eine erfreuliche Nachricht. Da solche Marktanalysen eine Menge Geld kosten, sollte man immer fragen, wer sie aus welchem Grund in Auftrag gibt. Die hier genannten Presseverlage geben Zeitschriften für Kinder heraus und wollen die Nachfrage nach ihrem Produkt und nach ähnlichen Medien kennen. Das ist ein legitimes Interesse, und es gibt keine Indizien, die Zweifel an der Seriosität und Objektivität der Studie begründen.

Ähnliche Untersuchungen, in der Literatur als KIM-, FIM- und JIM-Studien bezeichnet, werden seit 1999 vom mpfs (Medienpädagogischer Forschungsverbund Südwest) betrieben. Dahinter stehen staatliche Landesanstalten für Kommunikation und Medien aus Baden-Württemberg und Rheinland-Pfalz sowie die Medienforschung des öffentlich-rechtlichen SWR (Südwest-Rundfunk) – es sind also keine kommerziellen Interessen zu vermuten.

Kinder im Kindergartenalter Die mini-KIM-Studie 2014 bezieht sich auf die Kleinsten, die FIM-Studie 2016 ergänzt und bestätigt deren Erkenntnisse im Wesentlichen. Demnach befinden sich die Eltern der 3- bis

mini-KIM-Studie 2014/FIM-Studie 2016

Als Aktivitäten im Alltag werden in dieser Reihenfolge genannt:

1. Drinnen spielen
2. Draußen spielen
3. Buch anschauen/vorlesen (täglich 26 min.)
4. Fernsehen (täglich 43 min.)

Die Mediennutzung verteilt sich so:

1. Bücher anschauen/lesen/vorgelesen bekommen (93%)
2. Fernsehen (86%)
3. Videos/DVDs anschauen (67%)
4. Hörspiele/Hörbücher hören (66%)
5. Radio hören (49%)
6. Spiele am Computer/Konsole (16%)
7. Spiele auf dem Smartphone (10%)
8. Spiele auf dem Tablet (9%)
9. Im Internet surfen (7%)

Die Beschäftigung mit Büchern:

1. 43% der Kinder beschäftigen sich jeden Tag mit Büchern
2. weitere 44% greifen ein- oder mehrmals die Woche zu Büchern
3. 5% tun das selten
4. 7% nie

Begeisterung für Bücher (nach Aussage der Haupterzieher):

1. 49% der Kinder beschäftigen sich ›sehr gerne‹ mit Büchern
2. weitere 41% ›gerne‹
3. 8% ›nicht so gerne‹
4. 1% ›gar nicht gerne‹

5-Jährigen zu 48 % im Alter bis 34 Jahre, zu 48 % zwischen 35 und 44 Jahren, zu 4 % ab 45 Jahre. Ihre Haushalte sind praktisch zu 100 % ausgestattet mit Fernseher, Computer, Internetzugang sowie Handy/Smartphone.

- Bücher/Comics sind bei 21 % ein Gesprächsthema in der Familie.
- 3 von 4 Kindern sehen regelmäßig fern, 90 % täglich oder mehrmals in der Woche.
- Das gemeinsame Lesen von Büchern/Comics findet bei 58 % statt.
- Täglich oder mehrmals in der Woche Bücher/Comicslesen bzw. vorlesen kommt bei 63 % vor.
- Zumindest selten kommt Bücher/Comics lesen/vorlesen bei 92 % vor.

KIM-Studie 2018

Faktische Freizeitaktivitäten der 6- bis 13-Jährigen:
(jeden Tag/fast jeden Tag/ ein- oder mehrmals pro Woche)

Rang		
1.	Fernsehen	96 %
2.	Freunde treffen	92 %
3.	Hausaufgaben/Lernen	91 %
4.	Drinnen spielen	91 %
5.	Draußen spielen	69 %
6.	Familie/Eltern	77 %
7.	Musik hören	72 %
8.	Sport treiben	69 %
9.	Digitale Spiele	60 %
10.	Handy/Smartphone	60 %
11.	Internet nutzen	55 %
12.	Radio hören	54 %
13.	Computer (offline)	53 %
14.	Buch lesen	51 %
15.	Zeitschrift lesen	22 %
16.	Tablet nutzen	26 %
17.	Bücherei/Bibliothek	11 %
18.	Zeitung lesen	7 %

Kinder (6 bis 13 Jahre) Die derzeit jüngste Untersuchung über Freizeitaktivitäten und Mediennutzung der Kinder ab Grundschulalter bis zum Beginn der Pubertät ist die KIM-Studie 2018. An Büchern und Lesen ›sehr interessiert‹ sind im Jahr 2018 15 % der Kinder, 2016 waren es 13 %; Mädchen stärker (19 %) als Jungen (11 %). ›Interessiert‹ sind weitere 35 % – also die Hälfte sind von sich aus für Bücher zu haben. 51 % besitzen ein eigenes Smartphone oder Handy, 39 % ein Smartphone. Die Smartphone-Zahlen erhöhen sich und dürften weiter auf eine Vollversorgung zulaufen. Dazu ist wissenswert, dass die Haushalte, in denen diese Kinder leben, praktisch zu 100 % mit Fernsehgerät, Internetzugang sowie Handy/Smartphone ausgestattet sind. Bei über 80 % sind Computer/Laptop vorhanden. 33 % der Kinder verfügen über einen eigenen Fernseher; 74 % sehen täglich fern. Noch ist also bei dieser Altersgruppe das Fernsehen der größte ›Zeitfresser‹, auch wenn das Zeitvolumen für TV langsam zurückgeht. So schlecht steht es also um den Umgang mit freiwilliger Buchlektüre in der Freizeit nicht; diese Werte erweisen sich zudem als relativ stabil.

Jugendliche (ab 13 Jahre) Die Lebenswelt der 12- bis 19-Jährigen unter ›normalen‹ Verhältnissen wurde zuletzt in der JIM-Studie 2019 untersucht. Wegen der erwarteten rasanten Veränderungen war schon die

JIM-Studie 2020 geplant, die dann trotz der veränderten Lebensbedingungen durch die Corona-Pandemie durchgeführt wurde. Die Jugendlichen sind praktisch zu 100 % ausgestattet mit Handy/Smartphone, Computer/Laptop, Internetzugang und Fernseher. 84 % haben Zugang zu einem Video-Streaming-Dienst, 76 % zu einem Audio-Streaming-Dienst; hier ist tendenziell eine weitere Zunahme wahrscheinlich.

35 % (Mädchen deutlich mehr als Jungen) lesen täglich oder mehrmals in der Woche Bücher. Diese Werte lagen 2009 bei 40 %, ein Höhepunkt war 2011 mit 44 %, er sank 2017 wieder auf 40 %.

Es lassen sich merkliche Unterschiede zwischen Jungen und Mädchen ermitteln. Mit dem Lesen von Büchern verbringen die Jugendlichen an einem Wochentag 2019 durchschnittlich 53 Minuten (Mädchen 62 Min./Jungen 45 Min.). Dieser Wert ist 2020 (Corona-bedingt) auf 74 Minuten gestiegen. Wenn man bedenkt, dass Lesezeit nur mit voller Aufmerksamkeit funktioniert, andere Mediennutzungen wie Audio und TV durchaus auch im Hintergrund laufen können, sind das durchaus beachtliche Werte.

Medienbeschäftigung (täglich/mehrmals pro Woche)

	2020		2019		Tendenz
	Mädchen	Jungen	Mädchen	Jungen	
Internet	98 %	96 %	96 %	97 %	→
Handy/Smartphone	98 %	96 %	98 %	95 %	→
Musik hören	95 %	91 %	93 %	92 %	→
Online-Videos	85 %	94 %	79 %	89 %	↑
Fernsehen	76 %	69 %	78 %	74 %	Ju ↓
Video-Streaming-Dienste	72 %	68 %	60 %	51 %	↑
Digitale Spiele	56 %	79 %	80 %	60 %	↓
Radio	58 %	59 %	68 %	66 %	↓
Tablet	35 %	38 %	23 %	22 %	↑
Bücher lesen	**42 %**	**28 %**	**40 %**	**28 %**	Mä ↑
DVD/Video	19 %	24 %	21 %	21 %	Mä ↓ Ju ↑
Tageszeitung online	15 %	20 %	7 %	13 %	↑
Hörspiele/-bücher	**15 %**	**18 %**	**13 %**	**12 %**	↑
Podcasts hören	17 %	18 %			NEU
Tageszeitung analog	13 %	18 %	9 %	18 %	Mä ↑
Zeitschrift/Magazin online	12 %	16 %	7 %	12 %	↑
Zeitschrift/Magazin analog	11 %	13 %	11 %	12 %	→
E-Books lesen	**10 %**	**8 %**	**9 %**	**5 %**	↑

Quelle: JIM-Studien 2019 und 2020

1.4 Vom Wert des Papier-Buchs

Was ist ein Buch? Schauen wir uns an, wie Bücher für ihre verschiedenen ›Nutzer‹ funktionieren:

- **Für den Leser** Buchinhalte zwingen dem Leser nicht auf, wo, wie, wie schnell, was weglassend, was wiederholend er den Inhalt aufnimmt. Ein Buch passt sich jedem Leser an. Wer sich der Mühe des Lesenlernens einmal unterzogen hat, dem steht eine Welt offen.
- **Für den Käufer** Ein riesiges Angebot ist im stationären oder im Internet-Buchhandel problemlos zu besorgen – überall zum gleichen Preis, im Zweifel umtauschbar.
- **Für den Händler** Es ist leicht zu beschaffen, problemlos zu lagern, relativ hoch rabattiert, bei Verlagsbezug mit langen Zahlungszielen ausgestattet, gut kalkulierbar. Im Falle des Nichtverkaufs wird es nach einer angemessenen Frist remittiert.
- **Für den Hersteller** Es ist – auch im Hinblick auf nachhaltige Produktionsverfahren – mit gebräuchlichen Verfahren herzustellen, gut zu lagern, kurzfristig wiederzubeschaffen. Abgesehen von den prinzipiell unberechenbaren Absatzchancen kann der Verlag in gewissem Umfang seinen Umsatz und seinen Gewinn steuern, da er den Ladenpreis selbst festsetzt.
- **Für den Autor** Er kann in Zusammenarbeit mit dem Verlag kontrollieren, wie aus seiner Schöpfung, seinem Manuskript, ein Buch wird. Und er kann es weiter begleiten, nachdem es einmal gedruckt ist.
- **Für das Kind** Ein Buch ist einfach da; es kann immer wieder angeschaut, vorgelesen, gelesen werden. Es braucht keinen Strom; man kann die Lektüre jederzeit unterbrechen; man kann es sich so schnell oder so langsam zu Gemüte führen, wie es einem gerade genehm ist.

Ein halbes Jahrhundert nach den Untersuchungen von Bruno Bettelheim und seinen Kollegen kommen viele Wissenschaftler zu ähnlichen Erkenntnissen. Daran haben die unterschiedlichen elektronischen Geräte, die inzwischen entwickelt wurden, bei denen man auf Bildschirmen liest, nichts geändert. Über den Vorgang und die Wirkung des Lesens auf Computer-Bildschirmen, Laptops, Tablets, Smartphones, E-Readern etc. wurde und wird weiter geforscht – es ist ein weites Feld, aber man liegt wohl nicht falsch, wenn man Anne Mangen von der Universität Stavanger folgt, die wesentlich an der *Stavanger Erklärung zur Zukunft des Lesens* vom 3./4. Oktober 2018 beteiligt ist, die weltweit Aufmerksamkeit und Nachdenklichkeit hervorgerufen hat – weniger bei den Politikern, die vorschnell und windschnittig von einer #Digitalisierung schwärmen, deren Voraussetzungen und Auswirkung sie oft gar nicht verstanden haben. An den Studien dazu haben 200 Wissenschaftler aus ganz Europa mitgewirkt, u. a. wurden 54 Einzeluntersuchungen mit insgesamt 170.000 Teilnehmern ausgewertet.

Auf eine extrem kurze Formel gebracht, ist der allgemeine Befund: Kurze informative Texte bis zu sieben Seiten werden mit gleicher Wirkung auf Bildschirmen und auf Papier gelesen – je länger und je komplexer die Texte sind, desto mehr ist das Lesen auf Papier von Vorteil. Wenn man die Forschungsergebnisse zuspitzt auf die Adressaten der KJBV, werden die Forscher noch deutlicher:

> *Lehrern und anderen Erziehern muss bewusst gemacht werden, dass schnelles und pauschales Ersetzen von Gedrucktem, Papier und Schreibwerkzeugen durch digitale Technologien in der Grundschule nicht folgenlos ist. Wenn dies nicht von wohlüberlegten Lernmitteln und Lernstrategien begleitet wird, kann es bei Kindern zu Rückentwicklungen beim Leseverständnis und beim Aufbau kritischer Denkfähigkeit führen.* (Mangen 2019)

Anne Mangen und viele andere Forscher haben nicht einfach apodiktisch das eine (›Nur Lesen auf bedrucktem Papier wird dem Lesestoff gerecht‹) oder das andere (›Es ist vollkommen egal, auf welcher materialen Basis man liest‹) behauptet. Sie haben nach den Regeln der empirischen Sozialforschung untersucht, wie sich das Leseverständnis von identischen Texten auf den unterschiedlichen Ausgabeformen darstellt.

1.5 Das Kinder- und Jugendbuch zwischen Literatur, Pädagogik, Unterhaltungswirtschaft und Buchhandel

Wessen Regeln, Kriterien und Intentionen sollen Kinder- und Jugendbücher genügen? Die mächtigsten Disziplinen, die auf das KJB einwirken, sind die Literatur, die Pädagogik, die Unterhaltungswirtschaft und der Buchhandel. Sie sehen es – in ihrer jeweils spezifischen Wahrnehmung – entweder als literarische Kategorie, als Kulturgut oder als Wirtschaftsgut. Keinem Bereich kann man die Berechtigung absprechen, hier Interessen einzubringen; aber zu keinem gehört das KJB ausschließlich.

Fokus	Pädagogisch		Literarisch		Populär		Kommerziell	
System	Schulsystem		Feuilleton		Medienindustrie		Buchhandel	
Bereich	**Bildung**		**Kultur**		**Unterhaltung**		**Lesen**	
	Erzählendes Lebensthemen Orientierung Werte Lebenshilfe	**Sachbuch** Lesenlernen Wissen Lern-Training	**Erzählendes** Autoren Empathie Sprache Ästhetik	**Sachbuch** Themen Meinung	**Fiktion** Trends Vorlieben Serien Buch zum Film Kultfiguren/Stars	**Dokumentation** In-Themen Psychotrends Soziotrends	**Erzählendes** Autoren Kultautoren Genres	**Sach-/Fachbuch** Aktuelles Ges. Relevanz Kulturanbieter
Vermittler	**Lehrer: Lernziele**		**Kritiker: Guter Rat**		**Show-People: Spaß**		**Buchhhändler: Beratung**	
	Erzählendes Sprache Genres Erzählweisen Kulturgeschichte	**Sachbuch** Sachwissen Urteilsfähigkeit Struktur-Wissen Geschichte	**Literatur** Charaktere Individuation Moral/Ethik Ästhetik	**Sachbuch** Weltprobleme Sozialprobleme Polit. Debatte	**Film/Musik** Identifikations-figuren Trends Kultstoffe	**Spiel-Shows** Raten Gewinnen	**Literatur** Bestseller Kompetenz Stammkunden	**Sach-/Fachbuch** Bestseller Interessen Entdeckungen
Nutzer	**Lernziele**		**Lebensziele**		**Freizeitvergnügen**		**Persönliche Bereicherung**	
	Erzählendes Schulabschluss Kanon	**Sachbuch** Weltwissen Geschichts-Kenntnis	**Literatur** Selbstfindung	**Sachbuch** Weltverständnis	**Audiovisuelle Medien** Mitreden können Zeitvertreib Entspannung	**Papier-Medien** Interessen Hobbys	**Literatur** Sich Zeit nehmen Interessante Figuren	**Sach-/Fachbuch** Interessen Persönl. Bildung

Die in der #Genre-Übersicht angezeigten Kombinationen von ›populär‹ mit ›Medienindustrie‹ und von ›kommerziell‹ mit ›Buchhandel‹ wären irreführend, wenn sie ausschließlich gemeint wären. Gewiss orientieren sich die Unterhaltungsmedien an Popularität, und sie denken und arbeiten kommerziell. So muss aber auch der Buchhandel aufgestellt sein; der Begriff ›kommerziell‹ ist nicht pejorativ gemeint, sondern soll zum Ausdruck bringen, dass hier Geschäfte gemacht werden (müssen), etwa im Gegensatz zum staatlichen Bildungssystem.

Das Kinder- und Jugendbuch: Ein Teil der Literatur?

Paradoxerweise trifft man gerade in den Literatur- und Sprachwissenschaften gegenüber dem KJB häufig auf eine Haltung zwischen freundlicher Herablassung, Desinteresse, Zweifel an der Relevanz und Ignoranz. Die wenigen universitären Lehrstühle, Forschungsinstitute und Studiengänge, die sich auf akademischem Niveau mit dem KJB befassen, sind ein Ausdruck davon. Und auch die müssen in den Hochschul-Gremien oft mühsam für ihre Anerkennung und für Mittel argumentieren.

Viele kluge Autoren, die in der Belletristik zu Hause sind, schreiben aus Respekt vor den Anforderungen an ein Bilder-, Kinder- oder Jugendbuch dergleichen nicht. Es sind nur wenige, dafür aber dann meist ganz herausragende Autoren, die sowohl allgemeine Literatur als auch für junge Leser schreiben. Der unbestrittene Altmeister dieser Doppelbegabung ist Erich Kästner. Viel zu selten, könnte man sagen, aber immer wieder finden sich Schriftsteller, die sich auf beides verstehen: Peter Härtling, Uwe Timm, Hans Magnus Enzensberger, Annette Pehnt, Franz Hohler, Burkart Spinnen, Markus Orths, um nur einige deutschsprachige zu nennen.

Ähnlich ist es im Sachbuch-Bereich. Während es in vielen anderen Ländern überhaupt keine Frage ist, dass ein hochangesehener Fachwissenschaftler ein Sachbuch für junge Leser verfasst, z.B. Stephen Hawking, ist das bei uns eine – lobenswerte – Seltenheit, wie im Fall des Astrophysikers Harald Lesch, der sich mit der Kinderbuchautorin Gudrun Mebs zusammengetan hat, um Kindern Themen wie Evolution, Astronomie, Philosophie oder Mathematik zu erklären.

Wie kann man diese eigenartige Diskrepanz erklären? Hier ein Versuch: Im deutschsprachigen Feuilleton wurde lange Zeit eine Unterscheidung gepflegt, heutzutage oft heftig bestritten, teils bewusst ignoriert, aber latent immer noch vorhanden: die zwischen E und U, ernster und unterhaltender Literatur. Man kennt diesen Gegensatz auch in der Musik. In der angelsächsischen, skandinavischen, frankophonen, russischen und sicher auch vielen weiteren Kulturen ist eine derartige Unterscheidung nicht gebräuchlich. Es gehört zu den großen Verdiensten eines Verlegers wie Daniel Keel, solche Grenzen gesprengt zu haben, indem er den einst von ihm mitgegründeten Diogenes Verlag nach dem Voltaire'schen Motto geführt hat:

Jede Art zu erzählen ist erlaubt, nur nicht die langweilige. (Voltaire)

Eine ähnliche Grenzziehung verlief früher auch durch das KJB in Gestalt der Gegenübersetzung des ›guten Buchs‹ gegen ›Schmutz und Schund‹, womit vor allem Comic-Hefte, aber auch ›Kaufhaus-Bücher‹ aus dem Franz Schneider Verlag und Ähnliches gemeint waren. Paul Maar hat für die Gegenwart einen entsprechenden Kontrapunkt formuliert:

> *Früher sagte man: ›Das Buch ist gut‹.*
> *Heute sagt man: ›Das Buch ist gut verkäuflich‹.* (Maar 2014)

Das Kinder- und Jugendbuch: Ein Teil der Pädagogik?

Das ›gute‹ KJB stammte entweder von einem klassischen Schriftsteller oder von einem in den neuen Kanon der KJB aufgenommenen Autor wie Otfried Preußler, Max Kruse oder Paul Maar. Alle diese großen Autoren der Nachkriegszeit haben sich dem Zugriff der Pädagogik aus guten Gründen entzogen – obwohl sie selbst einige Zeit als Lehrer gearbeitet haben.

Dem Deutsch-Unterricht an der Schule wird ja mitunter zurecht vorgeworfen, er trage eher zum Desinteresse an der Literatur bei, als dass er junge Menschen für das Lesen begeistere. Dies hängt sicherlich, wie überhaupt jeder Lernerfolg, vom Lehrer ab. Auf eine besonders prägnante Kurzform lässt sich die Zerstörung des Zaubers der Poetik anhand des Umgangs mit Gedichten im Unterricht darstellen. Ein Gedicht ist eben etwas ganz anderes als die Summe seiner Teile, auch wenn die ›Teile‹ Wörter und Sätze sind.

> *Dann wurde es ganz auseinandergenommen*
> *Und jeder Vers wurde einzeln besprochen.*
> *Das hat dem Gedicht das Genick gebrochen.*
> (Bernd Lunghard: Gedichtbehandlung)

In vordemokratischen Zeiten sollten KJB eine erzieherische Funktion im Sinne der herrschenden gesellschaftlichen Ziele erfüllen. Dominierten in der Kaiserzeit die Ideale einer autoritätshörigen, starren, oft auch nationalistischen Bürgerlichkeit, ging es in totalitären Gesellschaften um Vorbilder für die Jugend, je nach System in nationalsozialistischer oder kommunistischer Gesinnung. Damit war es – zumindest im Westen Deutschlands – nach 1945 vorbei. Auch in der Kinderliteratur der DDR konnten sich trotz staatlicher Genehmigungsprozeduren mit gelegentlichen Verboten neben systemtreuen Werken auch freie literarische Formen entfalten.

Das Kinder- und Jugendbuch: Ein Teil der Unterhaltungswirtschaft?

Zugleich mit und als Teil der Entwicklung der Marktwirtschaft ab 1949 entstand eine Unterhaltungsindustrie: Kinofilme, Zeitschriften, Bücher, Groschenromane, Comic-Hefte. In einigen zentralen Bereichen, wie Rundfunk und Fernsehen, waren allerdings private Unternehmen lange Zeit nicht zugelassen, das System war rein öffentlich-rechtlich geführt. Als diese Beschränkung 1984 fiel, ergoss sich eine Flut von meistens sehr populären (mitunter auch ordinären) Produktionen auf die Bildschirme. Verlage engagierten sich im Privatfernsehen in der Hoffnung, ihre Rechte und Substanzen auf diesem Kanal ein zweites Mal verwerten und verbreiten zu können. Zumindest was die Buch- und KJBV betrifft, hat sich diese Hoffnung recht schnell zerschlagen. Das Medium Fernsehen braucht in der Masse andere Stoffe als das Medium Buch – nur einige sehr bekannte Geschichten oder Serien können auf beiden Schienen fahren.

Nachdem 1989 die innerdeutsche Mauer gefallen war und sich auch im Osten die Marktwirtschaft wild verbreitete, schien der Nachholbedarf an in keiner Weise bevormundender Unterhaltung im Osten Deutschlands noch größer. Es führte dort zu einem großen Verlagssterben und zur Verunsicherung der Existenz zahlloser Schriftsteller, auch im KJB-Bereich, die oft in den neuen Verhältnissen bei den ›westlich‹ geprägten Verlagen mit ihren Büchern nicht mehr ankamen.

Große Hoffnungen wurden auf eine Art Medienkonvergenz gesetzt: Licence Characters (z.B. Disney-Figuren oder eine Zeichentrickfilm-animierte Biene Maja) erschienen zunächst in möglichst vielen Medien wie Film, Fernsehen, Radio, MC-Tonkassette, Buch, Zeitschrift; aber auch als Merchandising-Produkte auf T-Shirts, Geschirr, Kinderfahrrädern, Bettwäsche, Zahnpasta etc. Hier beherrschen oft internationale Medienunternehmen die Szene, die sich je nach Lage vor Ort regionale #Lizenznehmer suchen. Buch heißt in dieser Auswertungsform dann nicht: von guten Autoren geschrieben, von ausgezeichneten Illustratoren bebildert, hochwertig gedruckt – sondern von namenlosen Schreibern und schlecht bezahlten Übersetzern getextet, simpel gezeichnet, billig gedruckt und für einen erbärmlich niedrigen Preis verkauft, meist mit 99 Cent hinter dem Komma. Hier geht es ums Geschäft, hier sind Kinder als Konsumenten gemeint, und diese Medienprodukte findet man auch weniger in Buchhandlungen als im Supermarkt.

Seit schon vor der Jahrtausendwende die #Globalisierung auch die Druckindustrie erreicht hat, werden solche Buchprodukte (oft mit ›Gimmicks‹, also zusätzlichem Mini-Spielzeug aus Plastik) in großen Stückzahlen in Fernost (erst Hongkong und Singapur, später zunehmend China) hergestellt – zu Preisen, die in Deutschland, aber auch Italien oder Belgien nicht zu realisieren gewesen wären. Solche bunten billigen Buchprodukte entziehen sich jeglicher Aufmerksamkeit in der an Qualität orientierten KJB-Szene, auch bei Rezensenten, und erst recht im Bereich dessen, was für den Einsatz in der Schule in Frage kommt.

Eine neue Dimension hat das Verhältnis Literatur/Unterhaltungsindustrie bekommen, als hochwertigere Stoffe zur Verfilmung kamen: *Die unendliche Geschichte, Herr der Ringe, Harry Potter, Rennschwein Rudi Rüssel, Tschick, Die Welle* oder *Das Schicksal ist ein mieser Verräter.* In den meisten Fällen ist es so, dass zunächst ein Buch oder eine Buchserie ein großer Erfolg wird – und dann engagiert sich ein Filmproduzent; meist muss eine solche Vermarktung international laufen, da aufwändige Filmproduktionen einen ungeheuren Investitionsbedarf haben, der in einem Land gar nicht zurückverdient werden kann. Solche Filme, die dann auch im Fernsehen wiederholt werden, lösen meist einen weiteren Nachfrageschub bei den Büchern aus. So legen Verlage mitunter bei großangekündigten Kinostarts spezielle Ausgaben auf, die auf dem Cover und zum Teil auch innen mit Bildern aus dem Film ausgestattet sind. In anderen Fällen verzichten Verlage darauf, weil sich oft binnen weniger Tage entscheidet, ob ein Film beim Publikum ankommt oder nicht. In letzterem Fall geriete auch das Buch zum #Flop.

Bei Literaturverfilmungen kann man lange Debatten darüber führen, ob der Geist der literarischen Vorlage gut getroffen ist oder diese verfälscht. Berühmt war der Aufschrei von Michael Ende, der sich mit Grausen von der Verfilmung seiner *Unendlichen Geschichte* durch den sehr erfolgreichen Regisseur Wolfgang Petersen 1984 distanziert hat. Andere Autoren waren so glücklich mit der verfilmten Version ihres Romans, dass sie sogar eine kleine Nebenrolle übernommen haben, so John Green 2014 in *Das Schicksal ist ein mieser Verräter.*

Es sind oft Nebensätze und Vergleiche, in denen dem Leser der Kulturseiten auch heute noch despektierliche und/oder ignorante Äußerungen über das KJB begegnen, wie man sie eigentlich von gebildeten Journalisten nicht erwarten können sollte, die sich wenigstens ansatzweise ein Bild von der Entwicklung des KJB bis zur heutigen Qualität und Vielfalt gemacht haben. Wenn ein Kritiker einen Erwachsenen-Roman für ein wenig zu simpel geraten hält, schreibt er schon mal, das lese sich ja wie ein Kinderbuch.

Neben der Kritik wegen mangelnder literarischer Finesse ist auch der Vorwurf der Zielgruppen-Beschränktheit zu vernehmen. Die Literaturkritikerin Christine Knödler schreibt dazu:

> *Lange galt: Jugendliteratur ist für-Literatur; von speziellen Autor/-innen geschrieben, in speziellen Verlagen verlegt, als Sparte klar definiert. Eine Literatur, die sich an spezielle Adressaten wendet.* (Knödler 2012, 160)

Ihre Schlussfolgerung, nachdem sie exemplarisch die literarischen Qualitäten mancher ›Jugendbücher‹ erläutert hat, lautet: diese ›für-Rolle‹ ist überholt, weil sich die Jugendliteratur zu einer »experimentierfreudigen, eigenständigen Literatur« weiterentwickelt hat (Knödler 2012, 165).

Die Buchkäufer sind nicht die Leser

Das klassische Dilemma des KJB ist die weitgehende Inkongruenz der Zielgruppe ›Käufer von KJB‹ mit der Zielgruppe ›Leser von KJB‹. Das ist ein großer Unterschied zur allgemeinen Literatur für Erwachsene, aber auch zum Fernsehen oder zum Internet, die sich im Prinzip direkt an ihre Nutzer wenden. Daher unterliegen KJBV stets der Versuchung, eine Literatur für Vermittler statt für die eigentliche Zielgruppe zu sein; und sie unterliegen umgekehrt der Gefahr, ihre Stärken verkennend, ihre Zielgruppe inhaltlich, sprachlich und ästhetisch zu unterfordern.

Statistische Erhebungen über Buchkäufer sind rar, insbesondere bezogen auf KJB. Die gemeinsam vom Börsenverein des Deutschen Buchhandels und der avj (Arbeitsgemeinschaft von Jugendbuchverlagen) beauftragte Studie *Kinder- und Jugendbücher – Marktpotenzial, Käuferstrukturen und Präferenzen unterschiedlicher Lebenswelten* wurde zuletzt 2007 von GfK (Gesellschaft für Konsumforschung) und Sinus Sociovision durchgeführt. Basis dafür waren zwei Erhebungen: das repräsentative GfK-Buchmarkt-Panel von 2006, für das 20.000 Personen ab 10 Jahren monatlich zu ihren Buchkäufen befragt wurden; und eine Ad-hoc-Befragung von 1.448 repräsentativ ausgewählten KJB-Käufern ab 10 Jahren. Zwei markante Ergebnisse hat diese Studie ergeben, die nach allem, was man weiß, heute nicht wesentlich anders ausfallen würden:

- 69% der KJB werden von Frauen gekauft.
- Nur bei 7% der KJB sind die Käufer unter 20 Jahre alt.

Dank der neuen gesetzlichen Regelungen zur Elternzeit und aufgrund sich verändernder Lebensprioritäten bei Müttern wie Vätern sind vermutlich heute mehr junge Väter in den Lebensalltag ihrer Kinder und damit auch in alltägliche Verrichtungen wie Bücherkaufen einbezogen. Selbst wenn der eigentliche Kauf von Erwachsenen vollzogen wird – Kinder äußern ja auch Wünsche, die erfüllt werden.

1.6 Das Kinder- und Jugendbuch als zweitgrößte Teilbranche des Buchmarkts

Immer wieder löst man selbst bei buchaffinen Menschen Erstaunen aus, wenn man nicht nur auf die kulturelle Bedeutung, sondern auch auf das ökonomische Gewicht des KJB hinweist. Aufschlussreich ist der Vergleich mit der Belletristik, die traditionell und stabil den größten Anteil am Buchmarkt darstellt.

Sowohl die Belletristik als auch das KJB verzeichnen seit den 1950er Jahren einen kontinuierlichen Anstieg. Bei der Belletristik hat sich etwa seit der Jahrtausendwende ein Volumen oberhalb von 30 % Umsatzanteil stabilisiert. Dagegen gibt es keinerlei Hinweise, die gegen ein weiteres Wachstum des KJB sprechen – übrigens entgegen landläufiger Pauschalmeinungen, wonach ›die Jugend nicht mehr liest‹.

Ebenso beachtlich ist die Tatsache, dass heutzutage etwa doppelt so viele KJB-Novitäten erscheinen wie um die Jahrtausendwende. Die Buchproduktion (also die Anzahl der jährlichen Neuerscheinungen) lässt sich gut als ein Indiz für das Phänomen des erheblichen Gewichts des KJB nehmen.

Während die Literatur für erwachsene Leser ihre Titelproduktion seit 1975 etwas mehr als verdoppelt hat, ist beim KJB eine Vervierfachung festzustellen. Da diese Entwicklung bei den beiden großen Editionsformen Hardcover und Taschenbuch sehr unterschiedlich verlaufen ist, lohnt sich ein Blick auch auf diese Statistiken. Seit das Taschenbuch in den 1950er Jahren seinen Siegeszug begonnen hat, war für viele Romane und Sachbücher der übliche Verwertungsweg: erst Hardcover, dann Taschenbuch. Seit den 1980er Jahren veränderte sich die Situation: Immer mehr gingen die Taschenbuchverlage dazu über, Original- und Deutsche Erstausgaben zu verlegen. Zudem wurden verschiedene weitere Ausstattungsformen erfunden, wie Paperback, Klappenbroschur, Mini-Bücher oder Hardcover-Bücher im kompakten Format.

Umsatzanteile am deutschen Buchmarkt	1990	2003	2014	2015	2016	2017	2018	2019
KJB	7,0 %	10,0 %	15,3 %	15,3 %	16,5 %	16,3 %	16,6 %	**17,2 %**
Belletristik	24,0 %	31,1 %	32,2 %	32,0 %	31,5 %	31,9 %	31,5 %	**30,9 %**

Quelle: Börsenverein des Deutschen Buchhandels (Hg.), *Buch und Buchhandel in Zahlen.* Verschiedene Jahrgänge

Für viele Bücher funktionierte es fast wie automatisiert, dass auf die Originalausgabe das Taschenbuch als Zweiterscheinungsform folgte – auch im KJB. Das Taschenbuch wurde oft als die lebendige Backlist betrachtet, um etwa das Gesamtwerk eines Autors lieferbar zu halten. Seit Anfang der 2000er Jahre spielt das Taschenbuch im KJB allerdings längst nicht mehr diese starke Rolle.

Das liegt zum einen daran, dass die Herstellungskosten für einfache Hardcover-Bücher sich nicht mehr so dramatisch von denen für gut ausgestattete Taschenbücher unterscheiden. Die Ladenpreise konnten sich also einander annähern, da die gebundenen Bücher in der Beschaffung günstiger und die Taschenbücher (auch durch deutlich gesunkene Auflagen) teurer wurden. Zum anderen möchten Buchkäufer insbesondere Kindern haltbare und wertvoll wirkende Bücher zukommen lassen. Und im Jugendbuch ist es oft so, dass eine Neuheit unbedingt gelesen werden will, sobald sie erschienen ist; man will nicht ein, zwei Jahre auf das Erscheinen des Taschenbuchs warten.

Eine dauerhafte Sonderentwicklung erlebt das Taschenbuch beim Einsatz in der Schule. Bedingt durch oft gezielt niedrig gehaltene Preise,

Neuerscheinungen (ohne Neuauflagen)	1990	1995	2000	2005	2010	2015	2016	2017	2018	2019
Belletristik	**6.000**	**6.600**	**10.400**	**10.600**	**14.500**	**14.100**	**14.000**	**14.300**	**13.900**	**14.500**
Anteil	13 %	12 %	15 %	14 %	17 %	18 %	19 %	20 %	19 %	20 %
Veränderung	−3 %	+10 %	+58 %	+2 %	+37 %	−3 %	−1 %	+2 %	−3 %	+4 %
KJB	**2.300**	**3.100**	**3.700**	**5.200**	**8.100**	**9.100**	**9.000**	**8.800**	**8.800**	**8.000**
Anteil	5 %	6 %	5 %	7 %	10 %	12 %	12 %	12 %	12 %	12 %
Veränderung		+35 %	+19 %	+40 %	+56 %	+12 %	−1 %	−2 %	0 %	−9 %
Print gesamt	**45.000**	**53.400**	**69.100**	**74.100**	**84.400**	**76.500**	**72.800**	**72.500**	**71.500**	**70.400**

Quelle: Börsenverein des Deutschen Buchhandels (Hg.), *Buch und Buchhandel in Zahlen.* Zahlen gerundet

eignen sich Taschenbücher auch als Klassenlektüre. Oft wird dies durch aufbereitete Unterrichtsmaterialien unterstützt, die von Lehrern gratis von den Websites der Taschenbuchverlage heruntergeladen werden können. So halten sich bestimmte Titel seit Jahrzehnten als Bestseller, die nicht auf diesen Listen erscheinen, z. B. *Damals war es Friedrich* von Hans Peter Richter (dtv-junior, ein Roman über die NS-Zeit) oder *Vorstadtkrokodile* von Max von der Grün (cbt, eines der ersten Kinderbücher, das im Rahmen einer Abenteuergeschichte von der Inklusion eines behinderten Kindes erzählt).

Das Verhältnis von Hardcover- zu Taschenbüchern hat sich in der Belletristik anders entwickelt als im KJB. Wenn heute auf 100 gebundene Kinder- und Jugendbücher etwa 8 Taschenbücher kommen, ist die Relation bei den Büchern für Erwachsene etwa dreieinhalbmal so groß: auf 100 Romane in gebundener Form kommen 29 Taschenbücher.

Auch wenn zum Vergleich mit den anderen Teilbranchen des Buchmarkts eine Aggregation zum Segment KJB sinnvoll ist, ist jedoch auch der Blick in die innere Struktur des KJB-Segments notwendig. Denn hier offenbaren sich sehr unterschiedliche Entwicklungen in den einzelnen #Warengruppen.

Umsatzanteile der Warengruppen innerhalb des Kinder- und Jugendbuchs

WG	Umsatzanteil	2009	2014	2015	2016	2017	2018	2019
21	Bilderbücher	15,3 %	18,6 %	19,1 %	19,6 %	21,4 %	22,8 %	24,1 %
23	Vorleseb., Märchen, Sagen, Reime, Lieder	4,8 %	6,2 %	6,6 %	6,3 %	6,2 %	5,7 %	5,5 %
24	Erstlesealter, Vorschulalter	4,8 %	6,8 %	6,6 %	5,7 %	5,6 %	5,5 %	5,3 %
*)	**Farbig illustrierte Kinderbücher**	**24,8 %**	**31,6 %**	**32,3 %**	**31,6 %**	**33,2 %**	**34,0 %**	**34,9 %**
25	**Kinderbücher bis 11 Jahre**	**25,2 %**	**27,0 %**	**27,9 %**	**27,4 %**	**28,2 %**	**27,3 %**	**27,3 %**
26	**Jugendbücher ab 12 Jahren**	**32,6 %**	**24,3 %**	**21,6 %**	**21,0 %**	**18,0 %**	**16,6 %**	**15,7 %**
27	Biografien	0,2 %	0,1 %	0,2 %	0,1 %	0,1 %	0,1 %	0,1 %
28	Sachbücher/Sachbilderbücher	11,2 %	8,9 %	9,0 %	9,3 %	10,1 %	10,9 %	10,8 %
29	Spielen, Lernen	5,9 %	8,2 %	9,1 %	10,5 %	10,4 %	10,4 %	11,2 %
*)	**Kinder- und Jugendsachbücher**	**17,3 %**	**17,2 %**	**18,3 %**	**19,9 %**	**20,6 %**	**21,4 %**	**22,1 %**
	Umsatzanteil KJB/Buchmarkt	**15,7 %**	**15,3 %**	**15,3 %**	**16,5 %**	**16,3 %**	**16,6 %**	**17,2 %**

*) keine Warengruppe der Warengruppensystematik, sondern für diese Tabelle summiert. Die schwarz fettgedruckten Zeilen addieren sich zu 100 %.

Quelle: GfK Deutschland/Sortimentsbuchhandel/E-Commerce/WH/Umsatz Warengruppe Kinder- und Jugendbücher (HC/TB/Hörbuch). Zitiert nach *Buch und Buchhandel in Zahlen 2020*

Die Tabelle zeigt einen erheblichen Anstieg des Bereichs der stark illustrierten Kinderbücher – am deutlichsten bei den Bilderbüchern, die von manchem am Anfang der 2000er Jahre bereits totgesagt wurden. Der klassische Kernbereich Kinderbücher hat seinen Anteil im Großen und Ganzen gehalten – mit leicht verbesserter Tendenz. Das Jugendbuch dagegen verzeichnet einen dramatischen Rückgang auf die Hälfte seines früheren Volumens. Dies erklärt sich wohl zu einem erheblichen Teil damit, dass der Boom von All-Age-Titeln wie die *Bis(s)*-Serie und einige Nachfolge-Reihen zu *Harry Potter* nachgelassen hat. Der Sachbuch-Bereich, auch zum Beginn der Digitalisierungs-Euphorie von manchen Trend-Gurus eher abgeschrieben, hat sich behauptet und im sogenannten ›Nachmittagsmarkt‹ sogar verdoppelt. Nachdem dank der PISA-Studien einige verdeckte Mängel in der Wirkung des deutschen Schulsystems offenbart wurden, haben viele Eltern selbst die Initiative ergriffen und ihren Kindern eher spielerische, motivierende und den Schulstoff ergänzende Materialien beschafft, mit denen sie sich ›nachmittags‹ beschäftigen können, also außerhalb der Schule, aber doch für die Schule.

Das Gewicht und die Bedeutung des Kinder- und Jugendbuchs im Buchmarkt

Das gesamte Umsatzvolumen des deutschen Buchmarkts hat sich seit vielen Jahren auf einem Niveau von ca. 9,2 Mrd. € eingependelt. Anders ausgedrückt: Es gibt kein Wachstum. Umso bedeutsamer sind zwei Entwicklungen:

1. Der sinkende Anteil des #Sortimentsbuchhandels und entsprechend der steigende Anteil des #Internet-Buchhandels, der die früher starken Vertriebswege Versandbuchhandel, Warenhäuser und Buchclubs mehr als ersetzt hat. Erstmals 2011 wurde die magische Grenze von 50% Umsatzanteil des stationären Sortimentsbuchhandels unterschritten.
2. Im Rahmen dieses Trends ist das KJB ein stabiler Faktor. Ungeachtet sinkender Kinderzahlen und eines massiv gestiegenen Angebots an alternativ nutzbaren Medien behauptet das KJB seinen Anteil, es steigert ihn sogar leicht.

Der Bereich KJB ist allein schon in Anbetracht der Umsatzbedeutung für Buchhandel und Verlage erheblich. Die rund 17% Umsatzanteil sind ein

Umsatzvolumen und Marktanteile am deutschen Buchmarkt	2005	2010	2015	2016	2017	2018	2019
GESAMT-BUCHMARKT in Millionen €	9.159	9.734	9.188	9.276	9.131	9.134	**9.291**
Marktanteil Sortimentsbuchhandel	54,8%	50,6%	48,2%	47,3%	47,1%	46,8%	**46,2%**
Gesamtumsatz im Sortiments-buchh. Mio €	5.019	4.923	4.427	4.392	4.304	4.274	**4.291**
Marktanteil Internet-Buchhandel		13,9%	17,4%	18,2%	18,8%	19,5%	**20.0%**
Gesamtumsatz im Internet-Buchhandel Mio €		1.351	1.602	1.687	1.712	1.780	**1.855**
KJB-Anteil Buchumsatz Sortiment	**14,3%**	**15,2%**	**15,8%**	**16,5%**	**16,3%**	**16,6%**	**17,2%**
KJB-Umsatz im Sortiments-buchh. Mio € *)	**718**	**748**	**699**	**725**	**702**	**709**	**738**
Umsatz KJB-Verlage mit Sortiment **)	359	374	350	362	351	355	**369**

*) Verlags-Umsatz = geschätzt 50% vom LP **) geschätzt = 50% von KJB im Sortimentsbuchhandel

Quelle: Börsenverein des Deutschen Buchhandels (Hg), *Buch und Buchhandel in Zahlen.* Verschiedene Jahrgänge.

Durchschnittswert, der bei verschiedenen Buchhandels-Typen abweichend ausfallen kann. So wird eine Universitätsbuchhandlung einen geringeren KJB-Anteil ausweisen, mancher Stadtteil-Buchladen aber einen weitaus höheren. Vielerorts gibt es sogar spezialisierte Buchhandlungen, die ausschließlich KJB führen. Umgekehrt hat manche frühere Nur-Kinderbuchhandlung entdeckt, dass dieselben Mütter, die Bücher für ihre Kinder kaufen, auch selbst interessierte Leserinnen sind und bieten infolgedessen ein umfangreicheres Sortiment an. Aus verschiedenen Erhebungen weiß man, dass etwa zwei Drittel aller Buchkäufe von Frauen getätigt werden; beim KJB dürfte dieser Anteil noch höher liegen.

Die kindlichen und die jugendlichen Bücherleser von heute sind die potenziellen Bücherleser von morgen – schon deshalb ist das KJB für die gesamte Buchbranche (über)lebenswichtig. Viele Studien haben gezeigt: Wer als Kind nicht viel und gern gelesen hat, wird als Jugendlicher eher selten zum Buch greifen, und als Erwachsener wird er es mit einer relativ hohen Wahrscheinlichkeit auch nicht tun. Diese These bezieht sich auf die Lektüre von Literatur, nicht von Fach- und Sachbüchern, die im Rahmen von Schule, Ausbildung und Fortbildung oder zum Wissenserwerb oder als Ratgeber eine Rolle spielen.

2 Typen von Kinder- und Jugendbuchverlagen und ihre Marktbedeutung

In Artikel 5 des Grundgesetzes heißt es: »Jeder hat das Recht, seine Meinung in Wort, Schrift und Bild frei zu äußern und zu verbreiten«. Im Rahmen der Gesetze kann also jeder, der schreiben will, das auch tun: was, wie, für wen, in welchem Umfang, in welcher Ausstattung auch immer.

Nirgendwo ist geregelt, wer Bücher für Kinder und Jugendliche schreiben und verlegen darf. Weil die Leser von KJB so besonders sind, sind es auch die Autoren, Illustratoren und Verlage, die für sie tätig sind. Sie erschaffen Bücher, die Kinder bzw. Jugendliche ansprechen.

Wenn man sich an einen Verlag wendet und mit ihm handelseinig wird, gilt § 1 des Gesetzes über das Verlagsrecht: »Durch den Verlagsvertrag über ein Werk der Literatur [...] wird der Verfasser verpflichtet, dem Verleger das Werk zur Vervielfältigung und Verbreitung für eigene Rechnung zu überlassen. Der Verleger ist verpflichtet, das Werk zu vervielfältigen und zu verbreiten.«

Es hat sich bewährt, das Schreiben, Gestalten, Produzieren und Verbreiten von Büchern in Zusammenarbeit mit professionellen Verlagen abzuwickeln. Aber niemand ist zu dieser Art von Veröffentlichung verpflichtet, und die durch die Digitalisierung geschaffenen neuen Publikationswege wie das Self-Publishing eröffnen Möglichkeiten, auch ohne einen Verlag sein Buch herauszubringen (siehe Kap. 2.4).

Verlage, die Belletristik, Sachbücher oder KJB für eine allgemeine Leserschaft herausbringen, fasst man unter dem Begriff ›Publikumsverlage‹ zusammen – im Gegensatz zu Verlagen, deren Zielgruppen sich mit Wissenschaft, Fachwissen oder Ausbildung und Schule befassen. Kinder im Vorschulalter, Schulkinder und Heranwachsende sind ein besonderer Teil dieses Publikums. Je jünger sie sind, desto mehr werden sie durch Erwachsene vertreten, meistens die Eltern.

Die Kleinen können noch nicht lesen, sie sind also auf Bilder und Vorlesen angewiesen. Wenn sie das Lesen lernen, können und wollen sie nicht auf Anhieb umfangreiche Bücher, kleine Schriftgrößen, komplizierte Sprache, anspruchsvolle oder heikle Themen lesen. Daher gibt es für Leseanfänger besondere, auf ihre Fähigkeiten und Bedürfnisse zugeschnittene Bücher. Es schließen sich dann die Bücher für die viellesenden Kinder an, später Jugendbücher und Bücher für junge Erwachsene.

KJBV gibt es in verschiedenen Formen: Zunächst Verlage, die auf das KJB spezialisiert sind; dann Verlage, die eine Abteilung haben, die sich um das KJB kümmert; schließlich Verlage oder Imprints, die innerhalb von großen Verlagsgruppen für das KJB zuständig sind.

Dabei ist es wichtig, die Sammelbezeichnung für diesen Verlagstyp nicht auf die Bücher selbst anzuwenden. Denn es gibt kaum ein einzelnes Buch, das man zutreffenderweise als ›Kinder- und Jugendbuch‹ bezeichnen sollte. Wohl aber gibt es, je nach dem Adressatenkreis, ein ›Kinderbuch‹ oder ein ›Jugendbuch‹. Nun mag man Bücher vorfinden, die sich einer solchen Adressierung entziehen. Und manche Leser ignorieren derartige Zuwidmungen. Seit einigen Jahren spricht man zudem von ›All-Age-Büchern‹, also Titeln, die für Leser jeden Alters interessant sind.

Am Bildhaftesten kann man sich dieses Szenario veranschaulichen, wenn man eine gut sortierte KJB-Abteilung einer Buchhandlung betritt. Als pragmatische Begriffe haben sich diese Kategorien bewährt:

- Bilderbuch (Kleinkind, Kindergarten- und Vorschulkind)
- Kinderbuch (Grundschulkind, Anfang der Sekundarstufe, vor der Pubertät)
- Jugendbuch (meistens ab 12 Jahren; manchmal ergänzt um Junge Erwachsene, auch Young Adults genannt)

Struktur einer typischen Kinder- und Jugendbuchabteilung

Kinderbuch		Jugendbuch		All Age
BILDERBUCH	KINDERBUCH	JUGENDBUCH	JUNGE ERWACHSENE	
Pappbilderbuch	Leseratten 7–10	Leseprofis 12–14	Fantasy	
Sachbilderbuch	Lesefans 10–12	Sachbuch	Reality	
Erzählendes B.	Kindersachbuch		Contemporary	

Der Aufbau vieler Verlagsprogramme folgt dieser Dreiteilung. Manche Verlage sind in allen Teilbereichen aktiv, andere spezialisieren sich auf Kategorien wie Bilderbuch oder Sachbuch.

Es kann auch vorkommen, dass ein Publikumsverlag ein einzelnes Kinderbuch herausbringt. In der Regel aber erscheinen KJB in den auf den Bereich spezialisierten KJBV. Die meisten dieser Verlage sind Mitglieder der avj (Arbeitsgemeinschaft von Jugendbuchverlagen e.V.) – ein 1950 gegründeter freiwilliger Zusammenschluss, um die gemeinsamen Interessen gegenüber der Öffentlichkeit, der Politik und auch innerhalb der Verlagslandschaft zu organisieren und zu vertreten. In ihren jährlichen Mitgliederversammlungen tauschen die inzwischen über 100 Verlage ihre Erfahrungen aus.

»Die Mitgliedschaft in der avj können Verlage erwerben, die regelmäßig Bücher und/oder Medien für Kinder und Jugendliche in deutscher Sprache herausbringen und, sofern sie ihren Sitz in Deutschland haben, Mitglied des Börsenvereins des Deutschen Buchhandels e.V. sind.« heißt es auf der Website. Die Geschäftsstelle hat ihren Sitz im Gebäude des Börsenvereins des Deutschen Buchhandels in Frankfurt/Main; die avj ist aber eine selbstständige Organisation mit einem gewählten Vorstand und einer hauptamtlichen Geschäftsführung, die eigene Mitgliedsbeiträge erhebt und dementsprechend ein eigenes Budget zur Verfügung hat. Verlage aus anderen deutschsprachigen Ländern, also Österreich und der Schweiz, können ebenfalls Mitglieder sein. Das Junktim einer Mitgliedschaft im Börsenverein des Deutschen Buchhandels für die in Deutschland ansässigen Mitgliedsverlage hat man eingeführt, um neben der Komponente Eigenverantwortung auch den Schulterschluss mit der zentralen Branchenorganisation zu gewährleisten. Denn es gibt viele gemeinsame Interessen, die sich etwa auf das Urheberrecht, Verlegerbeteiligung an der VG Wort, Preisbindung, Leseförderung und Branchenpolitik beziehen.

So wie das KJB absolut gewachsen ist und sich differenziert entwickelt hat, kann man das auch bei seinen Verlagen feststellen. Heute gibt es – trotz einiger Verlagsschließungen und Fusionen – um die Hälfte mehr KJBV als um die Jahrtausendwende. Es werden neue Verlage gegründet, manche eher klein, von wagemutigen #selbstständigen Unternehmern, andere werden von großen internationalen Verlagskonglomeraten inszeniert.

Klett Kinderbuch mit Sitz in Leipzig z. B. wurde 2008 unter dem Dach des großen Schulbuch-#Konzerns Klett gegründet; als der Bereich Kinderbuch nicht mehr zum strategischen Interesse des Konzerns zählte, konnte die Verlegerin Monika Osberghaus 2015 den Verlag selbst übernehmen. Entstanden ist ein Verlagsprogramm, dem es gelingt, zugleich anspruchsvoll, kindernah und wirtschaftlich erfolgreich zu arbeiten. Ein Baustein für eine solche Entwicklung ist sicher die Erkenntnis, dass man nicht alles selbst machen muss. So liegt der Vertrieb für Klett Kinderbuch in den Händen des dtv, der mit seiner Kinderbuch-Kooperation Dienstleister auch für weitere Kinderbuchverlage ist.

Ein anderes Mitglied dieser Kooperation ist seit 2012 der Usborne Verlag, die deutsche Tochter eines der größten Kinderbuchverlage der Welt. 2015 gründete HarperCollins, der zweitgrößte Publikumsverlag der Welt, mit HarperCollins Germany einen deutschen Verlag und fügte gleich eine Kinderbuch-Neugründung dazu: Dragonfly. Diese Gruppe erwarb Mitte 2020 SchneiderBuch von dem dänischen Medienkonzern Egmont, um den einstmals beliebtesten Lesefutter-Verlag (unvergessen: *Hanni und Nanni* von Enid Blyton) wieder zu neuen Erfolgen zu führen (siehe Kap. 3.1).

2.1 Zahl und Struktur der Kinder- und Jugendbuchverlage

Kein KJBV ist verpflichtet, der avj beizutreten, aber es gibt kaum einen Verlag von Bedeutung, der dort nicht Mitglied ist. Deshalb gibt die folgende Tabelle, in der nur avj-Mitglieder erfasst sind, einen weitgehend zuverlässigen Überblick.

avj-Mitglieder im Überblick

	1983	1993	2003	2013	2021
Anzahl KJB-Verlage	52	70	71	94	102
selbstständig	28 = 54%	31 = 44%	27 = 38%	34 = 36%	34 = 33%
mittelst. Gruppe	20 = 38%	33 = 47%	34 = 48%	29 = 31%	32 = 31%
Konzern	4 = 8%	6 = 9%	-10 = 14%	31 = 33%	36 = 35%
					102 = 100%
davon ausländ. Konzern					17 = 17%
Schweiz					8 = 8%
Österreich					4 = 4%

Quelle: avj - Kinder- und Jugendbuchverlage von A-Z/ bis 1983 nur BRD+A+CH. Ab 2016 www.avj-online.de

Ein herausragendes Beispiel für Konzernbildung liefert **Bertelsmann.** Was 1835 mit dem Carl Bertelsmann Verlag in Gütersloh begann, wurde ein milliardenschwerer Weltkonzern. Nach dem Zweiten Weltkrieg entwickelte Reinhard Mohn das Geschäftsmodell Buchclub; Millionen wurden Mitglieder, und es wurde die ganze Familie mit Lesestoff versorgt. Für den Schritt vom Buchverkäufer zum Buchverleger war 1972 die Verlagerung der Buchverlags-Zentrale von Gütersloh nach München entscheidend. Mit der Akquisition des Goldmann Verlags 1977 wurde die Grundlage dafür gelegt, im deutschen Sprachraum eine führende Rolle zu spielen. Mit dem Kauf des US-Verlags Doubleday begann 1986 der Sprung in den englischen Sprachraum, 1998 kam Random House dazu – seinerzeit ein Schock für die englischsprachige Verlagswelt – und 2001 wurde New York zum Hauptquartier der inzwischen weltweit größten Verlagsgruppe im Publikumsbereich. Mittlerweile gehören die Verlagsgruppen Penguin und Simon & Schuster ebenfalls dazu. Außerdem betreibt der Konzern Fernsehsender, Zeitschriften, Druckereien, Logistik, Musikrechte und beginnt sich im Bildungssektor zu engagieren.

Es gibt weitere weltweit operierende Verlagskonzerne (HarperCollins, Hachette Group, Bonnier, Holtzbrinck), die größten sind allerdings einige wissenschaftliche Verlage wie RELX Reed Elsevier oder Springer Nature & Business. Und solche Konzerne verstehen es, verschiedene, durchaus dezentral geführte Verlage unter einem unternehmerischen Dach zu vereinen. So gehören zur deutschen Penguin Random House Verlagsgruppe mittlerweile 47 Verlage, darunter der Kinder- und Jugendbuchverlag, der heute cbj heißt (nach C. Bertelsmann Jugendbuchverlag); dieser Name verweist auf die Wurzel des Unternehmens.

Die klassische #Verleger-Figur war ein geistig und kulturell interessierter, selbstständiger Unternehmer: Franz Schneider (Franz Schneider Verlag), Samuel Fischer (S. Fischer), Peter Suhrkamp, später Siegfried Unseld (Suhrkamp), Georg Popp (Arena). Heute dominieren angestellte Manager die Führungspositionen, in zunehmendem Maß Frauen. Es sind auch Frauen gewesen, die einige der wichtigsten deutschen KJBV nach dem Zweiten Weltkrieg aufgebaut haben: Heidi Oetinger (Oetinger), Lieselotte Weitbrecht (Thienemann), Maria Friedrich (dtv-junior), Gertraud Middelhauve oder Christa Spangenberg (Ellermann).

Auch wenn die Übergänge zwischen Selbstständigkeit und #Mittelstand einerseits sowie zwischen Mittelstand und Konzern fließend sind, lässt sich eine gewaltige Verschiebung feststellen. War noch vor rund 50 Jahren das selbstständige Einzelunternehmen zu drei Vierteln die vorherrschende Rechtsform bei den KJBV, stellen diese nur noch knapp ein Drittel. Vor 50 Jahren spielten Konzerne fast keine Rolle, heute gehört etwa jeder dritte KJBV einem Konzern. Die mittelständischen Verlage haben sich recht gut gehalten.

Es lässt sich konstatieren, dass es unter den deutschen KJBV ein vielfältiges Nebeneinander der unterschiedlichsten Verlagsformen gibt. Es ist keineswegs so, dass immer nur ›Große‹ die ›Kleinen‹ fressen und die Erfolge absahnen; viele kleinere und mittelgroße Verlage können sich in Renommee und wirtschaftlichem Erfolg durchaus mit den großen Verlagshäusern messen. Eine entscheidendere Frage für das erfolgreiche Arbeiten eines Verlags als die schiere Größe könnte daher die Bedeutung haben, die das Verlegen von KJB für den Verlag hat.

Lebt der Verlag vom Kinder- und Jugendbuch?

... oder ist KJB nur ein Bereich unter vielen? Gut die Hälfte der KJBV sind auf das KJB spezialisiert. Die übrigen KJBV sind nur ein Teilbereich eines größeren Gesamtunternehmens. Diese Unterscheidung ist wichtig, weil es erheblichen Einfluss auf die Arbeitsweise des Verlags hat, ob das KJB ökonomisch den Kern des Verlags bildet oder ob es eine mehr oder weniger gewichtige Ergänzung im Gesamtprogramm darstellt. Kann die für das KJB verantwortliche leitende Person wie ein Verleger arbeiten oder ist sie ein Abteilungsleiter unter vielen? Diese Konstellation hat Einfluss darauf, ob der KJB-Teil die personellen und infrastrukturellen Ressourcen bekommt, die er braucht, um im Wettbewerb mit seinen KJB-Konkurrenten zu bestehen:

- Ist das Lektorat mit genügend, qualifiziertem und gut vernetztem Personal ausgestattet?
- Verfügt das KJB über eine eigene Pressestelle oder wird es als Teil der Gesamt-Pressearbeit bedient?
- Ist der Vertrieb im Innen- wie im Außendienst auf KJB spezialisiert oder Teil des allgemeinen Vertriebs?
- Gibt es eigenes Lizenz-Personal für das KJB (Inland/Ausland) oder findet der Lizenzverkauf im Rahmen der Gesamt-Lizenzabteilung statt?
- Ist die Buchherstellung auf die besonderen gestalterischen und produktionstechnischen Anforderungen des KJB eingerichtet?
- Wird ausreichende Unterstützung durch die zentralen Abteilungen (z. B. IT, Personal, Vertrags- und Honorarwesen) gewährt?

Ein hilfreiches Bild, um sich klarzumachen, wie wichtig diese Fragen sind, kann die Vorstellung sein, der Verlag stecke in einer Krise – egal, ob hausgemacht oder von der Branchenkonjunktur ausgelöst. Bei jedem Versuch, eine Krise zu bewältigen, wird irgendwann der Satz zu hören sein, man müsse sich ›auf das Kerngeschäft konzentrieren‹, oder es gehe jetzt darum, ›den Markenkern zu bewahren‹. Falls eine solche Krise etwa den Ravensburger Verlag beträfe (ein rein fiktives Beispiel), müsste der Verlag gewiss seine Stärken und Schwächen, sein Portfolio, seine Prozesse, sein Personal etc. einer kritischen Analyse unterziehen. Aber es wäre kaum anzunehmen, dass er sich die Frage stellen würde, ob er überhaupt KJB verlegen soll. Ravensburger ist nämlich eine Marke (mit einem fabelhaften Bekanntheits- und Sympathiegrad), die sofort und überall mit der Zielgruppe Kinder und Familien verbunden wird.

Betrachten wir einen ebenfalls markenstarken Verlag wie Rowohlt. Falls dieser Verlag eine vergleichbare Krise zu bewältigen hätte (ebenfalls eine rein fiktive Annahme), könnte das Management auf die Idee kommen, im Zuge der Konzentration auf die Kern-Kompetenzen die KJB-Aktivitäten zu verkaufen oder einzustellen – ohne die starke Marke Rowohlt wesentlich zu schwächen. Zwar gibt es Rowohlt Rotfuchs als Untermarke, aber lebensnotwendig für den Verlag ist dieser Bereich nicht. Mit dieser Unterscheidung soll nicht suggeriert werden, dass nur in einem ›reinen‹ KJBV auf Dauer gut gearbeitet werden könne – die Prosperität der Verlagsarbeit hängt vor allem vom Können und Willen der Personen ab, die den Verlag betreiben, und nicht nur von seiner Struktur.

In einem Kleinverlag kann es sein, dass alle oder fast alle Verlagsfunktionen bei einer Person angesiedelt sind. Der Verleger ist dann der beste Presse-Kontaktmann für seinen Verlag, den man sich denken kann. Ab einer bestimmten Größe jedoch ist das nur noch arbeitsteilig zu bewältigen. Und nicht jede Funktion muss mit einer Person besetzt sein, die im eigenen Haus angestellt ist. Deshalb bieten sich für zahlreiche Verlagsfunktionen freie Mitarbeiter oder professionelle Dienstleistungsunternehmen an; diese Organisationsform nennt man Outsourcing. Wenn ein Verlag z.B. nur wenige deutschsprachige

OUTSOURCING (Ausgliederung, Fremdbeschaffung) bezeichnet die unternehmerische Entscheidung, für einzelne Leistungen oder Geschäftsprozesse externe Dienstleister hinzuzuziehen, die in die Wertschöpfungskette integriert werden. Das Unternehmen kann sich dadurch auf seine Kernkompetenzen fokussieren und muss kein Know-how in Randbereichen aufbauen, wo Spezialisten ihr Wissen und Können zur Verfügung stellen. Neben einer optimierten Prozessorganisation spielen auch Kostengesichtspunkte eine Rolle.

Originalbücher herausbringt, wird sich die Position eines Lizenzmitarbeiters nicht rentieren. Dafür kann man Agenten oder Agenturen engagieren, die z. B. über die einschlägigen Kontakte für Auslands-Lizenzrechte oder für Filmrechte verfügen. Ein solcher Dienstleister kann – gegen Honorierung durch eine Provision – wesentlich effizienter arbeiten, als der Verlag dies aus eigener Kraft zu leisten vermag. Aber auch hier gilt: Wer auch immer diese Aufgabe übernimmt, muss sich im KJB auskennen, sonst wird er nicht über Kontakte zu den passenden Verlagen bzw. den richtigen Personen in diesen Verlagen verfügen.

2.2 Der Vertrieb: Nadelöhr oder Türöffner?

Ein Verlag mag das erlesenste Programm auf die Beine stellen – wenn es ihm nicht gelingt, seine Bücher in sichtbarer Weise auf den Markt zu bringen und dort Resonanz zu erzeugen, wird er über kurz oder lang scheitern. Der #Vertrieb stellt eine Schlüssel-Funktion dar.

Falls KJB eine Produktgruppe unter vielen auf der Agenda der Vertriebsperson bzw. im Musterkoffer des Außendienst-Mitarbeiters sind, kann es geschehen, dass ihnen nicht genügend Zeit, Beachtung und Gewicht gewidmet wird. Dergleichen muss gar nicht aus Desinteresse oder mangelnder Qualifikation geschehen, sondern schlicht aus Überlastung oder angesichts ungenügender Ressourcen.

Ein Beispiel: dtv hat mit seinen Bereichen Literatur, Unterhaltung, Sachbuch und KJB ein vielfältig aufgestelltes und wachsendes Programm. An einem bestimmten Punkt hat man festgestellt, dass eine angemessene Betreuung des ebenfalls wachsenden KJB-Bereichs nicht mehr gewährleistet wurde. Die Kapazitäten für das Erwachsenen-Programm waren zusätzlich dem KJB-Programm ›belastet‹, die für das Kinderbuch Verantwortlichen waren unzufrieden mit der in ihren Augen nicht ausreichenden Intensität der Betreuung. Andererseits war das KJB wiederum ökonomisch nicht gewichtig genug, um dafür eine eigene Vertriebsorganisation aufzustellen. Ein Blick auf den KJB-Markt ergab, dass da einige Verlage unterwegs sind, die ein ähnliches Problem haben. Also kam man auf die Idee, eine auf das KJB zugeschnittene Vertriebsorganisation zu gründen, die das eigene Programm dtv-junior, aber auch andere KJBV im Portfolio führen würde. Ab 2012 hat dtv diesen neuen Weg beschritten, und er ist offensichtlich sowohl für dtv selbst als auch für die beteiligten anderen Verlage erfolgreich.

Der Vertriebs-Innendienst und das Key Account-Management (siehe Kap. 4.4) sind bei dtv fest angestellt. Folgende Verlage gehören der dtv-Vertriebs-Kooperation an (Stand 2020): dtv junior, dtv – Reihe Hanser, Usborne Verlag, Klett Kinderbuch Verlag, Atlantis Bilderbuch, OrellFüssli Kinderbuch, Globi Verlag, DAV Der Audio Verlag (Kinderprogramm), Bindewerk – Feine Papierwaren.

Eine Reihe weiterer Verlage wird vom Außendienst der dtv-Vertriebskooperation vertreten, hat aber die Vertriebsleitung und den Key Account bei Bücherwege angesiedelt, ein weiterer Vertriebs-Dienstleister, der in Hamburg in Nachbarschaft zur W1-Verlagsgruppe sitzt: Nord-Süd Verlag, Atrium Kinderbuch, Arctis Verlag, WooW Books, von Hacht Verlag, Arche Kalender, JUMBO (Kinderbücher/Hörbücher), Goya libre.

Auch andere Verlage haben ähnliche Überlegungen angestellt. So betreibt der Aufbau Verlag eine Tochterfirma, die den Vertrieb der eigenen Verlage übernimmt, aber auch für andere Verlage arbeitet, so für die deutschen HarperCollins-Verlage, darunter auch die Kinderbuchverlage Dragonfly und SchneiderBuch. Die Aufbau Vertrieb GmbH ist nicht auf den KJB-Bereich spezialisiert, hat aber auch die KJBV der Glöckler Verlagsgruppe im Gepäck: Annette Betz, Ueberreuter, Nilpferd und G&G.

Bei einigen Verlage bestehen Kooperationen in der Weise, dass ein größerer Verlag einem kleineren seine Vertriebsorganisation zur Verfügung stellt. So werden z. B. der Moritz Verlag und der Mixtvision Verlag vertrieblich von der Verlagsgruppe Beltz betreut. In den ersten Jahren seines Bestehens gab es eine ähnliche Zusammenarbeit zwischen dem neugegründeten Magellan Verlag und der Verlagsgruppe Oetinger. Seit der Verlag beträchtlich gewachsen ist, hat Magellan seine eigene Vertriebsorganisation.

Es gibt weitere Formen der Kooperation bei kleineren Verlagen, z. B. Indiekids: Zunächst 7 Verlage hatten sich von 2012 bis 2020 zu einer Vertriebskooperation zusammengetan: àbac, aracari, Baobab Books, Edition Bracklo, Edition Pastorplatz, Jacoby & Stuart, Schaltzeit Verlag. Dazu gehörte, dass sie alle ihre Bücher bei derselben Auslieferung hatten: Runge Verlagsauslieferung in Steinhagen. Seit 2021 sind nur noch àbac, aracari und Baobab Books dabei. Sie nennen das gemeinsame Konditionenmodell das »vertriebliche Herzstück der Kooperation«:

1. einheitlicher Grundrabatt von 40 % bei allen Verlagen
2. kein Mindestbestellwert
3. Bündelung der Novitätenauslieferung an drei Terminen (= ein Paket und eine Rechnung für die sieben Verlage)

4. Bei Nachbestellungen gilt die gemeinsame Rechnungsfaktur aller Medien Service Runge-Verlage, sowie die Sendungsbündelung aller Runge-Verlage
5. Gemeinsamer Vorschauversand« (www.indiekids.de).

Ein solches Modell verbindet die Vorteile eines selbstständigen Verlags (Indie = unabhängig) mit einer erheblichen Vereinfachung der Bestell- und Auslieferungsmodalitäten und vor allem auch der entsprechenden Kosten.

Man kann die Kooperation auch eine Stufe niedriger ansetzen, wie das z.B. KuK tut – die Kooperation unabhängiger Kinderbuchverlage, eine 2007 gegründete Vertriebsgemeinschaft der Verlage Jungbrunnen, Kindermann und Peter Hammer. Die drei Verlegerinnen verkünden:

> *Mit gemeinsamen Aktionen für den Buchhandel können wir mehr erreichen, als wenn jeder sein eigenes Süppchen kocht. Durch die Kooperation haben wir die Möglichkeit, dem Handel attraktive Angebote zu machen, die den einzelnen Verlagen nicht möglich wären. Kooperation ist uns wichtiger als Konkurrenz, denn wir haben dasselbe Ziel: hochwertige Kinderbücher ins Kinderzimmer zu bringen.* (www.peter-hammer-verlag.de)

2.3 Aufmerksamkeit gewinnen

Für Bücher wird gegenüber dem Publikum fast nie Werbung gemacht, für KJB erst recht nicht. Selbst der Börsenverein hat mit seinen großangelegten Kommunikationskampagnen für das Medium Buch unter dem Slogan »Vorsicht Buch!« eher Spott eingefahren als messbare Erfolge, auch wenn sie später umbenannt wurde in »Jetzt ein Buch!«. Bücher sind eben doch recht anders beschaffene Konsumgüter als Markenartikel. Daher wird für Bücher, wenn überhaupt, meist bei Buchhändlern geworben – in den allgemeinen Fachzeitschriften *Börsenblatt*, *BuchMarkt*, *Buchreport* und in den speziellen *KJB-Magazinen Eselsohr*, *JuLit*, *kjl&m – forschung.schule.bibliothek*, *Buch + Maus*, *1001 Buch*. Es hat sich eingebürgert, dass etwa Mitte März und Mitte September in den buchhändlerischen Fachzeitschriften *Börsenblatt*, *BuchMarkt* und *Buchreport* Schwerpunkthefte zum KJB erscheinen.

Manche Buchhändler stellen eigene Kundenmagazine her, allerdings mit sehr unterschiedlichen Konzepten. Wer als Verlag seinen Titel in einem Kinderbuchprospekt bei Groß-Filialisten wie Hugendubel oder

Thalia unterbringen will, muss dafür bezahlen. Das gleiche gilt für Werbemagazine, die jede Buchhandlung beziehen kann, bei großen Auflagen sogar in individualisierter Form. Die auf KJB spezialisierte *Bücherbox* wird herausgegeben von der avj und vertrieben durch die zur SPIEGEL-Gruppe gehörende Harenberg Kommunikation, der Verlag des *Buchreport*. Das *Buchjournal* (im Verlag des *Börsenblatts*) erscheint zweimal im Jahr als Wendemagazin; von der einen Seite betrachtet heißt es *BuchjournalKids* und richtet sich an erwachsene Leser, die nach geeigneten Büchern und Geschenk-Empfehlungen für Kinder suchen. Um 180 Grad gewendet liest man *BuchjournalTeens*, das soll »ältere Kids und Jugendliche« mit Lesetipps ansprechen.

Engagierte Buchhandlungen mit besonderem Anspruch stellen eigene Buchempfehlungen oder Lesemagazine her. Einige Beispiele:

- *5plus* ist das Magazin der Buchhandlungen der 5plus-Gruppe. Hier schreiben Verleger, Autoren, Buchhändler, Journalisten über Bücher und Themen der Zeit, darunter immer auch über KJB.
- Die Buchhandlung Lehmkuhl in München, ein Mitglied der 5plus-Gruppe, veröffentlicht zusätzlich jedes Jahr zu Weihnachten *Lehmkuhls beste Seiten!:* Mitarbeiter der Buchhandlung stellen ihre persönlichen Empfehlungen vor, selbstverständlich einschließlich KJB.
- Die Buchhandlung RavensBuch in Ravensburg produziert einen Jahreskatalog *NEUE BÜCHER* voller empfohlener und kommentierter Bücher, mit dabei KJB.
- Ein ästhetisch und inhaltlich herausragendes Werbemittel ist *schmitzkatze*, herausgegeben von der Buchhandlung Schmitz in Essen. Interviews, ausführliche Besprechungen und als Besonderheit auch Tipps zu neuen Jazz-CDs – und selbstverständlich ein guter Anteil KJB.
- Der Buchhändler Thomas Schmitz und seine erste *liga büro für gestaltung* geben außerdem *Kilifü – Almanach der Kinderliteratur* einmal jährlich heraus. Ein knapp 200 Seiten umfassendes Kompendium der KJB-Neuheiten, das von jeder Buchhandlung bei interessierten Kunden eingesetzt werden kann.

Alle diese Druckerzeugnisse sind letzten Endes Werbemittel, die von Titelgebühren und Anzeigen der Verlage bezahlt werden. Die Investition der Verlage wie der federführenden Buchhandlungen dienen natürlich dem Ziel, Buchkäufe zu initiieren, deren Erlöse die Kosten solcher Werbemittel übersteigen. Quantitativ wird sich das eher selten messen lassen; für die Kundenbindung sind sie gewiss förderlich.

Um Beachtung bei den Medien kümmern sich die Presseabteilungen der Verlage (siehe Kap. 4.3) oder PR-Beauftragte außerhalb, die fest engagiert sind, aber selbstständig oder in Dienstleistungsbüros agieren. Hat man es bei Büchern für ein erwachsenes Publikum mit dem Feuilleton, Themenredaktionen, Fachzeitschriften etc. zu tun, fühlen sich beim KJB noch eine Vielzahl interessierter Vereinigungen, Institutionen und Fachleute angesprochen, die sogenannte ›Szene‹– eine Vielzahl von Organisationen und Aktivisten.

Eine originelle Methode, um die Aufmerksamkeit und Sympathie des Buchhandels vor Ort zu gewinnen, sind die ›Kinderbuchsalons‹, zu denen die Kinderbuchverleger Ralf Rebscher (Magellan), Sebastian Zembol (Mixtvision) und Herwig Bitsche (NordSüd) immer wieder an verschiedenen Orten einladen. Für die Buchhändler ist es etwas Besonderes, die Verleger in einem überschaubaren Kreis persönlich zu treffen, und die Verleger ihrerseits bekommen Kontakt mit ihren wichtigsten Kunden. Dass man ersatzweise ähnliche Effekte auch online erzielen kann, hat die KJB-Pressebörse ›8 auf einen Streich‹ im Juli 2020 gezeigt, die eigentlich vor Ort in Hamburg stattfinden sollte. Auf Initiative der Carlsen-Pressefrau Katrin Hogrebe präsentierten die Verlage aracari, Atlantis/Orell Füssli Kinderbuch, Carlsen, Dragonfly, dtv junior/dtv-Reihe Hanser, Peter Hammer, Gerstenberg, minedition, Moritz und moses in jeweils vier Minuten einen Einblick in ihre Neuheiten. Beachtenswert, dass es sich dabei um Verlage äußerst unterschiedlicher Größe und Ausrichtung handelt.

2.4 Alternative Verlagsformen – Ergänzung, Erweiterung oder Überflutung des Marktes?

Verlage sind frei darin, welche Bücher sie unter Vertrag nehmen und welche nicht. Schon immer gab es Menschen, die Manuskripte verfasst haben, die sie Verlagen angeboten haben und die darauf entweder gar keine Antwort, eine schematisierte, nicht auf den konkreten Text eingehende Absage oder sogar eine längere Erklärung erhielten, warum man diese Geschichte nicht ins Verlagsprogramm aufnehmen wolle. Die Enttäuschung darüber führt dann mitunter dazu, den Verlagen pauschal eine angebliche ›Wagenburg-Mentalität‹ oder Arroganz zu unterstellen bzw. sie als ›Bücher-Verhinderer statt Bücher-Macher‹ anzuprangern. Diese Situation nützen sogenannte Zuschuss-Verlage aus, indem sie gegen beachtliches Honorar und/oder Erstattung der Herstellungskosten anbieten, solch ein Manuskript zu drucken, es mit einer ISBN auszustatten und damit bestellbar zu machen. Da das Lektorat ausbleibt, fehlt derartigen Publikationen in der Regel ein wesentliches Qualitäts-Kriterium.

ISBN Die Internationale Standard-Buchnummer identifiziert nicht-periodische Publikationen mit einem Zahlen- oder einem entsprechenden Balkencode. In Deutschland seit den 1970er Jahren als DIN-ISO-2108-Norm in Gebrauch, umfasste sie bis zum Jahr 2006 zehn Stellen. Seit der Koppelung an das EAN-System (EAN = european article number), das heute von der Organisation GS 1 (Global Standard One) koordiniert wird, ist die ISBN 13-stellig. Im herstellenden Buchhandel begleitet sie Verlagsprodukte von der Herstellung über die Lagerhaltung bis hin zum Vertrieb.

Publikumsverlage nehmen bei der Frage, ob sie ein Manuskript unter Vertrag nehmen, eine Risiko-Einschätzung vor: Wird dieses Buch voraussichtlich so viele Leser finden, dass wir eine gewinnbringende Auflage in Auftrag geben können? Wann immer eine solche Überlegung positiv entschieden wird, begeben sich Verlage ins unternehmerische Risiko. Der Autor bekommt eine gewisse Grundsicherung durch eine garantierte, auch im Falle eines Misserfolgs nicht zurückzahlbare Vorauszahlung auf sein Absatzhonorar – so ist es bei einem seriösen Verlag üblich. Für den Verlag gibt es jedoch keinerlei Garantie, dass er nicht auf einem Teil seiner gedruckten Bücher sitzenbleibt. Ausnahmen gibt es auch hier, etwa im ›Corporate Publishing‹ (wenn ein Verlag eine Auftragsproduktion realisiert) oder bei Festabnahmen etwa bei der Zusammenarbeit mit Museen oder anderen öffentlichen Institutionen.

Print-on-Demand Durch die Entwicklung der digitalen Drucktechniken ist es inzwischen möglich, gut gedruckte und buchbinderisch ordentlich verarbeitete Bücher auch in sehr kleinen Auflagen relativ kostengünstig herzustellen. Im Extremfall kann das sogar ein einziges Exemplar sein. Spezielle Druckereien verfügen über Maschinen, die für das ›Print-on-Demand-Verfahren‹ entwickelt worden sind.

Auch Publikumsverlage können auf dieses Verfahren zugreifen, z.B. um ein 25-bändiges Gesamtwerk eines Autors vollständig lieferbar zu halten. Wenn einzelne Bände einer solchen Edition vergriffen sind, pro Band aber nur sehr niedrige Absatzzahlen erreicht werden, lassen sich reguläre Nachauflagen nicht rechnen. Man kann dann auf Print-on-Demand zurückgreifen, um das Gesamtwerk weiterhin anbieten zu können.

Self-Publishing Wenn der Autor selbst zum Verleger seines eigenen Buches, zum ›Self-Publisher‹ wird, kann er damit die ›Torwächter‹-Funktion der Publikumsverlage umgehen. Niemand hindert ihn daran, das Buch so drucken zu lassen, wie er es will. Inzwischen ist das Geschäftsmodell sogar bereits so weit entwickelt, dass man ein Korrektorat, ein Lektorat, eine Titelgestaltung und vieles mehr buchen kann – wofür man dann auch bezahlen muss.

Allein das einschlägige Unternehmen Books on Demand meldet 90.000 lieferbare Self-Publishing-Titel. BoD wurde 2001 als Tochtergesellschaft von Libri gegründet, einem der drei Barsortimente, die in Deutschland für die Übernacht-Lieferung der meisten Bücher so wichtig sind. Im Angebot überwiegen die sogenannten Genre-Titel, also Büchern in bekannten Kategorien wie Fantasy, Krimi, Ratgeber – das gilt auch im Jugendbuchbereich. Erfolgsgeschichten von selbstverlegenden Autoren haben sich tatsächlich zugetragen, sind aber eher selten – etwa wie Stories der Sorte ›Vom Tellerwäscher zum Millionär‹. Einige wenige Autoren verkaufen ihre Bücher so stark, dass sie gutes Geld verdienen, manchmal sogar viel mehr, als es mit einer regulären Verlagsausgabe möglich wäre. In solchen Fällen kommt es auch vor, dass KJB-Verlage an die Autoren herantreten und ihnen ein Angebot für eine Verlagsausgabe machen.

Hybrid-Publishing 2006 wurde in Hamburg der Verlag Tredition gegründet, der einen hybriden Ansatz verfolgt. Dort war man frühzeitig davon ausgegangen, dass E-Books zwar durchaus eine neue zusätzliche Buchform sind, man damit aber nur Teile des Marktes abdecken kann. Völlig zurecht, wenn man sich den Umsatzanteil mit E-Books ansieht, der sich am deutschen Markt bei etwa 5 % stabilisiert hat. Daher geht man bei Tredition davon aus, möglichst viele Buchformen gleichzeitig anzubieten: Hardcover, Taschenbuch, E-Book. Das Selbstbild von Tredition besagt:

> *Wir […] achten auf die Qualität eines Buches. Es ist unsere Zielsetzung, dass ein Buch, das bei uns im Self-Publishing veröffentlicht wurde, traditionellen Verlagstiteln in nichts nachsteht. Wir achten auf die Rechtschreibung, das Erscheinungsbild und darauf, ob es gegen geltendes Recht verstößt. Wir entscheiden nicht, ob ein Titel spannend oder langweilig ist. Das entscheidet der Leser.* (www.tredition.de)

Der Verlag hat eine bemerkenswerte Entdeckung gemacht und publiziert sie auf seiner Website: Die Zahl der Neuheiten beim gedruckten

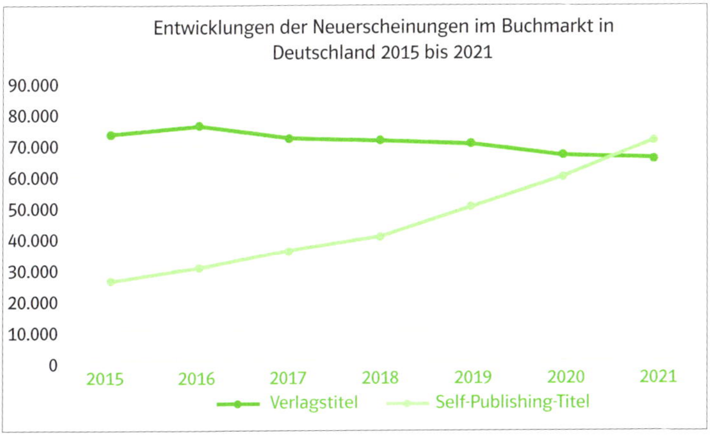

© tredition GmbH

Buch sinkt tendenziell über die letzten Jahre, die der bei Self-Publishern veröffentlichten Titel steigt:

Im Buchhandel wird diese Entwicklung wohl kaum begrüßt, denn schon jetzt sind es vor allem die Buchhändler, die aus nachvollziehbaren professionellen Gründen immer wieder an die Verlage appellieren: »Macht weniger Bücher!« Das wird allerdings nicht gefordert, weil sich die Buchhandlungen öffnen wollen für Tausende von meist gutgemeinten, oft schlecht lektorierten und eben nicht verlegerisch verantworteten Titeln.

Einige Verlage reagieren auf diese Entwicklung so, dass sie neben ihrem bisherigen Hauptgeschäft spezielle Labels gründen, die solchen ambitionierten Autoren ihren Service anbieten, in der Hoffnung, dass sich hier zukünftige Begabungen ausprobieren können, deren Werke später im Hauptverlag erscheinen. Auch bei den großen KJBV gibt es Bemühungen, verborgene Talenthoffnungen durch eigene Imprints abzufangen.

Der Oetinger Verlag z.B. hat sich im Herbst 2020 ein neues Imprint zugelegt: **migo**. Dieser Verlagsteil ist anders in die Struktur der Verlagsgruppe eingegliedert, indem er vom Vertriebs-Geschäftsführer Thilo Schmid zusammen mit der ›Business-Developerin‹ Carmen Udina geführt wird. Im Buchreport berichten die beiden darüber, »wie die neue Art des Verlegens interne Arbeitsweisen verändert«.

[…] Das Imprint Migo ist ein projekt- und vertriebsgesteuerter Verlagsbereich, der besonders schnell auf Trends reagieren will und Bedürfnisse

> *und Themen aus Kundenperspektive entwickelt. […] Es geht nicht nur um noch etwas Neues, sondern um etwas wirklich anderes. Es ist eine Riesenherausforderung, das Tradierte in Frage zu stellen und verschiedene Systeme parallel laufen zu lassen, nach Schnittstellen zu suchen und zu schauen, wer was von wem lernen kann. Dabei werden Geschäftsmodelle rund ums Storytelling entstehen, die mit dem jetzigen nichts mehr zu tun haben oder nur noch im Ansatz.*
>
> (Thilo Schmid, Carmen Udina, buchreport Herbst 2020)

Auch hier zeigt sich der grundsätzlich andere Zugang zur Frage, was denn ein Verlag veröffentlicht. Das erinnert an die prägnante Formulierung des legendären Verlegers Kurt Wolff, der gesagt hat:

> *Man verlegt entweder Bücher, von denen man meint, die Leute sollen sie lesen, oder Bücher, von denen man meint, die Leute wollen sie lesen.*
>
> (Kurt Wolff)

Für Verleger der zweiten Sorte (»die dem Publikumsgeschmack nachlaufen«) gilt:

> *Man liefert die Ware, die gefragt wird.* (zitiert nach Groothuis 2000, S. 15)

Wer mit Traditionen bricht, gilt gemeinhin als fortschrittlich. Auch hier könnte die Überlegung weiterhelfen, dass ›Fortschritt‹ ähnlich wie ›Qualität‹ (siehe Kap. 3.7) nicht auf einer eindimensionalen Skala verläuft, sondern ein vielgestaltiges Phänomen ist. Werden die Bücher durch solche Verfahren ›besser‹? Werden sie tatsächlich besser verkauft? Werden damit mehr potenzielle Leser erreicht? Die Ankündigung einer unternehmerischen Neuerung macht sich immer gut; man kann aber davon ausgehen, dass die entsprechenden Verlage nur im Erfolgsfall mit weiteren Berichten an die Öffentlichkeit treten. Über einen etwaigen Flop wird kaum geredet, daher wird es oft schwierig, solche Projekte nachzuverfolgen.

Digital Publishing Mit dem Aufkommen der Digitalisierung haben sich auch im Verlagswesen völlig neue Produktions- und Distributionsmöglichkeiten erschlossen. Wenn ein E-Book einmal geschrieben, lektoriert und in Form gebracht ist, ist es technisch möglich, das Werk ohne jeden Qualitätsverlust in beliebiger Stückzahl zu vervielfältigen und zugänglich zu machen – die rechtlichen Voraussetzungen dafür einmal beiseite gelassen. Wenn also ein Buch zur Vervielfältigung und Zugänglichmachung nicht mehr auf Papier gedruckt werden muss, ist es auch möglich, ein rein digitales Buch zu erzeugen. Das ermöglicht denselben Inhalt in einer anderen dinglichen Form. Alexander Skipis hat das auf den Buchtagen des Börsenvereins 2010 in Leipzig erstmals vor großem Publikum als ›Das Prinzip Buch‹ erklärt:

> *Gerade die traditionellen Eigenschaften des Buches machen es zu dem überlegenen Medium für die Aneignung von Langtexten. Als solches wird es in der wachsenden Vielfalt der Medien zunehmend geschätzt und nachgefragt sein. Das ›Prinzip Buch‹ – damit meine ich das Bedürfnis nach längeren, vertiefenden, nachhaltigen, zuverlässigen, relevanten Texten: Dieses Prinzip hängt nicht an der Frage analog oder digital. Sondern es ist die perfekte Antwort auf ein Bedürfnis des Lesers, der, selbst wenn er auf einem Monitor im Buch läse, auch als User ein Leser bliebe. Das scheint eine anthropologische Konstante zu sein.* (Skipis 2011)

Das digitale Buch hat gegenüber dem gedruckten einige große Vorteile:

- man muss sich nicht im Vorhinein für eine bestimmte Auflagenmenge entscheiden;
- man muss kein Lager anlegen;
- man kann über einen einzigen Vertriebskanal jeden Interessierten erreichen;
- es besteht kein Remissionsrisiko;
- allfällige Korrekturen lassen sich umgehend anbringen.

Ob es allerdings für Kinder ein geeignetes Medium ist, sei an dieser Stelle zunächst offengelassen.

Auch Carlsen betreibt einen Verlagsteil, in dem ausschließlich digitale Bücher erscheinen: Impress (gegründet 2013) »steht für gefühlsstarke, mitreißende Fantasy für Jugendliche und junge Erwachsene, der inhaltliche Schwerpunkt liegt auf ›Romantasy‹ und ›Paranormal Romance‹. Dark Diamonds (gegründet 2016) spricht Leserinnen zwischen 18 und 25 Jahren an, »die gerne Fantasy und Romance lesen. Die Heldinnen sind junge Erwachsene, die ihre Jugend hinter sich gelassen, aber noch nicht so recht ihren Platz in der Erwachsenen Welt gefunden haben.« Die beiden Imprints wurden 2020 unter dem Namen Impress zusammengeführt.

Ein eigens für E-Books im Jahre 2012 gegründeter Verlag ist Dotbooks. Die Gründerin und Verlegerin Beate Kuckertz hat vorher reichlich Erfahrung in Publikumsverlagen gesammelt. Das Unternehmen bezeichnet sich als »ein Verlag, in dem Schriftsteller nicht nur gestreichelt werden – wir fordern sie heraus, stellen unbequeme Fragen und arbeiten mit ihnen gemeinsam daran, aus ihren Rohdiamanten echte Schmuckstücke zu schleifen. Bei dotbooks wird jeden Tag intensiv über Inhalte diskutiert, um die richtige Titelformulierung gerungen, gemeinsam an der Veröffentlichungsstrategie gefeilt. Harte Arbeit – und doch immer ein Vergnügen. Denn: Wir lieben Bücher!«.

Hier erscheinen auch jede Menge Genre-Bücher, aber auch Kinderbuch und Jugendbuch sind gut bestückt. Viele KJB-Autoren haben hier offenbar einen Ort gefunden, an dem sie Bücher wiederveröffentlichen können, die ihre früheren Verlage nicht mehr auflegen wollten. Nichts in der Verlagswelt ist so eindeutig, dass es nicht auch wieder anders sein könnte. Inzwischen gibt es bei Dotbooks sogar gedruckte Bücher!

3 Wie ein Programm entsteht

»Wo kommen die vielen Bücher her?« fragen sich die Laien und sogar manch ein Verleger – obwohl er es eigentlich am besten wissen müsste. Wenn man einen Verleger durch die Hallen der Frankfurter Buchmesse streifen sieht, spürt man förmlich, wie er innerlich den Kopf schüttelt und sich fragt: »Wer soll das alles kaufen? Und wer soll das alles lesen?« Die Antwort auf diese Frage ist so komplex, dass er sie sich lieber gar nicht gestellt hätte. Und er tröstet sich damit, dass in seinem Verlag lauter fabelhafte, gefragte, unverzichtbare, gut verkäufliche und ertragreiche Werke erscheinen.

So vielfältig die Verlage sind, so unterschiedlich sind auch die Methoden, wie sie ihr #Programm zusammensetzen. Es gibt kein verbindliches Lehrbuch dafür, es funktioniert ein bisschen so wie das englische Rechtssystem, das auf sehr wichtigen grundsätzlichen Regeln beruht, die von Fall zu Fall angewendet werden. Von einem großen und erfolgreichen englischen Verleger war zu vernehmen, er äußere sich nie darüber, wie in seinem Verlag gearbeitet wird – davon profitiere schließlich nur die Konkurrenz. Gibt es also so etwas wie Geheimrezepte, streng gehütete Formeln, wie die zur Herstellung von Coca-Cola? Genau um dergleichen geht es nicht, denn das höchste Ziel bei der Herstellung eines solchen Markenartikels ist, dass er überall in der Welt gleich schmeckt (außer vielleicht je nach regionalem Geschmack mal mehr oder weniger süß).

Damit sind wir bei der Frage, ob Bücher Markenartikel sind oder sein sollen oder sein können. In unserer Zeit werden sogar Debatten innerhalb von und mit politischen Parteien daran gemessen, ob eine bestimmte Haltung oder Maßnahme mit ihrem ›Markenkern‹ übereinstimme.

3.1 Verlag, Imprint, Marke

Offensichtlich können bestimmte Bücher Markenartikel sein: z.B. *Der Duden, Der Pons, Die Rote Liste, Das Guinness-Buch der Rekorde* etc. Diese Titel sind allerdings sämtlich Sachbücher, und einige davon sind eher Helden der Vergangenheit (z.B. *Langenscheidt*). Gibt es im KJB Markenartikel? Auch hier lautet die Antwort offensichtlich ja, es sind allerdings Buchreihen wie: *WAS IST WAS, Wieso Weshalb Warum, Das Magische Baumhaus, Schneider-Bücher, pixi-Bücher, Conni* etc. Aber nicht nur Reihen, sondern auch Verlage können wie Marken wirken, wenn man z.B. denkt an: rororo, Reclam, Ravensburger, GU – Gräfe & Unzer, Beltz & Gelberg etc. und manche Autoren à la Ali Mitgutsch, Janosch etc. besitzen ebenfalls Markeneigenschaften. Sogar Ausstattungsformen können den Charakter von Marken aufweisen, etwa Wagenbach SALTO, Diogenes-Bücher, Insel-Bücherei etc. Sind es letztendlich die Reihen oder die Autoren? Ist es *Harry Potter* oder Joanne K. Rowling? *Fünf Freunde* oder Enid Blyton? *Wilde Hühner* oder Cornelia Funke?

Vorteile und Nachteile von Marken

Wenn ein Verlag über solche Marken oder markenähnliche Bücher verfügt, kann er sich einerseits glücklich schätzen, denn das Wesen einer Marke (verlässliche Qualität, Wiedererkennbarkeit, emotionale Akzeptanz) sorgt meist für eine kontinuierliche Nachfrage. Andererseits aber engt ein markantes Profil möglicherweise auch ein: Bücher, die nicht zu einem solchen Profil passen, werden diesem Verlag nicht abgenommen.

Das ist einer der Gründe, warum Verlage sich Imprints zulegen. **Ravensburger** z.B., der Verlag mit dem blauen Dreieck, hat einen Konkurrenten, den Spieleverlag F.X. Schmid aufgekauft, um unter diesem Label billigere Spiele und Bücher anzubieten, die der

BRANDING Branding bezeichnet den geplanten Aufbau einer Marke. Ursprünglich in der Viehzucht verwendet, wo Rinder zur Kennzeichnung gebrandmarkt wurden, hat der Begriff heute in das Marketing-Denken Einzug gehalten. Ein ›Brand‹, eine Marke in Gestalt eines Produkts, einer Reihe oder einer Programmeinheit stellt durch sein Alleinstellungsmerkmal (USP = unique selling proposition) seine Einzigartigkeit unter Beweis, wobei der Wiedererkennungswert bei der Zielgruppe im Vordergrund steht. In diesem Sinn steht Branding für einen differenzierenden, emotionalen Mehrwert. In psychologischer Hinsicht wird eine Marke mit bestimmten Gefühlen und Botschaften assoziiert und spielt deshalb bei der Kaufentscheidung eine entscheidende Rolle.

Marke Ravensburger nicht zuträglich wären. Im Spiele-Bereich hat sich das offensichtlich nicht bewährt (möglicherweise wegen der hier nicht vorhandenen Ladenpreisbindung), aber im Buchbereich ließen sich durchaus niedrigpreisige Bücher für einen Massenmarkt anbieten. Doch jede noch so klug ausgetüftelte und durchgeführte Synergie-Maßnahme nützt nur, wenn der anvisierte Teilmarkt diese auch akzeptiert.

Die wohl bekannteste Kinderbuchmarke der Vergangenheit, SchneiderBuch, hat ein wechselvolles Schicksal durchlaufen. War der Franz Schneider Verlag bis in die 1980er Jahre einer der größten deutschen Kinderbuchverlage, hat er seit dem Verkauf 1985 an den damaligen dänischen Medienkonzern Gutenberghus (der sich später Egmont nannte und in Deutschland vor allem durch den Ehapa-Verlag bekannt ist) mit einigen Ortswechseln (München, Köln, Berlin) und weiteren Höhen und Tiefen einen ständigen Bedeutungsverlust verkraften müssen, der mit dem Verkauf an HarperCollins Deutschland mit Sitz in Hamburg im Jahre 2020 eine neue Wendung bekommen könnte. HarperCollins bezeichnet sich selbst als zweitgrößte Publikumsverlagsgruppe der Welt, die nach dem 2015 in Deutschland gestarteten Verlag für Unterhaltungsliteratur mit dem Imprint Dragonfly auch im KJB gezielt ein Verlagskonzept umsetzen will. Daneben soll sich die (immer noch bekannte) Buchmarke SchneiderBuch wieder neu entfalten. Diese beiden Verlagsprofile unter einem Dach erfüllen einige Voraussetzungen, um sich gegenseitig zu ergänzen, und könnten daher den Kriterien für Synergie-Effekte genügen.

3.2 Programm-Findung

Längst nicht alle Bücher, nicht alle Autoren und nicht alle Verlage lassen sich als Marken qualifizieren; und das muss auch gar nicht so sein. Die Neu- und Andersartigkeit eines Buches kann eine ebenso starke Attraktion bewirken wie ein vertrauter Anblick. Die heute als Klassiker geltenden Bücher von Astrid Lindgren wurden bei ihrem ersten Erscheinen auf Deutsch keineswegs einhellig begrüßt. Michael Ende holte sich mit seinem *Jim Knopf* bei vielen der seinerzeit einschlägigen Kinderbuchverlage Abfuhren, bevor der Thienemann Verlag zusagte, und dann einen riesigen Dauererfolg daraus machte.

Der Annahme jedoch, dass Verlagsprogramme sich aus den Manuskripten bilden, die je nach Größe und Bekanntheit des Verlages zu Hunderten oder Tausenden jedes Jahr unverlangt eingeschickt werden, muss widersprochen werden. Kein seriöser Verlag wartet darauf, dass er sein Programm aus dieser Quelle speisen kann – im Gegenteil. Von höchst seltenen Ausnahmen abgesehen, sind diese gut gemeinten, aber meist völlig unprofessionellen und daher unbrauchbaren Texte zu 99 % eher eine zu bearbeitende Last als eine willkommene Bereicherung. Dennoch besteht eine gewisse, wenn auch minimale Chance, dass in solchen Einsendungen Texte mit Potenzial stecken – daher ist ein Verlag gut beraten, diese Angebote zu sichten. Das geschulte Auge erkennt sehr schnell, ob es sich um einen dilettantischen oder geeigneten Text handelt.

Die heutigen technischen Möglichkeiten des Digitaldrucks erleichtern es solchen Laien-Autoren, für relativ wenig Geld ordentlich hergestellte Bücher auch in kleinen Auflagen selbst zu verlegen (siehe Kap. 2.4) – das hat bei den Verlagen zu einer gewissen Entlastung geführt.

Über jedes Buch muss eine einzelne Entscheidung getroffen werden, aber sie fällt auf dem Hintergrund einer Planung. Wie kann eine solche Programm-Planung in einem Verlag aussehen?

- Wir brauchen Wachstum, daher den Umsatz des Vorjahres plus X.
- Im Segment K sollen in jedem Halbjahr N Titel erscheinen.
- Mal schauen, was wir bereits unter Vertrag haben.
- Das nächste Buch des Autors A.
- Der Chef/die Geschäftsleitung ordnet das an.
- Wir machen das jetzt so, wie es die Unternehmensberatung mit uns erarbeitet hat.
- Wir ermitteln die Wünsche unserer Kunden (im Buchhandel).
- Wir ermitteln die Wünsche unserer Leser.
- Wir machen Bücher, wie sie die Presse von uns erwartet.

Ideen für Buchprojekte

So wie ein Haus aus einzelnen Bausteinen aufgemauert wird, müssen auf all solche pragmatischen Überlegungen und Entscheidungen, die jeweils einen Teilaspekt ansprechen, konkrete Antworten erarbeitet werden. Das fällt umso leichter, je mehr grundsätzliche Klarheit und Einigkeit darüber besteht, wie man seinen Verlag auf dem Buchmarkt positioniert.

Es gibt Legenden über berühmte Verleger, die beim Spazierengehen mit ihren Autoren auf die besten Ideen gekommen sind. Der Diogenes-

Gründungsverleger Daniel Keel war ein solcher, und vom früheren Hanser-Verleger Michael Krüger gibt es die schöne Anekdote über einen Spaziergang mit Hans Magnus Enzensberger, der ihm gegenüber klagte, wie schwer sich seine Tochter mit dem Mathematik-Unterricht abmühe und kaum etwas verstand. Krüger soll ihm geantwortet haben, dann möge Enzensberger, der sich doch schon in so viele Gebiete eingearbeitet habe, selbst ein Mathematik-Buch schreiben. Davon verstehe er nichts, entgegnete Enzensberger, woraufhin Krüger meinte: »Eben deshalb.« So entstand 1997 *Der Zahlenteufel – Ein Kopfkissenbuch für alle, die Angst vor der Mathematik haben*, von Kindern und Eltern geliebt, von Fachleuten gelobt und ein Bestseller bis heute, auch international.

Die Illustratorin Rotraut Susanne Berner schildert (über 20 Jahre später in einem Interview) eine ganz ähnliche Stimmungslage, als ihr der Auftrag für dieses Buch angeboten wurde: »Ich hatte im schriftlichen Mathe-Abitur eine Sechs. Rechnen, Zahlen, Geld, da gibt es einen inneren Widerstand bei mir. Als ich in den Neunzigerjahren den Auftrag zu diesem Mathematikbuch erhielt, war mein erster Impuls: Das kann ich nicht. Vielleicht aber war es genau die richtige Voraussetzung.«

Gewiss haben Michael Krüger, Hans Magnus Enzensberger und Rotraut Susanne Berner mit dem *Zahlenteufel*-Buch auf ein Bedürfnis reagiert: die Schul-Mathematik nicht als eine unbegreifbare Dauerlast mit sich herumschleppen zu müssen, sondern sie durch einen unkonventionellen Zugang, wie ihn die Schule in der Regel nicht bietet, verstehen zu können. Bücher, die niemand braucht, die kaum einer versteht und die keinen interessieren, sollte man nicht auf den Markt bringen. Wenn man jedoch gute Argumente findet, die durch das Gespräch im Kollegenkreis oder auch mit Buchhändlern verstärkt werden, und dann die Entscheidung fällt, ein bestimmtes Buch herausbringen zu wollen, ist das oft die einzige Sicherheit, auf deren Grundlage man das Risiko des Verlegens eingehen kann.

Lässt sich der Bedarf für bestimmte Bücher ermitteln?

Immer wieder wurde und wird an Verlage die Idee herangetragen, sich bei der Programmfindung doch der Marktforschung zu bedienen. Exemplarisch seien hier zwei Ansätze von Verlags- und Strategieberatungsunternehmen kurz vorgestellt, die Verlagen Unterstützung anbieten, die nicht mehr so recht weiterwissen.

1. VERLAGSCONSULT sagt über sich: »Wir sehen unsere Aufgabe darin, Medienunternehmen und deren Mitarbeiter bei einem doppelten Paradigmen-Wechsel zu begleiten: von der Produkt- zur Zielgruppendenke; von der Umsatz- zur Ertragsdenke.« Ihr Ansatz ist »nicht nur Fokussierung auf die Wünsche und Bedürfnisse des Endkunden, sondern noch radikaler: Wir wollen, dass Sie deren Erwartungen systematisch, also zuverlässig übertreffen.«

   Die Kunden von Publikumsverlagen sind Buchhändler, die Kunden der Buchhändler sind die Buchkäufer, die wiederum nicht vollkommen identisch sind mit den Buchlesern. Verschiedene Untersuchungen haben ergeben, dass etwa die Hälfte aller in Buchhandlungen erworbenen Bücher zum Zwecke des Verschenkens gekauft werden. Im KJB ist die Situation noch unübersichtlicher, denn die allermeisten Käufer der Bücher sind nicht ihre eigentlichen Leser. Man kann davon ausgehen, dass gut 90% der KJB nicht von Kindern oder Jugendlichen selbst gekauft werden. Wenn also in solchen Betrachtungen von ›Endkunden‹ die Rede ist, handelt es sich beim KJB eher um eine fiktive Projektionsfigur.
2. Heinold, Spiller & Partner: Der Schwerpunkt dieser ebenfalls einschlägigen Beratungsfirma liegt etwas anders; sie befasst sich eher mit Buchhändlern als mit Endkunden. Sie stellt sich z.B. Aufgaben dieser Art: Ein Verlag möchte in einem dicht besetzten Markt sein Programm erweitern. Also macht man eine Marktanalyse, die vorhandene Zielgruppen, Themenbereiche, bereits lieferbare Bücher in bestimmter Gestaltung und Preislage untersucht. Dann werden Buchhändler nach ihrer Markteinschätzung befragt und auch zusätzliche, nicht-buchhändlerische Vertriebswege untersucht.

Mit Hilfe solcher Analysen ließen sich durchaus bestimmte Fehler vermeiden, also etwa Bücher zu produzieren, die es bereits x-fach gibt. Für die einen sind die sogenannten ›Me-too-Bücher‹ unbedingt zu vermeiden, andere legen es bewusst darauf an.

Wenn ein Thema oder ein Genre eine bestimmte Popularität erreicht hat, ist es sogar möglich, mit der Ver-

ME-TOO-PRODUKTE Nachahmerprodukte kommen nach Erfolg eines Erstanbieters auf den Markt. Sie haben eine ähnliche Zielgruppe im Visier und gleichen dem meist innovativen Original-Produkt in vielen Eigenschaften, ohne jedoch ein Plagiat zu sein. Es gibt zwei Me-too-Strategien: Me-too-cheaper setzt auf eine preiswerte Alternative zum Original und damit auf Preiswettbewerb, während Me-too-better das Produkt verbessern will, indem besonderer Wert auf qualitative Differenzierungsmerkmale gelegt wird.

öffentlichung konkurrierender Ausgaben gewisse Erfolge zu erzielen; aber diese reichen fast nie an den Erfolg des Originals heran. Ein Beispiel dafür ist die Serie *Goosebumps* von R.L.Stine, im Original in den 1990er Jahren bei Scholastic (vermutlich größter Kinderbuchverlag der USA) erschienen, nach *Harry Potter* übrigens der zweitgrößte Serienerfolg weltweit mit über 400 Millionen verkauften Büchern in 32 Sprachen. Auf Deutsch erschienen die Bücher unter der Marke *Gänsehaut*, mit allen Sonderausgaben um die 100 Titel, im früheren cbj-Imprint OMNIBUS. Später kamen Fernsehserien und Kinofilme hinzu. Der Autor R.L.Stine hat die Gruselgeschichte nicht erfunden, er hat sie nur in neuer Form perfektioniert; das hat er als ›Geisterbahn-Prinzip‹ beschrieben: Man begibt sich in etwas hinein, von dem man weiß, dass es gruselig und überraschend sein wird – aber zugleich ist man sicher, dass man unversehrt wieder herauskommt. Der Erfolg dieser Reihe war so groß, dass in kurzer Zeit in den USA ca. 60 konkurrierende Gruselbuch-Serien auf den Markt kamen, von denen aber keine auch nur annähernd den Erfolg des Originals erreichen konnte. Am *Gänsehaut*-Phänomen ist noch etwas anderes interessant, denn eigentlich verstößt die Machart gegen eine vermeintliche Grundregel des Serienbuch-Geschäfts, wonach im Kern der Handlung immer dieselben Protagonisten stehen müssen. Bei R.L.Stine treten in jeder Geschichte neue Charaktere an unterschiedlichen Handlungsorten auf. Originalität (im Sinne von: wir setzen auf eine neue dramaturgische Formel) kann sich also auch in sehr populären Sektoren als ein Wettbewerbsvorteil erweisen.

Eine neuere Variante der Denkweise ›Priorität haben die Kundenwünsche‹ drückt sich so aus:

> *Es überrascht mich, wie wenig Publikumsverlage ihre Endkunden kennen. Wer kauft unsere Bücher (und liest sie womöglich auch noch)? Welche Bedürfnisse haben diese Leser? Hier besteht erheblicher Nachholbedarf: Wir müssen mehr mit unseren Kunden sprechen! Nur so kann man gute Produkte entwickeln.* (Ländle 2017)

Diese Stellungnahme stammt von Andreas Ländle, Leiter Digital Publishing bei DroemerKnaur, der eine jener neuen Positionen bekleidet, die im Zuge der Digitalisierung in Buchverlagen eingerichtet wurden.

Vielen Marketing-Gurus zum Trotz bestätigen Kreative und Geschäftsleute aus allen Bereichen, aber eben auch Verleger, immer wieder ganz ähnliche Erfahrungen, wie sie Günter Faltin, Wirtschaftswissenschaftler und Gründer der Tee-Kampagne in einem ›Weckruf‹ auf den Buchtagen des Börsenvereins des Deutschen Buchhandels im Juni 2015 in Berlin formuliert hat:

> *Wenn Sie etwas wirklich Interessantes und Revolutionäres tun wollen, müssen Sie lernen, ihre Kunden zu ignorieren. Die Kunden sind wie ein Rückspiegel, konservativ, langweilig, ihnen mangelt es an Innovationskraft und sie kennen ihre eigenen Wünsche nicht.* (Faltin 2015)

Hans Magnus Enzensberger schreibt in *Meine Lieblings-Flops:*

> *Es liegt in der Natur der Sache, daß sich eine Marktlücke zwar definieren läßt, daß aber niemand von vornherein sagen kann, wie groß sie ist. Das Publikum weiß sehr wohl, wovon es längst genug hat; doch was ihm gefehlt hat, weiß es nicht.* (Enzensberger 2011, 240)

Wenn ein Verlag ein Buch in sein Programm aufnimmt, lässt sich nie mit absoluter Sicherheit vorhersagen, ob dieses Buch die in es gesetzten Erwartungen erfüllt.

> *Jedes neue Buch ist ein neues Abenteuer.* (Neven-DuMont 2016)

So hat es Reinhold Neven-DuMont über sein Leben als Verleger von Kiepenheuer & Witsch einmal in einem Rundfunk-Interview zusammengefasst – man kann sagen: stellvertretend für alle Verleger. Dieser sich bei jedem neuen Buch erneut zeigende Doppelcharakter von Risiko und Chance kennzeichnet das Verlegertum.

Wenn es um die einzelnen Bücher geht, gibt es in Verlagen diverse Haltungen:

- Der Weltbestseller.
- Wir machen dieses Buch, weil es in den USA auf der *New York Times*-Bestsellerliste stand.
- Der Geheimtipp.
- Die Reaktion auf den Erfolg der Konkurrenz.
- Das Buch zum Film/Medienereignis/Zeitgeschehen.
- Neues Buch des bewährten Autors Y.
- Die Neuentdeckung.
- Wir haben dieses Buch der Konkurrenz vor der Nase weggeschnappt.
- Wir bringen ein Buch zum Thema, das beim Verlag X ein Bestseller ist.

In einigen Verlagen werden die verschieden eingestuften Neuheiten auch ›A-, B- oder C-Titel‹ genannt. A-Titel sind die mit einem hohen Potenzial, für die entsprechend viel Marketing-Aufwand getrieben werden kann. B-Titeln traut man ein durchschnittliches Potenzial zu, und C-Titel gehören gewissermaßen zur Grundversorgung.

Genauso wichtig wie die Frage, welche Bücher der Verlag denn verlegen soll, ist die Entscheidung darüber, welche er ablehnt. Zur Absage eines Projekts sollte es dann kommen, wenn keine überzeugenden Gründe dafür gefunden werden, dass es in eines der vom Verlag bespielten Programmfelder passt. Jeder Programmverantwortliche hat es schon erlebt, dass ein von ihm abgelehnter Titel bei einem anderen Verlag ein Riesenerfolg wurde. Das ist ärgerlich, aber eigentlich auch unvermeidbar, denn niemand kann vorhersagen, was mit einer Neuerscheinung passiert. Bei einer Programmentscheidung muss man in die Zukunft schauen und weiß zugleich, dass jede Prognose ungewiss ist.

3.3 Das Verlags-Portfolio

Risiko und Chance sind wie die zwei Seiten einer Medaille – die eine existiert nicht ohne die andere. So wie man die Sicht auf unsere Weltkugel in vier Himmelsrichtungen einteilen kann, um sich einen Überblick zu verschaffen, kann man auch die Verlagswelt in vier Segmente aufteilen. Solche Vier-Felder-Modelle, für die strategische Unternehmensplanung (#Portfolio-Analyse) entwickelt, eignen sich ebenso gut, um die Widersprüche und die Vielfältigkeit zu veranschaulichen, die sich durch die Buchwelt ziehen.

Das ›Strategische Portfolio‹

Zunächst ein ganz allgemeines Portfolio, das die Definition der vier Segmente zeigt und angibt, wie man in ihnen unternehmerisch handeln sollte.

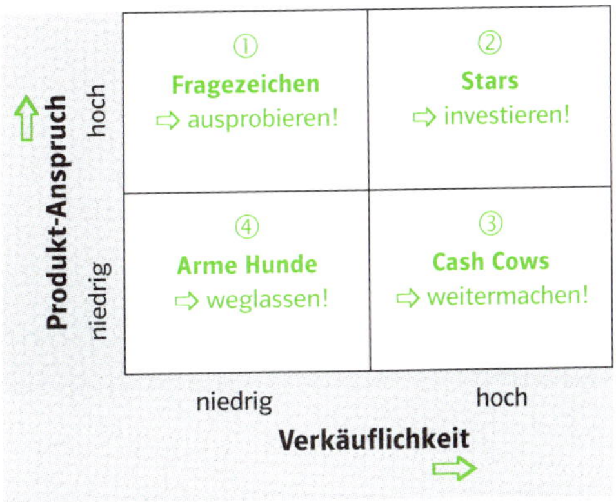

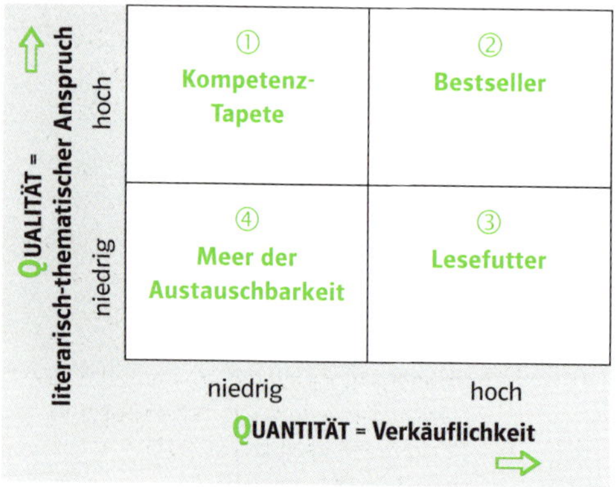

Qualität vs. Quantität oder: Das ›Q-Portfolio‹

Vereinfacht betrachtet, kann man auch den Buchmarkt über seine qualitativen und seine quantitativen Dimensionen erfassen; weder nur die eine noch nur die andere Dimension für sich allein genügt für ein annähernd vollständiges Bild. Die Koordinaten Qualität und Quantität schließen sich eben nicht gegenseitig aus, sondern stehen in einem komplizierten, vielfach vernetzten Verhältnis zueinander.

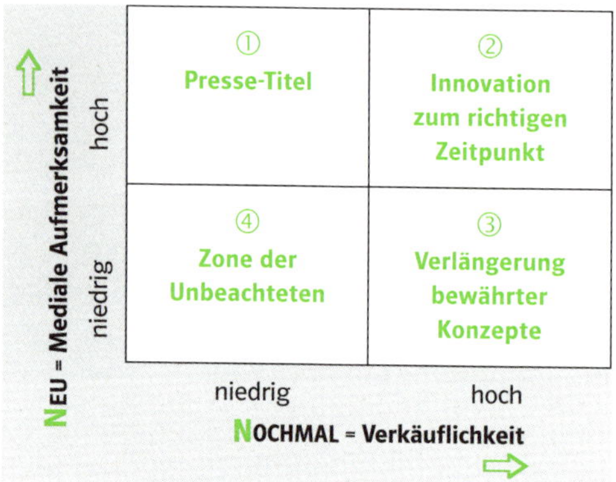

Neu vs. Nochmal oder: Das ›N-Portfolio‹

Ebenso gewichtige Kriterien wie die bisher geschilderten beziehen sich auf den ewigen Konflikt zwischen Neuem und Bewährtem, hier der Prägnanz halber ›neu‹ und ›nochmal‹ genannt. Bestseller und Neuheiten prägen den Verlagsalltag und das Geschäft im KJB stark, bilden aber die Realität nicht vollständig ab. Es gibt keinen Verlag, der nur Bestseller hat. Ein gesunder KJBV verfügt allerdings als Basis seines Geschäfts über Longseller; nur sie verleihen dem Unternehmen Stabilität und Kontinuität.

Verlegerische Geschäftsmodelle lassen sich in den Sektoren ①, ② und ③ erfolgreich etablieren. Das ist eine wichtige Erkenntnis, denn nicht jeder Verlag kann sich – bei realistischer Selbsteinschätzung – permanent im attraktivsten Segment ② bei den ›Stars‹ platzieren. Auch in den Segmenten ① und ③ kann man sehr erfolgreich arbeiten, wenn man seine Bücher entsprechend auswählt und anbietet. Unattraktiv ist aber in jedem Fall der Sektor ④, wo sich die ›armen Hunde‹ versammeln. Da wir in einer

Branche mit keineswegs gesicherter Prognostizierbarkeit arbeiten, kommt es auch bei den besten Verlagen vor, dass hier Titel landen. In der Praxis dürfte dieser Sektor sogar die größte Titelanzahl enthalten. Eine ähnliche grundsätzliche Erkenntnis ist die auf die Verlagswelt angewandte ›Pareto-Formel‹, wonach man etwa mit 20% seiner Titel 80% seines Umsatzes macht; umgekehrt bedeutet das: man steckt 80% seines Aufwands in 20% der Titel. Das ist kein Gesetz und auch keine exakte Regel, aber als Faustformel ist sie oft hilfreich.

PARETO-PRINZIP Vilfredo Pareto (1848–1923), italienischer Ingenieur, Ökonom und Soziologe, untersuchte 1906 die Verteilung des Grundbesitzes in Italien und realisierte, dass rund 20% der Bevölkerung ca. 80% des Bodens besaßen. In statistischer Hinsicht trug also eine kleine Menge mit hohen Werten zum Gesamtwert mehr bei als die große Menge mit kleinen Werten. Diese 20:80- bzw. 80:20-Relation wurde auf die Arbeitswelt übertragen. Hier besagt das Pareto-Prinzip: 20% des Inputs erzeugen 80% des Outputs – und umgekehrt.

3.4 ›Make or Buy‹ – eigene Buchrechte schaffen oder Lizenzen einkaufen?

Der Weltmarkt für Bücher funktioniert vollkommen anders als der für viele andere Non-Food-Konsumgüter wie Digitalradios, Schrauben oder Jeans. Bücher in ihrer materiellen Form (sei es gedruckt auf Papier oder digital als Datei) sind sprachgebunden und können daher nicht einfach über alle Grenzen hinweg gehandelt werden – fremdsprachige Bücher ausgenommen. Schon bei dieser Überlegung wird augenfällig, dass eine solch fundamentale Einschränkung für Bücher in englischer Sprache nicht gilt. Englischsprachige Bücher können in alle die Länder exportiert werden, in denen Englisch die Landessprache ist oder jedenfalls von vielen potenziellen Buchkäufern gesprochen und gelesen wird. Bei deutschsprachigen Büchern funktioniert das nur in Österreich, in Südtirol, in der Schweiz und Liechtenstein sowie in Belgien und Luxemburg. Und bei gebildeten Menschen in aller Welt, die der deutschen Sprache mächtig und an bestimmten Lektüren interessiert sind.

Wenn deutschsprachige Bücher also ›exportiert‹ werden sollen, müssen sie übersetzt werden. Weil nur wenige Lektoren in der Welt die deutsche Sprache beherrschen, und umgekehrt praktisch jede deutsche Lektorin die englische Sprache mindestens in Hochschulreife versteht, erklärt sich das extreme Missverhältnis zwischen Importen aus der englischen Sprache und Exporten in dieselbe.

Buch-Import und Buch-Export

Während die westdeutsche Industrie nach dem Wiederaufbau bald schon wieder eine führende Position in der Welt einnahm, boomte auf dem Buchmarkt die übersetzte englischsprachige Literatur. Während das Industrie-Musterland Großbritannien sein weltumfassendes Kolonialreich und damit seine alte Weltgeltung mehr und mehr verlor, eroberten sich die englischen Verlage die lesende Welt. Ausgestattet mit dem ungeheuren Vorteil, dass fast die ganze Welt ihre Sprache versteht, konnten sie ihre Bücher jedem Interessierten verständlich machen.

Rund 20 % der in Deutschland pro Jahr erscheinenden KJB sind Übersetzungen, davon schätzungsweise 60 % aus der englischen Sprache. Etwa 40 % der ins Ausland verkauften Lizenzen aller Buchkategorien sind KJB (die mit Abstand größte Gruppe), davon gehen die meisten ins Chinesische. Nur 4 % der in andere Sprachen lizensierten Titel erscheinen im englischen Sprachraum. Diese Situation ist nicht das Ergebnis irgendwelcher Vorschriften oder gar massiver Eingriffe von außen – der Markt hat sich so entwickelt. Der Übersetzer und Übersetzungsforscher David Bellos beschreibt dieses Phänomen mit einem treffenden Vergleich:

> *Translations from English are all over the place; translations into English are as rare as hen´s teeth.* (Norrick-Rühl 2019, 76)

Ein gewichtiger Faktor dabei ist sicher, dass die deutsche Literatur nach dem Zweiten Weltkrieg wenig Eigenes zu bieten hatte und größtenteils durch Sympathie für oder Anpassung an die pseudoliterarischen Vorstellungen der nationalsozialistischen Kulturmächtigen diskreditiert war. Es gab unter den Schriftstellern nur wenige Ausnahmen wie Erich Kästner. So war es kein Wunder, dass man sich auf der Suche nach Lesestoff in der neuen, demokratisch werden sollenden und das auch immer mehr wollenden Welt im Ausland umsah. US-amerikanische, britische, französische, italienische, skandinavische, niederländische sowie deutsche Exil-Autoren eröffneten neue Sichtweisen.

Im KJB spielte die von der US-Armee zur Umerziehung der Kinder nach Deutschland geschickte Jella Lepman eine besondere Rolle. Sie gründete, unter eifriger Mitarbeit von Erich Kästner, in München die Internationale Jugendbibliothek, heute wohl die größte KJB-Sammlung der Welt. In ihrem Memoiren-Buch *Die Kinderbuchbrücke*, das im Jahr 2020 zum 75. Jubiläum ihrer Initiative neu im Antje Kunstmann Verlag aufgelegt wurde, schreibt sie:

Die deutschen Kinder haben so gut wie keine Bücher mehr, nachdem die Kinder- und Jugendliteratur der Hitlerzeit ausgeschaltet wurde. Auch die Pädagogen und Verleger brauchen zu ihrer Orientierung Bücher aus der freien Welt. Die Kinder tragen keine Schuld an diesem Krieg, deshalb sollen ihre Bücher die ersten Boten des Friedens sein. (Lepman 1999, S. 51)

Auch wenn wiederholt von deutschen Autoren beklagt wird, dass die deutschsprachigen KJBV sich zu wenig bereit für die Platzierung der einheimischen Autoren in ihren Programmen zeigen – ihre Weltoffenheit sorgt für eine Bereicherung des Literaturangebots. Je mehr KJBV existieren, desto stärker weitet sich auch der Blick auf die Literaturen der Welt, und neben dem sehr vielfältigen Angebot aus den englischsprachigen Ländern werden zunehmend auch in entlegeneren und kleineren Kulturen vorzügliche Bücher entdeckt.

3.5 Spitzentitel, Midlist, Pressetitel

Es ist eine ungeschriebene Regel in allen Publikumsverlagen, also auch bei den KJBV, dass neue Bücher in zwei Halbjahres-Programmen angekündigt werden, die üblicherweise ›Frühjahr‹ und ›Herbst‹ genannt werden. Die Frühjahrs-Titel werden ab Januar angeboten und erscheinen meist in den ersten drei Monaten des Jahres. Die Herbst-Titel werden ab Juni vorgestellt und kommen frühestens Ende Juni auf den Markt.

Dazu wird von der Marketing-Abteilung in enger Zusammenarbeit mit dem Lektorat (in manchen Verlagen auch umgekehrt) eine gedruckte Vorschau erstellt, die meist Mitte Dezember bzw. Mitte Mai an Buchhandel und Presse verschickt wird. Seit langem wird in der Branche eine Debatte darüber geführt, wie umfangreich, aufwändig und damit teuer ein solches Verkaufsinstrument bzw. Werbemittel sein sollte, wie informativ und wie funktional. So kann eine Vorschau des Carlsen Verlags 320 Seiten umfassen – die von Klett Kinderbuch nur 32 Seiten (Beispiele aus dem Frühjahr 2020). Sie kann zusätzlich als Gesamtverzeichnis fungieren oder nur eine Auswahl der lieferbaren Titel enthalten (siehe Kap. 3.7).

Bei einigen Verlagen, insbesondere den großen Verlagsgruppen, hat diese Diskussion schon zur Ankündigung geführt, gar keine auf Papier gedruckten Vorschauen mehr herzustellen, sondern die Programmvorstellung nur noch online über das Titelinformationssystem VLB-TIX vorzunehmen. Das ist »die Plattform der Buchbranche für die tagesaktuelle

VERZEICHNIS LIEFERBARER BÜCHER (VLB) Die Online-Plattform für Metadaten mit 2,5 Mio. Titeleinträgen gilt als die ›Branchenbibliografie‹ schlechthin. Seit 2011 erfüllt das VLB zusätzlich die Funktion einer allgemein gültigen Referenzdatenbank für preisgebundene Verlagserzeugnisse. Verlage melden ihre Titel vor Erscheinen nach einem bestimmten Schema und können aus den VLB-Daten ONIX-Daten generieren, die auch weitere Datenbankbetreiber, beispielsweise Barsortimente, für ihre Katalogarbeiten nutzen.

Kommunikation über Neuerscheinungen. VLB-TIX verbessert den Informationsfluss zwischen Verlagen, Vertretern, Buchhändlern und deren Kunden sowie Journalisten und Bloggern. Weiterführende Produktinformationen über die Neuerscheinungen aller ca. 22.000 im Verzeichnis Lieferbarer Bücher (VLB) gelisteten Verlage erleichtern die Einordnung und Bewertung von Novitäten, die somit bedarfs- und zielgruppenspezifisch vermarktet und eingekauft werden.«

Ob digital oder auf Papier – in einem Programm kann nur ein Buch nach dem anderen vorgestellt werden. Die Titel müssen also in eine bestimmte Reihenfolge gebracht werden. Und dann ist da noch die Frage der Gewichtung. Bekommt das Buch eine Seite, eine Doppelseite, mehrere Doppelseiten? Es wäre zu einfach, wenn der wichtigste Titel immer als erster kommt, der zuletzt vorgestellte als der ›arme Hund‹ zu gelten hätte, und die übrigen irgendwie dazwischen erscheinen. Gutgemachte Vorschauen folgen einer Dramaturgie: Sie müssen informieren, sie sollen motivieren und sie können neugierig machen. Meistens wird ein – oder je nach Programmgröße auch mehrere – Spitzentitel ausgewiesen. Auf solche Bücher wird durch Leseexemplare aufmerksam gemacht, die dem Buchhandel und den Medien vorab kostenlos zur Verfügung gestellt werden. Dies kann in verschiedenen Formen geschehen: mittels einer vorab gefertigten Sonderausgabe, mit gekennzeichneten Exemplaren aus der 1. Auflage oder durch einen E-Book-Link.

Da in vielen Buchhandlungen nach wie vor für die Auswahl und Menge der Erstbestellung der Besuch und die persönliche Beratung durch den Buchhandelsvertreter praktiziert und geschätzt wird, werden gern auch ›Kofferraum-Exemplare‹ eingesetzt, die der Vertreter der Buchhändlerin persönlich in die Hand drückt.

Folgt eine Buchhandlung der Verlagsempfehlung für den Spitzentitel, wird er dort als Stapeltitel präsentiert. Je nach dem vermuteten Potenzial wird man am Eingang der Buchhandlung oder zur KJB-Abteilung mittels eines Displays auf einen anfangs wohlgeordneten, mehr oder weniger kunstvoll aufgebauten Bücherberg von 10, 20, 50 Exemplaren des empfohlenen Buches aufmerksam gemacht. Zur entsprechend georderten größeren Bestellmenge wurde die Buchhandlung durch zusätzliche Plakate, Leseproben, Gimmicks (vom Luftballon bis zum Fan-Käppi) und vor allem durch bessere Konditionen verlockt: erhöhter Rabatt, verlängerte Zahlungsziele und Remissionsrecht.

NATURALRABATT Der Rabatt für den Handel wird durch Naturalien in Form von Freiexemplaren erhöht. Wenn die Buchhandlung zehn Exemplare eines Titels bestellt, bekommt sie ein elftes unberechnet dazu, das sogenannte Partieexemplar. Der Vertreterrabatt von 40 % steigt durch das Freiexemplar auf einen Effektivrabatt in Höhe von 45,45 %.

Falls sich das Buch in spürbaren Stückzahlen aus dem Stapel heraus verkauft, wird sich die Aktion lohnen. Jedem Stapel wohnt aber ein Dilemma inne: Nimmt die Stückzahl im Verlauf von ein, zwei, drei Wochen kaum ab, handelt es sich wohl nicht um einen ›Schnelldreher‹. Besteht der ehemalige Bücherturm nur noch aus wenigen Exemplaren, erweckt er den Eindruck einer Resterampe. Daher fallen bei Stapeltiteln mehr Remittenden an, weil ein unverkäuflicher Rest bleibt und viele Exemplare die Stapelei nicht unversehrt überstehen, der Kunde aber meistens ein makelloses Buch möchte. Dennoch sind 10 Rücksendungen bei 100 verkauften Exemplaren besser als keine Remittende und 2 verkaufte Exemplare.

Zudem benennen die Verlage oft auch Schwerpunkttitel. Das kann der x-te Band eines bekannten Autors sein, oder ein Buch zu einem einschlägigen Thema. Hier muss man die Aufmerksamkeit nicht mit allen zur Verfügung stehenden Mitteln auf ein solches Buch lenken, da es vermutlich von vielen Buchhändlern, Lesern und Kritikern schon erwartet wurde und goutiert werden dürfte. Dennoch ist das Signal ›Hier kommt etwas Besonderes!‹ angebracht, da sonst die Gefahr besteht, dass auch ein solcher Titel in der Flut der Neuheiten ›untergeht‹ und dadurch den erhofften Gewinn nicht abwirft.

Eine eher verlagsintern gebrauchte Einstufung ist der Pressetitel: Hier setzt man darauf, dass sich die Mitarbeiter der Kommunikationsabteilung intensiv für das Buch einsetzen. Zu diesem Mittel greift man z.B., wenn sich eine Neuerscheinung nicht von selbst erklärt, weil das Thema ungewöhnlich erscheint, wenn die Erzählweise als neuartig betrachtet wird oder wenn der Autor bisher noch nicht bekannt ist.

Das Medium, in dem sich die Strukturidee des Verlags ausdrückt, ist die Vorschau. Die am häufigsten anzutreffende Gliederung ist diese: Bilderbuch – Kinderbuch – Jugendbuch – Sachbuch. Eine gute Vorschau ist wie eine gelungene Komposition: Es gibt ruhige Stellen, Steigerungen, Höhepunkte und Pausen – alle Elemente haben ihren Platz, man kann nicht einfach manche weglassen, ohne die Harmonie zu stören.

Die Benennung eines Spitzentitels bedeutet keineswegs, dass die übrigen Neuheiten zu vernachlässigen sind. Nur Zyniker meinen über die vielen anderen Titel im Programm, die ebenfalls erscheinen, diese Midlist habe ihre Bedeutung verloren. Wie oft bei extremen Ansichten, gehen sie von einem real existierenden Problem aus. Wenn man etwa die wachsende Einkaufsmacht der großen Buchhandelsketten (Thalia/Mayersche/Osiander, Hugendubel) und der mittelgroßen (Rupprecht, Heymann) plus die Marktmacht von Amazon im Online-Handel betrachtet, wird der positive Multiplikationseffekt bei Spitzentiteln noch gewichtiger, wie sich auch der Negativ-Faktor der Nichtbeachtung bei Ferner-liefen-Titeln stärker auswirkt.

Zum Glück kommt es immer wieder vor, dass Buchhändler, Leser und Kritiker einen ganz anderen Titel aus dem Programm als den vom Verlag favorisierten Spitzentitel vorziehen. Ein Verlag hat schließlich jeden seiner Titel aus dem Meer der möglichen Angebote herausgefischt und aus guten Gründen beschlossen, ihn in sein Programm aufzunehmen.

3.6 Klassiker, Bestseller, Flops

Diesen drei Buchtypen ist zu eigen, dass man sie nicht willentlich erzeugen kann. Viele Verlage erliegen allerdings der Versuchung, schon bei der ersten Vorstellung einer Neuerscheinung zu behaupten, hier habe man es mit einem #Klassiker zu tun. Manchmal wird auch etwas vorsichtiger behauptet, dass Buch habe ›das Potenzial für einen Klassiker‹. Beides ist reines Wunschdenken oder Werbe-Latein. Die Bestseller-Hypothese kann eine gewisse Plausibilität haben, wenn es sich um ein übersetztes Buch handelt und die Originalausgabe in ihrem Herkunftsland ein Bestseller ist; es gibt allerdings keinerlei Garantie, dass dies bei der deutschen Ausgabe auch geschieht. Ein anderer Grund für eine solche Prognose kann sein, dass die vorherigen Titel dieses Autors Bestseller waren und man wieder mit einem solchen rechnet. Nur Flops will keiner voraussagen.

Klassiker

Kein Buch und auch kein KJB, das heute zurecht als Klassiker gilt, wurde im Hinblick auf diesen Status geschrieben. Wenn man sich die 40 Jahre währende Existenz zweier deutscher Staaten von 1949 bis 1989 wie einen Fall von Zwillingen vorstellt, die durch äußere Umstände getrennt wurden, kann man die langfristigen Auswirkungen einer unterschiedlichen Lesesozialisation auf die jeweiligen Kinder studieren. Die ostdeutschen Kinder in dieser Zeit hatten praktisch zu 100% andere Kinderbücher als die westdeutschen – und umgekehrt. Deshalb empfinden sie auch unterschiedliche Bücher als ihre jeweiligen ›Klassiker‹.

Ost- wie westdeutsche Kinder brauchten und wollten aber – wie alle Kinder – Bücher, die sie liebten, hundertmal wiederlasen oder vorgelesen bekamen. Und als diese Kinder großgeworden waren und selbst Kinder bekamen, haben sie ihnen zu einem gewissen Teil diejenigen Bücher geschenkt, die sie selbst als Kind gehabt hatten – völlig unabhängig vom inzwischen erfolgten Wechsel der gesellschaftlichen Systeme. Und so wird es voraussichtlich noch mindestens eine Generation weiter gehen.

Als im Jahre 2002 der vorübergehende Höhenflug einer von Hans Meisinger zusammengekauften Verlagsgruppe in einem ökonomischen Desaster endete, wurde das Konglomerat mit 16 Verlagen von der Verlagsgruppe Beltz übernommen. Einer dieser Verlage war der Kinderbuchverlag mit dem Namen Der Kinderbuchverlag – der zentrale große Verlag der DDR, ursprünglich mit Sitz in Berlin. Ein gewisser Teil der dort erschienenen Bücher wurde bei Beltz wieder aufgelegt, und es kommen auch heute noch jedes Jahr weitere alte und wieder neuaufgelegte Bücher dazu. Diese Bücher werden praktisch zu 100% in den ostdeutschen Bundesländern verkauft, und zwar in durchaus beachtlichen und rentablen Stückzahlen. Als ostdeutsche Klassiker können z.B. gelten: *Der kleine Angsthase* von Elisabeth Shaw, *Bootsmann auf der Scholle* von Benno Pludra oder *Von Anton bis Zylinder – das Lexikon für Kinder*. In die westlichen Bundesländer haben diese Bücher ihren Weg nicht gefunden; umgekehrt hat sich das Angebot aus den westdeutschen KJBV im Osten ähnlich verbreitet wie die Konsumgüter.

Eine Perle dieser Verlagsgruppe war der Middelhauve Verlag, der unter der Verlegerin Gertraud Middelhauve die Bücher von Leo Lionni *(Frederick)* nach Deutschland holte und zu Klassikern machte, und die auch einen Künstler wie Helme Heine *(Na warte, sagte Schwarte)* entdeckt und gefördert hat. Die Bücher dieser beiden Autoren erscheinen seit der Verlagsübernahme bei Beltz & Gelberg, wohingegen Der Kinderbuchverlag als eigenes Imprint weitergeführt wird.

Im Thienemann Verlag, der mit der Übernahme der Verlage Hoch, Gabriel, Esslinger und Aladin zu einer kleinen Verlagsgruppe innerhalb der Verlagsgruppe Bonnier Deutschland gewachsen ist, erscheinen die Autoren Michael Ende, Otfried Preußler, Ursula Wölfel, Max Kruse, Boy Lornsen, die schon lange als Klassiker gelten. Bei Oetinger sind Astrid Lindgren, Paul Maar, Christine Nöstlinger und Kirsten Boie zu Hause. Janosch, einst vom Verleger Georg Lentz entdeckt, hat einen Großteil seiner Bücher bei Beltz & Gelberg. Tomi Ungerers legendäre Bilderbücher erscheinen bei Diogenes, der eigentlich kein Kinderbuchprogramm mit regelmäßigen Neuheiten betreibt.

Der Gerstenberg Verlag erfreut sich seit über 50 Jahren am Gesamtwerk von Eric Carle *(Die kleine Raupe Nimmersatt)*, und inzwischen können auch die *Wimmlingen*-Bücher von Rotraut Susanne Berner zum unverzichtbaren Grundangebot jeder Buchhandlung gerechnet werden. Ravensburger war hier mit Ali Mitgutschs *Wimmelbilderbüchern* der Vorreiter.

Wenn ein Verlag solche Autoren verlegt, kann er unter Umständen etwa die Hälfte seines Umsatzes mit der sogenannten Backlist (siehe Kap. 3.8) bestreiten – eine komfortable Situation, die kaum ein belletristischer Verlag heute noch aufweisen kann. So reduziert sich das verlegerische Gesamt-Risiko ungeheuer, denn diese Titel werden ziemlich regelmäßig nachbestellt und verlangen keine großen Investitionen.

Bestseller

(Fast) kein Buch und kein Kinder- oder Jugendbuch, das heute zurecht als #Bestseller gilt, wurde mit solcher Berechnung vom Autor geschrieben – beim Motiv für das Verlegen mag das durchaus anders aussehen. Um kaum einen Begriff der Buchbranche wird so viel Aufhebens gemacht wie um das magische Wort ›Bestseller‹. Jeder will ihn, kaum einer bekommt ihn. Völlig unverbindlich wird in mancher Verlagswerbung eine Neuerscheinung als ›künftiger Bestseller‹ angekündigt. Der Begriff spielt eine ähnliche Rolle wie der ›Star‹ unter Schauspielern, Musikern, Sportlern und vielen weiteren Berufen.

Der berühmte Architekt Frank O. Gehry hat dieses Phänomen in einem Zeitungs-Interview treffend auf den Punkt gebracht:

> *Ihr seid verrückt nach ›Meisterwerken‹. Ihr schwärmt davon und fordert sie. Hört auf damit! Ihr schwätzt über ›Star-Architekten‹, schafft selbst welche und vernichtet sie dann. Hört auf damit! Das ist beleidigend, beleidigend, beleidigend, wirklich!* (Gehry 2016)

Was der Architekt damit ausdrücken will: Ich versuche meine Arbeit gut zu machen und ein ordentliches Ergebnis abzuliefern; wenn der Bauherr und die Nutzer des Gebäudes das auch so sehen, freut es mich. Wenn ein Bestseller gelingt, freut es natürlich einen Autor (der als Selbstständiger von den Erträgen seiner Arbeit leben muss) ebenso wie seinen Verlag, der als Wirtschaftsunternehmen mindestens kostendeckend, besser noch gewinnträchtig arbeiten muss.

In Presse und Werbung ist häufig vom Bestseller- oder Starautor die Rede. Ein solches Phänomen kann man immer aus verschiedenen Perspektiven betrachten. Kein ernsthafter Autor setzt sich an den Schreibtisch, um einen Bestseller zu schreiben; sondern er schreibt eine Geschichte, die ihm ein Anliegen ist. Hat sich eines seiner Bücher zum Bestseller entwickelt, wird ihm flugs das Etikett ›Bestsellerautor‹ angehängt, und sein Verlag wird ihm gegenüber fortan die Erwartung hegen, sein nächstes Buch möge ebenfalls ein Bestseller werden. Doch es könnte auch ein ›One-Hit-Wonder‹ gewesen sein.

Bei übersetzten Büchern ist der Verweis auf den Bestseller-Status im Herkunftsland sehr beliebt (›4 Wochen lang die Nr. 1 auf der New York Times Bestsellerliste‹); dergleichen ist oft der Grund, weshalb man sich die Rechte an diesem Titel gesichert hat. Es kommt immer wieder vor, dass solche Bücher dann tatsächlich auch in der deutschen Ausgabe zu Bestsellern werden; aber es kann ebenso geschehen, dass dieses Prädikat aus einem anderen Kulturraum sich für die deutsche Lizenzausgabe nicht übertragen lässt.

Die ersten Bestseller-Erfahrungen hat der deutsche KJB-Markt gemacht, als 1972 *Momo* und 1979 *Die unendliche Geschichte* von Michael Ende die Bestsellerlisten erklommen und sich dort monatelang hielten. Diese Erfolge haben den Thienemann Verlag in eine ganz andere Größenordnung katapultiert. Seit Joanne K. Rowlings *Harry Potter* auch bei uns vom Geheimtipp zum Erfolg und dann zum Megaseller wurde, hat sich das Bestseller-Syndrom auch im KJB fest etabliert. Diese siebenbändige Serie hat den Carlsen Verlag zeitweilig zum umsatzstärksten deutschen KJBV gemacht. Der Suhrkamp-Verleger Jonathan Landgrebe formuliert sein Verhältnis zu Bestsellern so:

> *Wir denken nicht in Bestsellern. Wir verlegen Bücher, weil wir von ihnen überzeugt sind. Dabei haben wir auch keine Angst vor Misserfolgen und trauen uns an Bücher heran, die andere vielleicht nicht verlegen würden. Wenn dann ein Bestseller dabei herauskommt, umso besser.*
>
> (Landgrebe 2015)

DECKUNGSBEITRAG Die Deckungsbeitragsrechnung ist eine abgestufte Erfolgsrechnung. Es wird nach einem Deckungsbeitrag (DB) gefragt, der nach Abzug der dem Projekt eindeutig zurechenbaren Kosten (Einzelkosten; i. d. R. Fremdleistungen) von den Erlösen eines Produktes übrigbleibt. Dabei stehen die Kosten der technischen und geistigen Leistung (Satz, Druck, Honorare) sowie der bezifferbare Aufwand für Vertrieb und Marketing im Vordergrund. Ziel der Kalkulation ist es, nach Abzug der Einzelkosten einen DB darzustellen, der ausreicht, um die Gemeinkosten (Gehälter, Miete etc.) zu decken und einen Überschuss zu generieren. In der Verlagspraxis existiert keine einheitliche Darstellungsform der Methode; je nach Erkenntnisinteresse operiert man mit unterschiedlichen DB-Stufen.

Zumindest für größere Publikumsverlage gilt es als ausgemacht, dass sie immer wieder Bestseller im Programm brauchen, um über die Runden zu kommen. Das bedeutet, dass ein Titel so viel Umsatz, Deckungsbeitrag und Gewinn einfährt, dass er viele andere Titel mitzieht, die sich nur schwach verkaufen.

Schnell ist in diesem Zusammenhang von einem weiteren ›magischen‹ Begriff die Rede, der Mischkalkulation. Vereinfacht gesagt bedeutet das: Die Gewinne, die mit dem Bestseller erzielt werden, müssen die Verluste ausgleichen, die durch schlecht verkaufte Titel verursacht werden. Besser würde man von einem ›gemischten Ergebnis‹ sprechen, denn in einem gut geführten Verlag wird jeder Titel für sich kalkuliert; diese Vorab-Berechnung sollte einen Gewinn, mindestens einen positiven Deckungsbeitrag ergeben (siehe Kap. 6.3). In diesem Sinne sollte man es nicht so betrachten, dass Verlage schlecht verkäufliche Titel durch gut verkaufte ›subventionieren‹, sondern dass jeder Titel einen – wenn auch durchaus unterschiedlich großen – Deckungsbeitrag zum Gesamtergebnis beiträgt. In bestimmten Ausnahmefällen wird man auch ein Buch verlegen, dessen Vorkalkulation ein negatives Ergebnis anzeigt – etwa wenn man annimmt, dass dieses Projekt für den Ruf des Verlages oder eines geschätzten Autors wichtig ist und man weiß, dass mit den anderen Büchern ein Ergebnis eingefahren wird, das solche Verluste ausgleicht.

Bestsellerlisten

In der Literatur für Erwachsene sind seit langem die SPIEGEL-Bestsellerlisten als das Leitmedium für die Orientierung an den meistverkauften Titeln etabliert. Sie werden von dem Marktforschungsunternehmen Media Control durch elektronische Abfrage der Warenwirtschaftssysteme von vielen tausend buchhändlerischen Verkaufsstellen ermittelt (also stationärer, Online- und Bahnhofs-Buchhandel, Kauf- und Warenhäuser sowie Nebenmärkte). Nach eigenen Angaben werden damit ca. 90 % der Buchverkäufe erfasst; es handelt sich also um weit mehr als eine repräsentative Erhebung. Belletristik wird getrennt vom Sachbuch in jeweils diesen Ausgabeformen erfasst: Hardcover, Paperback, Taschenbuch, Hörbuch. Zudem gibt es Listen für Ratgeber, Wirtschaftsbücher und weitere Spezialgebiete.

KJB werden auf der Belletristik-Liste in der Regel nicht berücksichtigt, wohl aber Bücher, die über die Zielgruppe der Kinder und Jugendlichen hinaus in großem Umfang auch von Erwachsenen gelesen werden. Das war z. B. der Fall bei *Harry Potter* oder der *Bis(s)*-Serie – sehr zum Ärger der Belletristik-Verlage, weil solche Titel manchmal wochenlang die begehrten Plätze vor allem unter den ersten 10 Bestseller-Titeln ›weggenommen‹ haben.

Auch im KJB ermittelt Media Control Bestsellerlisten, nach folgenden Bereichen gegliedert: Kinderbuch, Jugendbuch (ab 12 Jahren), Sachbuch, Bilderbuch, Hörbuch. Diese Listen werden in Zusammenarbeit mit der Kinderzeitschrift *DEIN SPIEGEL* und dem Fachmagazin *Buchreport* verbreitet. Um es nicht zu einer Dominanz von Reihentiteln kommen zu lassen, wird von einer Serie nur der jeweils neueste Titel aufgenommen. Auch Taschenbücher, unter denen es Bände gibt, die wegen ihres verbreiteten Einsatzes als Schullektüre seit Jahren stabil auf sehr hohe Absatzzahlen kommen, werden nicht berücksichtigt.

Das *Börsenblatt* veröffentlicht ebenfalls Bestsellerlisten, die auf von Media Control erhobenen Daten beruhen. Auch *Leo*, das Kindermagazin der *ZEIT*, bringt monatliche Bestsellerlisten, die von Media Control ermittelt werden, und bündelt sie zu den 10 meistverkauften Büchern für Kinder von 5 bis 13 Jahren.

Dass die derart aus der Masse der Bücher herausragenden Titel nicht bei jedem Kind und jedem Jugendlichen auf die gleiche Begeisterung stoßen, ist ebenso selbstverständlich wie die Neigung vieler Verlage, mit einem Hinweis à la »Das mögen die meisten« zu werben. Zum Glück machen es aber gerade viele selbstständige Buchhandlungen zu einem Markenzeichen, eigene Empfehlungen auszusprechen, oft sehr persönlich. Solche individuellen Tipps bekommt man übrigens auch von Buchhändlerinnen, die bei einem der großen Filialisten arbeiten, denn auch sie haben eigene Präferenzen und kennen viele ihrer Kunden. So sind schon Bücher zu Bestsellern geworden, auf die der Verlag selbst keinen großen Einsatz gewettet hätte.

Flops

Kein Buch überhaupt und kein KJB, das zurecht als Flop gilt, wurde mit dieser Erwartung geschrieben oder verlegt. Keiner redet gern über Flops, die Autoren schmerzt es, die Verlage ärgern sich und wollen sie am liebsten schnell vergessen – dabei gibt es garantiert kein Verlagsprogramm ohne sie, und man kann eine Menge von ihnen lernen. Und es ist kein ketzerischer Pessimismus zu vermuten, dass der größere Teil der alljährlich auf den Markt geworfenen Neuheiten recht bald im Segment ④ des Q- und des N-Portfolios (siehe Kap. 3.3) landet, also im Meer der unbeachteten und bald wieder vergessenen Bücher.

Der vielseitige Schriftsteller und Essayist Hans Magnus Enzensberger hat sich nicht gescheut, ein Buch über seine größten Misserfolge herauszubringen: *Meine Lieblings-Flops*. Darin gesteht er,

> *[...] daß ich wenigen Erfahrungen so viel verdanke wie meinen Flops.* (Enzensberger 2011, 8)

Und er erklärt:

> *Triumphe halten keine Lehren bereit, Mißerfolge dagegen befördern die Erkenntnis auf mannigfache Art.* (Enzensberger 2011, 7)

Das mag ein wenig kokett klingen bei einem Autor, der gewiss im Lauf seines langen Lebens als eine Art Universal-Intellektueller auch gut von seinen Büchern leben konnte – aber tatsächlich macht man einen Misserfolg noch größer, wenn man es versäumt, aus gefloppten Buchprojekten zu lernen. Der irische Autor Samuel Beckett hat diese universale Erkenntnis so zusammengefasst: »Ever tried. Ever failed. No matter. Try again. Fail again. Fail better.«

Der Verleger Markus Weber war sich nicht zu schade, zum 25. Jubiläum seines sehr angesehenen und obendrein erfolgreichen Moritz Verlags öffentlich zu fragen, warum einige seiner besonders favorisierten Bücher am Markt gescheitert sind. Er leitet den Verlag seit der Gründung 1994, als Tochter von L'École des Loisirs in Paris, einer der großen nach wie vor familiengeführten französischen KJBV.

> *Aber wäre es nicht extrem schade, wenn all diese Bücher nicht verlegt worden wären? Denn auch sie prägen das Bild eines Verlags, auch für sie setzen sich die Mitarbeiter ein, auch der ein oder andere Buchhändler – nur eben ohne größeren Erfolg. [...] Was also ist Erfolg? 25 Jahre durchzuhalten? Immer wieder Aufmerksamkeit zu erhalten von Handel, Presse und Vermittlern? Neue, gute AutorInnen an den Verlag zu binden? Auf Bestsellerlisten*

zu landen und Preise zu gewinnen? Auf den Messen fast nur angenehme Gespräche führen zu dürfen? Oder Neues ausprobieren zu können – weil genügend Titel den Rücken dafür freihalten? Und immer wieder Projekte angeboten zu bekommen, bei denen es einem in den Fingern juckt? Nicht abhängig zu sein von Filialisten und Zentraleinkäufern? Es ist wohl alles zusammen, denn ein Listenplatz ist schnell wieder verloren, die Resonanz einer Besprechung nach ein paar Tagen verhallt.

So ist Erfolg letztlich eine feine, aber von sehr vielen Faktoren abhängende Angelegenheit – die aber alle irgendwie mit dem Wort ›Qualität‹ zu tun haben dürften. (Weber 2019)

Was bedeutet eigentlich ›Qualität‹?

Über die objektive oder absolute Qualität eines Buches wird man sich nicht leicht verständigen können. Jurys mögen zwar Punkte vergeben, die man addiert, um eine Rang-Reihenfolge zu erhalten – aber auch das ist nur ein inter-subjektives Ergebnis, eine relative Qualität. Denn sie hängt von den Bewertungsmaßstäben der Jury-Mitglieder ab.

Manchmal wird scherzhaft gesagt, Qualität kommt von ›Qual‹. Da ist insofern etwas dran, als das Schreiben einer Geschichte und/oder das Illustrieren Mühe gemacht hat, es war Arbeit. Aber aus einer masochistischen Grundhaltung lässt sich vermutlich keine ansprechende Literatur schaffen. Vielmehr gilt: Sowohl das Thema als auch seine Adressaten und Partner ernstnehmen, sich um einen guten Stil bemühen, sein Bestes geben – das sind Motive, die auch einen guten Handwerker, Arzt oder Busfahrer bewegen. Wenn man sich darauf verständigt hat, dass Qualität nicht einfach wie mit Schulnoten skaliert werden kann, hilft es weiter, wenn man sich klarmacht, dass der Begriff ›Qualität‹ sich herleitet von lateinisch ›qualis‹ = ›wie beschaffen?‹ So gesehen, liegt es nahe, sich an Qualitäts-Kriterien zu orientieren.

Preisstifter, Jurys, Literaturkritiker, Lehrer, aber auch Verlage sind gut beraten, wenn sie ihre Vorstellungen von Qualität zu Papier bringen. Eine solche ›Programm-Philosophie‹ zu formulieren, ist alles andere als trivial. Wenn man die Kriterien zu allgemein hält, passt viel dazu, und das hilft nicht wirklich weiter. Wenn man es zu akribisch genau formuliert, stellt man Regeln auf, die unter Umständen Geschichten ausschließen, deren neuartige Qualitäten man noch gar nicht kennen kann. Im Folgenden ist exemplarisch beschrieben, wie ein solches Leitbild, also eine grundsätzliche Orientierung, aussehen kann.

Leitbild

Was wir anbieten:

- Bilderbücher für kleine Kinder 1 – 5 Jahre,
- Kinderbücher 6 – 11 Jahre,
- Jugendbücher ab 12 Jahren,
- Sachbücher in allen Altersgruppen.

Wen wir mit unseren Büchern ansprechen:

- Kinder wollen wir zum Lesen motivieren.
- Eltern wollen wir überzeugen, dass sie ihre Kinder mit Büchern aufwachsen lassen.
- Vermittler: Buchhändler, Bibliotheken, Rezensenten, Lehrer, Aussteller, Festival-Veranstalter.
- Fachleute: Literatur-/Medienwissenschaftler, Experten.

Wovon wir überzeugt sind:

- Wir bearbeiten Themen, für die sich Kinder interessieren und begeistern, von denen sich Jugendliche angesprochen und berührt fühlen und die Erwachsene für ihren Nachwuchs als relevant ansehen.
- Wir streben nach erzählerischer und illustrativer Exzellenz, thematischer Relevanz und formaler Innovation.
- Wir verkennen nicht die Zeichen der Zeit, folgen aber nicht jedem Trend.
- Wir sind ein Autoren- und Illustratoren-Verlag; wir pflegen deutschsprachige Kinder- und Jugendbuchautoren und bauen neue auf.
- Zugleich verfolgen wir die internationale Kinder- und Jugendbuch-Szene und halten Kontakt zu ausländischen Verlagen und Agenten. Wir sind offen für Autoren und Bücher aus allen Kulturräumen.
- Wir halten es mit Voltaire: »Jede Art zu erzählen ist erlaubt, nur nicht die langweilige«; deshalb stellen wir literarische Ansprüche an die unterhaltenden Titel und verlangen unterhaltende Züge bei literarischen Titeln.
- Wir gestalten und drucken unsere Bücher mit größtmöglicher Sorgfalt und Qualität, auch in ökologischer Hinsicht.

Wo man auf unsere Bücher treffen soll:

In allen Sortimentsformen, in denen das Kinder- und Jugendbuch gepflegt wird, wollen wir zu den unverzichtbaren Anbietern gehören:

- bei den unabhängigen Sortimenten,
- bei den Filialisten,
- im Online-Buchhandel,
- bei sonstigen Buchverkaufsstellen mit qualitätsvollem Angebot.

3.7 Die Backlist

Bücher sind eigentlich keine Gegenstände von begrenzter Haltbarkeit. Sofern sie keine aktuellen Themen behandeln, veralten sie nicht. Wenn sie in der Saison, in der sie erschienen sind, auf eine gewisse Aufmerksamkeit gestoßen sind, kann sich diese halten, gar steigern oder aber abflauen. Wie groß eine Buchhandlung auch sein mag – es gibt immer nur einen begrenzten Raum in Regalen und auf Präsentationsflächen. Wenn ein Titel allerdings nach dem Ersterscheinen kaum Beachtung gefunden hat und erst recht nicht kontinuierlich nachgefragt wird, ist es nur eine Frage der Zeit, wann er aus dem aktiven Angebot verschwindet – schließlich kommen eines Tages die nächsten Neuheiten. Beim Verlag und beim Barsortiment mag er noch lieferbar sein, Kunden können ihn also bestellen, aber er wird nicht mehr ausgestellt.

Titel, die immer wieder nachgefragt werden, gehören dagegen zur #Backlist. Das ist der branchenübliche Begriff für die lieferbaren Titel des Verlags, abgesehen von den Neuheiten. Nicht alle diese Bücher werden sich auf Dauer weiterhin gut verkaufen lassen, aber es kristallisiert sich eine Art Grundsortiment heraus: Bücher, die man immer wieder gern verschenkt. Denn jedes Jahr kommen neue Kinder auf die Welt, die irgendwann das Lebensalter erreichen, zu dem dieser Titel passt. Wenn ein Verlag über eine große Backlist verfügt, kann er sich glücklich schätzen. Denn diese Bücher müssen ›nur‹ nachgedruckt werden, Autor sowie ggf. Illustrator und Übersetzer bekommen ihr Absatzhonorar, aber es fallen weder Satz- noch Reproduktionskosten an, keine Einführungswerbung, und das Verkaufspotenzial ist bekannt. Derartige Titel stellen eine Art Grundeinkommen für den Verlag (und den Autor) dar.

Beim Gestalten ihrer Programm-Vorschauen (siehe Kap. 3.5) verfolgen Verlage unterschiedliche Umgangsweisen mit der Backlist. Manche fügen nach der Vorstellung von Neuheiten die dazu passenden Backlist-Titel ein, bevor die nächsten Novitäten drankommen. Damit kann das Gesamtangebot eines Programmsegments, eines Autors oder einer Serie gezeigt werden. Es erinnert den Buchhändler daran, die Vollständigkeit seines Sortiments an diesem Punkt im Blick zu behalten.

Eine Auswirkung davon ist allerdings, dass eine solchermaßen aufgebaute Vorschau erheblich umfangreicher wird als eine, die sich nur auf die Neuheiten beschränkt. Wenn ein Verlag etwas dafür tun will, dass seine Backlist beachtet wird, ist das wohl keine Fehlinvestition.

Falls der Verlag sich gar nicht um die Backlist kümmert, wird sich ein allmähliches Nachlassen der Verkaufszahlen selten vermeiden lassen. Deshalb sollte man sich anlässlich einer bevorstehenden Neuauflage eines Backlist-Titels ein paar Routine-Fragen stellen: Sind etwaige Korrekturen eingetragen? Müsste man Eigenanzeigen aktualisieren? Ist die Covergestaltung noch frisch und passt sie zu den anderen Büchern des Autors bzw. der Serie? Ist der bisherige Ladenpreis der Kalkulation und den Preisen vergleichbarer Mitbewerber angemessen? Bei manchen Sachbüchern ist eine Überprüfung der Daten und Fakten erforderlich, die veralten können.

Wenn diese Fragen zu einer nicht unerheblichen Veränderung des ursprünglichen Buches führen, bietet sich eine Neuausgabe an – ein geeignetes Mittel zur Reaktivierung von Backlist-Titeln. Das kann sich auf einzelne Titel, auf die Bücher eines Autors oder eine ganze Reihe beziehen. Im letzteren Fall nennt man das einen Reihen-Relaunch. Es kommt immer wieder vor, dass ein bestimmter Titel zu einem bestimmten Zeitpunkt bei einem bestimmten Verlag nicht reüssiert, und das Buch vom Markt genommen wird. Oder ein Verlagsprogramm wird eingestellt, wie es z.B. bei Bloomsbury Kinderbücher & Jugendbücher der Fall war. Das vielbeachtete Programm wurde 2009 als Teil des Berlin Verlags gegründet und schon 2013 wegen des Rückzugs der englischen Eigner Bloomsbury Publishing aus dem deutschen Markt ersatzlos wieder beendet. Die Bücher und ihre Autoren hatten das Nachsehen. Es dauerte bis 2020, dass der erste Band der beliebten Reihe *Herr Röslein* von Silke Lambeck (mit Illustrationen von Karsten Teich) wieder erscheinen konnte, nunmehr bei Gerstenberg.

> *Da die junge Zielgruppe ja permanent nachwächst, sind Neuauflagen für mich gleichbedeutend mit echten Neuerscheinungen. Umso mehr, wenn es sich um geliebte Titel handelt, die man schon länger wieder herbeigesehnt hat. […] Wer seine Backlist pflegt, der schätzt auch wiederbelebte Schätzchen.*
> (Susanne Lux von der Buchhandlung Nimmerland in Mainz, eine der profiliertesten und mehrfach ausgezeichneten Buchhändlerinnen mit dem Schwerpunkt Kinder- und Jugendbuch; Lux 2020)

4 Macher und ihre Motive

Es sind Menschen, die Bücher schreiben, verlegen, herstellen, verkaufen, beurteilen. Menschen sind Individuen mit Stärken und Schwächen, Präferenzen und Abneigungen, Wissen und Nichtwissen, Willen und Unwillen, Macht und Ohnmacht, Humor und Verstand, Rückgrat und Anpassungsfähigkeit, Selbstbewusstsein und Loyalität - und viele Eigenschaften mehr.

Ein Verlag ist kein Funktions-Mechanismus, sondern eine von Menschen betriebene Einrichtung. Er ist auch keine Buchfabrik, in der Rohstoffe angeliefert werden, Maschinen rattern, surren oder zischen, und am Ende fertige Bücher abgepackt werden. Verlage sitzen in Büros - sei es ein moderner Zweckbau, eine umgebaute Verlegervilla oder ein Co-Working-Space. Die einzigen Maschinen, die hier bedient werden, sind Telefone, Smartphones, Rechner und Kopierer.

Es gibt gesellschaftliche Funktionen, bei denen das Individuum weitgehend hinter der ihm zugeschriebenen Aufgabe zurücktreten muss. Deutlich sichtbar wird das bei Berufen, die in Ausübung ihres Amtes eine Uniform tragen und dadurch eine funktionale Rolle ausüben. Es gibt gewiss in großen Verlagen mehr Routine-Abläufe als in kleinen Verlagen, aber eigentlich wird kein Buch ›wie am Fließband‹ eins nach dem anderen durchprozessiert. Denn die Erzeugnisse dieses Fertigungsprozesses sind doch recht unterschiedlich.

In Verlagen kommen Menschen mit unterschiedlichen Qualifikationen zusammen, die an einer gemeinsamen Aufgabe arbeiten: Büchern Chancen zu verschaffen. Es würde den Rahmen dieses Buches sprengen, wenn man alle diese Aufgaben detailliert schildern wollte. Zwei zentrale ›Funktionen‹ werden im folgenden Kapitel genauer beleuchtet: Lektorieren und Übersetzen.

4.1 Menschen haben Motive für ihr Tun

Die Menschen zwischen Autor und Leser bzw. Buchkäufer sind mit bestimmten fachlichen Qualifikationen, allgemeinen Fähigkeiten und möglicherweise besonderen Talenten ausgestattet. Das kann sein: Intuition und gutes Bauchgefühl, Sorgfalt und Detailgenauigkeit, Effizienz in der Arbeitsorganisation, gutes Sprachgefühl und sprachliche Fantasie, Kontaktfreudigkeit, Kommunikationsfähigkeit. Die hierzu notwendigen Eigenschaften, die als essentiell für die Arbeit im KJB gelten können, werden in den nächsten Abschnitten genauer dargestellt. Diese Aufzählung ist nicht so zu verstehen, dass die jeweiligen Eigenschaften nur in bestimmten Bereichen des Verlags vonnöten wären – sie werden natürlich überall gebraucht. Z.B. wären ein unkommunikativer Personalchef oder eine sich nicht für Kinder interessierende Grafikerin nicht hilfreich. Die 5 x K-Eigenschaften, die das Gerüst der folgenden Ausführungen bilden, sind als Schwerpunkte zu verstehen: kreativ, kommunikativ, kommerziell, kaufmännisch, kindernah.

Gut organisierte Verlage besitzen für jeden Arbeitsplatz eine Stellenbeschreibung. Für die Buchhaltung z.B. wird die Eigenschaft ›kreativ‹ vermutlich nicht verlangt werden, zumal die Formulierung ›kreative Buchführung‹ als eine ironische Bezeichnung für unkorrektes Verfahren gilt. Es gibt also zugeschriebene Aufgaben, Verantwortlichkeiten und Rollen sowie ein Selbstverständnis der Person, die eine bestimmte Stelle innehat. Beides sollte im Wesentlichen übereinstimmen, sonst ist entweder die Person unglücklich mit ihrer Arbeit oder der Verlag unzufrieden damit, wie sie die Aufgaben erfüllt.

Warum, mit welchem Ziel tue ich das, was ich tue? Nicht immer sind sich Menschen darüber selbst im Klaren; nicht alle geben hier jederzeit korrekt Auskunft. Wenn z.B. Autoren auf die Frage »Warum schreiben Sie?« die Antwort geben: »Weil ich meine Familie ernähren muss«, kann man nicht sicher sein, ob das aufrichtig, zynisch, scherzhaft, als Abwehr oder wie auch immer gemeint ist. Dennoch lassen sich Muster bilden, aus welcher Richtung sich das Engagement bei der Arbeit hauptsächlich speist. Das konkrete Verhalten ist stets eine Mischung aus verschiedenen Faktoren. Gerade bei Autoren kommt es vor, dass sie das eine Buch schreiben, weil es ihnen ein großes inneres Anliegen ist, wohingegen es bei einem anderen nur um einen zusätzlichen Verdienst geht. Wichtig ist, sich darüber klarzuwerden, welche Motive vorliegen können.

Möglichkeiten für Motive

Autoren	• Ich schreibe für mich. • Ich schreibe für Kinder. • Ich schreibe, weil mich ein Thema umtreibt. • Ich will ästhetisch/stilistisch etwas ausprobieren. • Ich schreibe für Geld.
Lektoren	• Ich will gute Bücher machen. • Ich bin gern ›Geburtshelfer‹. • Ich möchte Erfolg haben.
Gestalter	• Ich arbeite mit handwerklichen bzw. künstlerischen Überzeugungen. • Ich will dem Werk einen optimalen Auftritt verschaffen. • Ich möchte Preise gewinnen.
Vertriebler	• Ich will Umsatzziele erreichen. • Ich will Provisions-Ziele erfüllen. • Ich will unseren Marktanteil vergrößern. • Es sollen unsere guten Bücher statt schlechter anderer auf den Markt! • Mir macht Verkaufen Spaß.
Kommunikatoren	• Ich will Aufmerksamkeit erzeugen – für das Werk, den Autor, den Verlag. • Ich möchte das Renommee des Verlags stärken.
Medienleute	• Ich will Aufmerksamkeit beim Publikum wecken. • Ich suche gut erzählte Geschichten. • Ich achte auf ein wichtiges Thema, eine wichtige Botschaft. • Ich fördere die Kunst. • Ich arbeite dafür, dass mein Medium etwas Neues entdeckt.
Buchhändler	• Ich kenne meine Kunden (und schätze sie). • Ich kenne meine Kunden (und schätze ihr Geld). • I do it my way. • Ich mache meinen Job.
Kaufleute	• Ich will Kosten minimieren. • Ich will Gewinn sichern. • Ich sorge für Liquidität. • Ich halte Budget-Ziele und Zeitpläne ein. • Ich vermeide unnötige Ausgaben. • Ich strebe nach Transparenz in den Prozessen. • Ich halte Reserven für Unvorhersehbares vor.

4.2 Die Kreativen

Was bedeutet kreativ für Autoren, Übersetzer, Illustratoren, Lektoren, Buchhersteller, Buchgestalter, Umschlagdesigner? – Ausdenken, erfinden, schreiben, beschreiben, erklären, texten, inhaltlich am Text arbeiten, am Text feilen, Texte typographisch aufbereiten, Bilder schaffen, Bilder beschaffen, Dinge in Bilder umsetzen, Gegenstände/Menschen/Situationen darstellen; Bild mit Text arrangieren und ggf. integrieren.

Autoren

Autoren sind für Verlage nicht alles, aber ohne Autoren sind Verlage nichts. Autoren schaffen mit ihren Texten die Substanz eines Buchverlages, auch wenn sie beim Verlag gar nicht angestellt sind. Autoren sind der Stoff, aus denen Verlage gemacht sind – so hat das Hanser-Verleger Jo Lendle einmal formuliert. Sie selbst sehen sich als Urheber, als geistig Schaffende, jedenfalls sofern sich ihr Werk durch eine gewisse ›geistige Fallhöhe‹ auszeichnet. Bei Zeitungen, Zeitschriften und anderen Medien ist das anders, hier fungieren die (meist angestellten) Redakteure auch als Autoren; sie erstellen größtenteils die Texte. Auch bei Buchverlagen sind die Redakteure bzw. Lektoren meist festangestellt, jedoch sind die Autoren freiberuflich tätig. Im Kapitel 5 geht es darum, wie Autoren ihre Geschichten schreiben. In der Übersicht beantworten sie die Frage, warum sie Kinder- und Jugendbücher schreiben.

Der aus dem Lateinischen stammende Begriff ›Autor‹ lässt sich im Deutschen mit den Begriffen ›Urheber‹ oder ›Schöpfer‹ wiedergeben, die beide recht theatralisch klingen, aber eigentlich recht passende Bilder enthalten. Aus einer unendlich großen Menge (des Denkbaren) wird gezielt etwas herausgeholt und beschrieben. Schreiben heißt: Beobachtetes, Empfundenes, Erfundenes, Gedachtes in bestimmte Worte fassen.

Auch wenn die hier zitierten Autoren der Einstellung, für jemanden zu schreiben, wenig abzugewinnen scheinen, bleibt doch der elementare Tatbestand, dass Schreiben ein Angebot zur Kommunikation ist. Wenn man ›Kommunikation‹ mit ›Mitteilung‹ übersetzt, steckt darin auch die Bedeutung: etwas mit einer anderen Person teilen. Sogar ein ganz persönliches Tagebuch, das der Autor nicht zum Zwecke der Veröffentlichung verfasst, hat einen Adressaten: sich selbst.

Sieben Antworten, warum Autoren KJB schreiben

Jutta Richter (2003): »Das eigene Kind war für mich nie ein Vorbild, sondern das Kind, welches ich gewesen bin und an das ich mich sehr gut erinnere. Und [...] das ist auch mit ein Grund, warum ich schreibe: [...] Ich vergesse nichts, was ich gefühlt habe und ich denke, Kinder fühlen nicht anders als Erwachsene. Dieses Kind, das ich bin und das ich hoffentlich auch bleiben werde, das ist eigentlich die zentrale Person, für die ich schreibe. Für dieses Kind schreibe ich, für kein anderes. Im Schreibprozess sind mir andere Kinder völlig gleichgültig. Ich schreibe nicht für irgendeine Zielgruppe, sondern ich versuche poetisch zu denken und zu formulieren.«

Kirsten Boie (2014): »Denn auch wenn wir für Kinder oder Jugendliche schreiben und nicht für Erwachsene [...] – so hat das Schreiben doch immer noch immens viel mit uns selbst zu tun. Weil wir dabei nämlich – auch wenn wir über kleine Krokodile in Badewannen oder über unbotmäßige Prinzessinnen schreiben – mit jeder Zeile aus unserem eigenen Erfahrungs- und Erlebnismaterial, aus unseren Ängsten, Sehnsüchten und Träumen schöpfen, anders ginge es ja gar nicht.«

Mirjam Pressler (o. J.): »Ich schreibe Geschichten, das heißt, ich schreibe Texte im Medium der Sprache, aus denen im Kopf des Lesers etwas Eigenes entsteht, eigene Variationen des vorgegebenen Themas. Meine Protagonisten sind Kinder und Jugendliche [...]. Für meine Helden ist Sprache lebenswichtig, überlebenswichtig, wer wüsste das besser als ich. [...] Meine Aufgabe ist es nicht nur, sie durch Sprache zum Leben zu erwecken, ich muss ihnen auch eine eigene Sprache geben, damit sie ihre Sehnsüchte formulieren und ihre Ansprüche anmelden können. Umso mehr, wenn sie die Sprache gerade erst entdeckt haben, so wie es auch bei manchen meiner Leser und Leserinnen der Fall sein mag. Noch schwieriger ist es, wenn sie, die Figuren, die Sprache noch gar nicht gefunden haben [...] Aber eine große Herausforderung für Schriftsteller ist es ja gerade, Sprachloses in Sprache zu übersetzen.«

Andreas Steinhöfel (2014): »[...] und warum ich auch dauerhaft dabeibleiben werde, [...] das ist das Potential, das Kinder haben, und was jeder von uns toll findet. Das Kind hat unendlich viele Möglichkeiten und wir sehen uns da vielleicht auch noch gespiegelt. [...] Ich mach mir da sehr viel Gedanken, wie viel kannst du ins Kinderbuch reinpacken an narrativer Komplexität, an dramatischer, aber mein Credo ist ja, dass noch kein Kind an einem Nebensatz gestorben ist, und dass ich immer dafür bin, dass ein Kind sich eher strecken soll als ducken. Das heißt, dann muss es sein Gehirn eben mal anstrengen. Ich schreib keine Gebrauchsliteratur für Kinder, die ab und zu mal ein Buch lesen. Das klingt grausam, aber das ist so, ich schreibe für lesende Kinder. Ich schreib nicht Bücher, die Kinder zum Lesen bringen. Auch wenn das mit RICO – ironischerweise schon – fast millionenfach passiert ist. Weil sie es witzig finden.«

Otfried Preußler (1998): »Wer für Kinder schreibt, übt den Beruf des Schriftstellers unter erschwerten Bedingungen aus. Er muß wissen, worauf er sich einläßt, wenn er sich solchen Bedingungen freiwillig unterwirft. Die Regeln sind streng. Das beginnt mit der Notwendigkeit, überschaubare Sätze zu bauen; und das hört bei den Besonderheiten des verfügbaren Vokabulars noch lange nicht auf. Wer jedoch meinen sollte, aus diesen oder anderen Gründen habe Kinderliteratur zwangsläufig simpel zu sein, dürftig im Ausdruck, kümmerlich in Bezug auf den literarischen Wert – der befindet sich auf dem Holzweg.«

Tomi Ungerer (1999): »Wenn ich Kinderbücher gemacht habe, so tat ich das einerseits, um dem Kind, das ich selber bin, eine Freude zu machen, andererseits, um zu schockieren, um Tabus ins Wanken zu bringen, Normen auf den Kopf zu stellen: [...] es sind subversive, doch auch von einem positiven Geist erfüllte Bücher.«

Claude Ponti (2020): »Die Kinderliteratur ist ein Austausch von Seele zu Seele zwischen dem Innersten des Lesers und dem Innersten der Person des Autors.«

Übersetzer

Ein beträchtlicher Teil der neu erscheinenden und der lieferbaren KJB ist aus anderen Sprachen übersetzt. Wir können etwa von einem Fünftel ausgehen. Was der portugiesische Schriftsteller und Literaturnobelpreisträger José Saramago über Literatur allgemein gesagt hat, gilt auch für die Kinder- und Jugendliteratur: »Der Autor schafft mit seiner Sprache nationale Literatur, die Weltliteratur wird von Übersetzern gemacht.«

Wohl dem, der viele Sprachen beherrscht, und Autoren aus anderen Kulturkreisen in der Originalsprache zu lesen vermag. Aber es ist kein Zeichen von unzureichender Bildung, wenn man für den Genuss von in anderen Sprachen geschriebenen Büchern auf Übersetzungen angewiesen ist. Es ist ein Geben und Nehmen, denn einerseits profitiert das hiesige Literaturangebot davon, dass wir – durch Übersetzungen – an der Weltliteratur teilhaben können, andererseits bereichern Autoren, die in der deutschen Sprache schreiben, das Spektrum des weltweiten Literaturangebots. Zudem vergrößern Lizenzausgaben in anderen Sprachen das Volumen und das Potenzial der finanziellen Erlöse aus einem Buch für Autor und Verlag.

Über Konzepte des Übersetzens wird wissenschaftlich ebenso viel debattiert wie etwa über die Theorie des Romans. Und natürlich kann im Prinzip die gesamte Bandbreite der Literatur von der Wissenschaft bis zum Bilderbuch, vom Krimi bis zum Gedichtband, übersetzt werden. Literarisches Übersetzen gibt es an manchen Universitäten sogar als eigenen Studiengang.

Umberto Eco (1932–2016), der als Medienwissenschaftler, Philosoph und Schriftsteller so etwas wie einer der großen Universalgelehrten unserer Zeit war, hat (obwohl er ausdrücklich keine Theorie des Übersetzens verfassen wollte) folgende Definition geliefert:

> *Übersetzen heißt also, das innere System einer Sprache und die Struktur eines in dieser Sprache gegebenen Textes verstehen und dann ein Double des Textsystems schaffen, welches – nach Maßgabe einer bestimmten Beschreibung – beim Leser ähnliche Wirkungen erzeugen kann, ähnlich sowohl auf der semantischen und syntaktischen Ebene wie auf der stilistischen, metrischen, lautsymbolischen und in den Gefühlsregungen, die der Originaltext hervorrufen wollte.* (Eco 2006, 18)

Übersetzen ist also mehr als eine Art Umrechnen in eine andere Sprachwährung. Der Übersetzer sollte die Herkunftssprache ebenso gut beherrschen wie die deutsche. Und noch mehr, Übersetzen bedeutet Hinübertragen von einer Kultur und Hineinsetzen in eine andere:

> *Ein Übersetzer muß nicht nur sprachliche Regeln beachten, sondern auch kulturelle Elemente im weitesten Sinne.* (Eco 2006, 191)

Die deutsche Fassung eines übersetzten Buches sollte sich so selbstverständlich lesen wie ein Text, der ursprünglich auf Deutsch verfasst worden ist. Das bedeutet aber auch, dass eine wörtliche Übersetzung nicht ausreicht und auch meist keine gute ist, denn der sprachliche und kulturelle Kontext des Originals ist ein anderer als der in der Zielsprache.

Wenn der Handlungsort eines Romans z.B. in den USA liegt, ergibt sich daraus selbstverständlich, dass Eigennamen, Städte, Straßen, Kaufhäuser, Marken englisch sind. Aber auch manche Gebräuche, angefangen beim Frühstück bis zum teenager-gemäßen Dating, sind anders als bei uns. Ab einem bestimmten Lebens- und Lesealter ist das überhaupt kein Problem, sondern erzeugt sogar einen zusätzlichen Reiz.

In einem Kinderbuch für 8-Jährige würde es sich aber empfehlen, manche Eigentümlichkeiten, die für US-Amerikaner völlig selbstverständlich sind, anders zu benennen oder zu erklären: z.B. dass ›April‹ ein Mädchenname sein kann, oder wie ein bestimmter Abschlag beim Baseball heißt. Beispiele zeigt die Übersicht mit verschiedenen deutschen Fassungen des englischen Klassikers von Kenneth Grahame (1859–1936) The Wind in the Willows.

Mit den Arbeitsgebieten der Übersetzer ist es ähnlich wie bei den Autoren: Manche sind sowohl in der Belletristik als auch für KJB tätig. Viele Übersetzer sind zugleich selbst Autoren, wie Andreas Steinhöfel, Herbert Günther oder Uwe-Michael Gutzschhahn. Wurden Übersetzer lange Zeit als oft niedrig bezahlte Hilfskräfte behandelt, die allenfalls im Impressum genannt wurden, stehen sie heute meist im Innentitel und manchmal sogar schon auf dem Buchumschlag. Denn es hat sich herausgestellt, dass man für schmale Honorare, geringe Beachtung (geschweige denn Anerkennung) keine herausragenden Leistungen erwarten kann, und dass schlecht übersetzte Bücher niemanden begeistern.

Für ihre Interessen, aber letztlich auch im Sinne aller, die an guten Übersetzungen interessiert sind, haben die Übersetzer gekämpft, und ihr Zusammenschluss im VdÜ, Verband deutschsprachiger Übersetzer/innen literarischer und wissenschaftlicher Werke e.V. als Teil der Gewerkschaft ver.di, hat sich gelohnt. Sie haben eine Änderung in den Gesetzen

VdÜ
Wir übersetzen Literatur

The Wind in the Willows	Der Wind in den Weiden Beispiele für die Kombination von Nähe zum Original und Verständlichkeit für deutschsprechende Kinder in den wichtigsten Fassungen deutscher Versionen.	
London: Methuen 1908/ London: Egmont 2020. Originalausg. 1908 mit Strichzeichnungen von E.H. Shepard (1970 mit dem Einverständnis von dessen Erben koloriert).	Erstmals Köln: Middelhauve 1973/ Zürich: Kein & Aber 2004. Mit den kolorierten Original-Illustrationen von E.H. Shepard. Deutsch von Harry Rowohlt. CD-Hörbuch ebenfalls gelesen von Harry Rowohlt.	München: Bassermann 2004, 17. Auflage 2020. Erstmals München: C. Bertelsmann Jugendbuch Verlag 1988. Mit farbigen Illustrationen von Eric Kincaid. Deutsch von Sybil Gräfin Schönfeldt.
Kenneth Grahame	**Harry Rowohlt**	**Sybil Gräfin Schönfeldt**
	Alle Übersetzer geben den Protagonisten und den Orten deutsche Namen. So muss man kleinen Kindern, die das vorgelesen bekommen, keine fremdartigen englischen Wörter erklären, und doch ist der Geist des Originals ideal erhalten. Interessant aber ist, wo die Übersetzungen ähnlich sind und wo sie sich unterscheiden.	
Mole	Maulwurf	Maulwurf
Water Rat	Ratte	Ratte/Ratz
Mr. Toad	Kröterich	Kröterich
Mole End	Villa Maulwurfshügel	Maulwurfs-End
Toad Hall	Krötinhall	Krötinhall
	Die Übersetzung von Gedichten verlangt ganz besonders feinsinniges Sprachgefühl, erst recht bei gereimten Gedichten. Hier ›muss‹ man sich ganz andere Freiheiten nehmen, wenn eine auf Deutsch gereimte, nicht holpernde und sinnvolle Fassung entstehen soll.	
DUCKS' DITTY All along the backwater, Through the rushes tall, Ducks are a-dabbling, Up tails all!	GESANG ÜBER DIE ENTEN Binsen wehn im Winde, Wurzeln tief im See. Enten planschen durch das Schilf, Bürzel in die Höh!	DAS ENTENLIED Zwischen Schilf und Weiden, in dem stillen See schwimmen alle Enten – Schwänzchen in die Höh.

Stuttgart: Thienemann 1996. Mit schwarz-weißen Illustrationen von Patrick Benson. Deutsch von Anne Löhr-Gößling.	Urachhaus 2009. 4. Auflage 2019. Mit farbigen Illustrationen von Inga Moore. Deutsch von Michael Stehle.	München: Knesebeck 2012. 3. Auflage. Mit farbigen Illustrationen von Robert Ingpen. Deutsch von Gundula Müller-Wallraf.
Anne Löhr-Gößling	**Michael Stehle**	**Gundula Müller-Wallraf**
Maulwurf	Maulwurf	Maulwurf
Ratterich	Ratte (beim ersten Auftreten als ›Wasserratte‹ bezeichnet)	Ratte
Herr Kröterich	Kröterich	Kröterich
Maulwurfs Heim	Maulwurfs Haus	Villa Maulwurf
Gut Kröten	Schloss Krötenstein	Krötenau
ENTEN-LIEDCHEN Zwischen Schilf und Ufergras überall im See, tummeln sich die Entlein, Schwänzchen in die Höh.	ENTEN-LIEDCHEN Drüben im stillen Wasser, zwischen den Binsen im See, plätschern vergnügte Enten. Schwänzchen in die Höh!	ENTENLIEDCHEN Hinter Schilf und Binsen, still in Fluss und See, gründeln viele Enten, Schwänzchen in die Höh'!

und den Köpfen vieler Verleger bewirkt, die Verlage verpflichtet, Übersetzer angemessen zu honorieren, alle Nutzungen offenzulegen und sie am Erfolg zu beteiligen. Über die Höhe solcher Beteiligungen wird im konkreten Fall verhandelt, mitunter auch gestritten und schließlich ein Vertrag geschlossen. Einige Verlage haben 2014 mit dem VdÜ eine Gemeinsame Vergütungsregel vereinbart, die aber nicht für alle Verlage und alle Übersetzer verbindlich ist. Übersetzungen genießen den gleichen Status wie Originalwerke; so heißt es in § 3 des Urheberrechtsgesetzes: »Übersetzungen und andere Bearbeitungen eines Werkes, die persönliche geistige Schöpfungen des Bearbeiters sind, werden unbeschadet des Urheberrechts am bearbeiteten Werk wie selbständige Werke geschützt.«

Literarische Auszeichnungen wie der Deutsche Jugendliteraturpreis berücksichtigen übersetzte Bücher ebenso wie Originalwerke. Wenn ein übersetztes Werk prämiert wird, gehen Ehre und Preisgeld meist zu gleichen Teilen an Autor und Übersetzer.

Beim Übersetzen von Sachbüchern kommen noch einige Besonderheiten hinzu. Oft ist der Platz für den deutschen Text durch das Layout limitiert, das nicht verändert werden kann. Ausgehend von der pragmatischen Regel, dass ein englischer Text auf Deutsch ca. 10 % bis 15 % länger ausfällt, kann das dazu führen, dass man Passagen umformulieren muss, damit sie in den vorhandenen Raum hineinpassen – denn aus Gründen der Lesbarkeit sollte man nicht einfach den Schriftgrad beliebig verkleinern. Zudem müssen Fachausdrücke korrekt sein und evtl. Bezugsgrößen verändert werden. Bei Büchern, die viele Zahlen, Daten und Fakten enthalten, sollte eine Aktualitätsprüfung vorgenommen werden. Daher kann es in manchen Fällen sinnvoll sein, statt eines literarischen Übersetzers einen Experten mit guten Fremdsprachenkenntnissen zu engagieren – selbst um den Preis, dass dann im Lektorat mehr an stilistischer Glättung gefeilt werden muss als sonst.

Mancher Übersetzer oder auch Rezensent vergleicht das Übersetzen mit dem Interpretieren eines Musikstücks. Ein Komponist wie Mozart hat die Noten seiner Klaviersonaten samt einigen Spielhinweisen verfasst, aber jeder Pianist bringt seine Stücke auf eigene Weise zum Klingen. Mirjam Pressler, die als KJB-Autorin vielfach ausgezeichnet wurde, war auch eine fleißige Übersetzerin, angefangen bei gereimten Bilderbüchern über Kinder- und Jugendromane bis zu Werken weltberühmter Schriftsteller wie Amos Oz; sie hat insgesamt etwa 500 Bücher aus dem Englischen, Hebräischen und Niederländischen übertragen. Auch sie benutzte gern den Vergleich mit der Musik:

Beim Übersetzen komme ich mir vor wie ein Musiker, der eine fremde Komposition interpretiert. Für mich ist das Übersetzen nicht nur eine der schönsten, sondern auch eine der wichtigsten Tätigkeiten, die es gibt. Übersetzte Texte können Aufgaben übernehmen, die die eigene Literatur nicht leisten kann. Bücher aus fremden Literaturen bauen Fremdheiten ab, wir erweitern durch sie unseren – nicht nur literarischen – Horizont.

(Mirjam Pressler, mirjampressler.de)

Illustratoren

Dieser Begriff stammt ebenfalls aus dem Lateinischen und bedeutet so viel wie ›Lichtgeber‹ (um nicht ›Erleuchter‹ oder ›Beleuchter‹ zu sagen). Autoren machen durch Worte etwas vorstellbar, Illustratoren machen durch Bilder etwas sichtbar. Beides liegt nahe beieinander, wie es der Künstler, Zeichner und Geschichtenautor Tomi Ungerer formuliert hat:

Für mich fliegen die Gedanken vorbei und schweben vorbei in Schwärmen und suchen sich einen Kopf, wo sie nisten können, um sich zu vermehren. Ich bin vor allem Zeichner. Ich zeichne, was ich schreibe, und ich schreibe, was ich zeichne, um eine Idee klar und prägnant auszudrücken.

(Ungerer 1999, 160)

Ganz ähnlich formuliert es Antje Damm, die beobachtet und reflektiert, schreibt, zeichnet, Modelle baut und fotografiert:

Es ist anfangs oftmals nur ein kleiner Gedanke, eine flüchtige Idee, ein Bild, das im Kopf ist und einen nicht mehr loslässt. […] Und dieser Gedanke, dieses Bild wächst dann langsam, wird eine Idee. Manchmal auch nicht, dann verschwindet alles wieder. Für diese ›Arbeit‹ der Ideenfindung lasse ich mir viel Zeit. Für mich sind Text und Bild dabei untrennbar miteinander verbunden und beides entsteht parallel in meinem Kopf, gehört zusammen. […] Deshalb mache ich Bücher alleine.

Dann fährt sie fort und formuliert sehr schön das dialogische Verhältnis, das Autoren-Illustratoren und Verleger oder Lektorinnen miteinander führen sollten:

Allerdings brauche ich dann, wenn ich eine Bilderbuchidee umsetze, das Gespräch und den Austausch mit Anderen und deshalb bin ich sehr dankbar, einen Verleger wie Markus Weber gefunden zu haben. […] Es sind deshalb viel eher Bücher aus zwei Köpfen als aus einer Hand. (Damm 2009, 17)

Hans-Joachim Gelberg, Gründer und langjähriger Leiter des Verlags Beltz & Gelberg, hat im Rückblick auf seine Arbeit resümiert:

> *Kinderliteratur gäbe es ohne Bilder nicht. Ein Phänomen, das es in keiner anderen Literatur gibt; dass eine Kunst entsteht, die an der Basis, beim Leser angesiedelt ist. Das geht nicht ins Museum, aber es ist eine ganz große Kunst.* (Gelberg 2019)

Was Illustratoren im KJB an selbstständigen Werken schaffen oder zu Werken anderer Autoren beitragen, ist sehr unterschiedlich: Angefangen mit dem Pappbilderbuch, für die Kleinsten sogar ohne Worte, folgen das Erzählende Bilderbuch, das Sachbilderbuch und das Aktivitätsbuch. Das Sachbuch bietet ein weites Feld an Themen und Gestaltungsmöglichkeiten, wo von der technisch-realistischen Zeichnung bis zum üppig ausgestatteten Schau-Sachbuch viel angeboten wird.

Umschlaggestaltung ist eine spezielle Art von Bildgestaltung. Bei einem Bilderbuch wird üblicherweise der Illustrator auch mit dem Anfertigen eines Umschlagbildes beauftragt, sofern sich nicht sogar ein Innenbild dafür eignet. Bei einem erzählerischen Buch, das im Innenteil nicht illustriert ist, wird oft ein Illustrator gesucht, der ein Umschlagbild liefert. Im Jugendbuch werden häufig Fotos verwendet. Manche Illustratoren sind zugleich Grafikdesigner und können die gesamte Gestaltung einschließlich Typographie liefern. Viele Illustratoren, die mit eigenen Werken hervorgetreten sind, werden auch immer wieder als Umschlaggestalter engagiert, z B. Axel Scheffler, Jutta Bauer oder Rotraut Susanne Berner.

Bei Kinderbüchern ist es gebräuchlich, die Werke nicht mehr ›durchzuillustrieren‹, also keine farbigen, sondern schwarz-weiße oder auch zweifarbige Illustrationen einzusetzen. Im Jugendbuch sind Illustrationen in den Büchern fast nicht mehr existent. Sehr selten stößt man auf Ausnahmen wie z. B. den Jugendroman *43 Gründe, warum es AUS ist* von Daniel Handler. Das Buch enthält 43 ganzseitige farbige Illustrationen von Maira Kalman, auf denen die Erinnerungsstücke aus der Zeit ihrer Beziehung abgebildet sind, die von der Protagonistin in einen Sack gepackt und ihrem Ex-Freund vor die Haustür geknallt werden.

Was Illustratoren über ihre Arbeit denken, dreht sich oft um die Aspekte Text und Bild, Verhältnis Kind und Erwachsener, künstlerische Spontaneität und handwerkliche Sorgfalt, Arbeiten ohne oder mit dem Computer. Die Illustratorin Jutta Bauer kritisiert zu Recht die in vielen Verlagen feststellbare auf das Wort beschränkte Kompetenz. In der ganzen

Buchwelt kommt ihr »der Umgang mit Bildern so viel unentwickelter vor als der mit Worten« (Bauer 2012, 5). Diese Klage hat möglicherweise seither etwas bewirkt, denn das Angebot an exquisiten Bilderbüchern bei vielen deutschsprachigen KJBV hat sich differenziert und erweitert.

Dass in den meisten Lektoraten mit literaturwissenschaftlichem Sachverstand gearbeitet wird, kann man als gegeben annehmen. Lektorinnen, die ihre Arbeit mit Illustratoren auf kunstwissenschaftliche Ausbildung und Expertise stützen und nicht nur auf Geschmacksurteile oder mit dem Seitenblick darauf, was angeblich dem Markt gefällt, sind jedoch eine wohltuende Ausnahme.

Der weltweit bekannte und erfolgreiche Autor-Illustrator Leo Lionni schreibt in seiner Autobiografie:

> *Es wird oft gesagt – und ein wenig zu leichtfertig, wie ich meine –, daß man ein Kind sein muß, um für Kinder zu schreiben, aber das Gegenteil ist wahr. Wenn man für Kinder schreibt, muß man zurücktreten und das Kind aus der Perspektive eines Erwachsenen ansehen.* (Lionni 1998, 445)

Eric Carle, der mit *Die kleine Raupe Nimmersatt* einen seit über 50 Jahren andauernden Welterfolg geschaffen hat, schreibt:

> *Ich halte den Übergang vom Zuhausesein in die Schule für das zweitgrößte Trauma der Kindheit; das erste Trauma ist natürlich die Geburt. In beiden Fällen verlassen wir einen Ort der Wärme und Geborgenheit für etwas Unbekanntes, und das verursacht oft Angst. Mit meinen Büchern möchte ich dieser Angst entgegenwirken und sie durch eine positive Botschaft ersetzen. Ich glaube, dass Kinder von Natur aus kreativ und lernbegierig sind. Ich möchte ihnen zeigen, dass Lernen faszinierend und zugleich vergnüglich ist.*
> (Carle 2019)

Wenn Illustratoren zugleich auch die Erfinder ihrer eigenen Stoffe sind, sind sie autonom darin, mit welchen stilistischen Mitteln sie ihre Geschichten darstellen wollen. Der französische Autor-Illustrator Mario Ramos drückt das so aus:

> *Meine Bilder erzählen die Geschichte ebenso sehr wie der Text. Beim Schaffensprozess wechsle ich unaufhörlich vom Text zur Zeichnung und umgekehrt. Ein Bilderbuch zu erschaffen bedeutet, zu dem Kind zu sprechen, das man war und zu dem Erwachsenen, der man geworden ist.*
> (Ramos 2009, 31)

›Das Lektorat‹ ist so wenig sächlich wie ›das Mädchen‹. Da es kaum männliches Personal in diesen Abteilungen gibt, kann man die diesen Beruf ausübenden Personen am treffendsten Lektorinnen nennen. Die wenigen Männer in der Branche mögen das verzeihen. Ob dieses Ungleichgewicht in jeder Hinsicht eine gute Situation ist, kann man durchaus kontrovers diskutieren; schon deshalb, weil die Hälfte der Zielgruppe aus Jungen besteht.

Also: Lektorin ist ein Traumberuf. Nur wer dauerhaft davon geträumt hat, kann es werden. Niemand wird Lektorin, weil die findige Sachbearbeiterin in der Jobagentur der frisch examinierten Sprach- oder Literaturwissenschaftlerin dazu geraten hat. Nein, Lektorinnen haben schon als kleine Mädchen Bilderbücher, Schneider-, dtv- und Beltz & Gelberg-Titel verschlungen, sie sind später nicht bei Hermann Hesse hängengeblieben, sondern kennen auch die zeitgenössische Literatur, und sie haben sich in den Kopf gesetzt: In dieser Welt wirst du mal arbeiten. Es gibt nicht viele, die dieses Ziel erreichen können – bei nur rund 100 KJBV deutscher Sprache, die Kleinen wie die Riesen eingeschlossen.

Lektorin ist ein Traumberuf, doch zu den Träumen gehören manchmal auch die Albträume. Wenn ein Buch ein großer Erfolg wird, hat der Autor Großes geleistet. Wenn ein Buch scheitert, kann es in der verlagsinternen Debatte durchaus so herauskommen, dass die Lektorin ›schuld‹ war; sie hätte das Werk eben doch erheblich kürzen sollen; die Umschlaggestaltung war kontraproduktiv; der Ladenpreis war zu hoch; das Buch hätte nicht im selben Programm wie der Titel XY erscheinen sollen und so weiter. Und was wird Lektorinnen von Kritikerseite nicht alles an den Kopf geworfen! Man verwechselt sie mit dem Korrektor. Oder es wird die Scheinfrage gestellt: Hat der Verlag denn kein Lektorat? Und falls ja, warum hat es nicht stärker eingegriffen? Oder man tadelt sie dafür, dass sie den Autor zu diesem oder jenem genötigt haben sollen.

Jede gute Lektorin hat großen Respekt vor der Autorin oder dem Autor und deren Werk. Aus genau diesem Verständnis heraus formuliert sie auch ihre wohlüberlegte Kritik. Sie will sich damit nicht an Stelle des Kreativen setzen. Wenn sie kritisiert, dann um das Werk zu verbessern.

Manche Lektorinnen schreiben gern ausführliche Briefe (oder E-Mails), andere sind Telefonier-Virtuosen, wieder andere regeln vieles im Gespräch mit persönlichem Gegenüber. Manche Lektorinnen geben sich verständnisvoll, sind aber auf sanfte Art hartnäckig, wenn nicht sogar unerbittlich. Andere tun eher abweisend bis knallhart, hören aber genau hin, und sind auf überraschende Weise entgegenkommend.

Gute Lektorinnen lesen gern und viel, lieben den Umgang mit der Sprache, sind an KJB anderer Zeiten, Verlage und Autoren, an Belletristik, an Menschen, an Kunst und an der Welt interessiert. Gute KJB-Lektorinnen haben obendrein aus ihrer Bilderbuch-, Schneider-, dtv- und Beltz & Gelberg-Lektüre gelernt, dass sie den heutigen Kindern und Jugendlichen nicht in nachholender Weise das anbieten müssen, was sie selbst damals möglicherweise nicht bekommen haben. Denn sie konnten als Kinder schon den so notwendigen Mix aus Weglesefutter und ausgezeichneter Kinder- und Jugendliteratur lesen.

Und beide, Autor wie Lektorin, wissen es, wollen es nicht wahrhaben und erfahren es doch immer wieder: dass gute Bücher untergehen und dass miese Bücher gigantische Erfolge feiern. Am schönsten ist es natürlich, wenn gute Bucher sich auch gut verkaufen; auch das gibt es. Und eben deshalb sollte man nie aufhören, aus guten Ideen gute Bücher zu machen und ›Mist‹ zu ignorieren. Damit muss und kann man leben.

Wenn ein Verlag durch wirtschaftlich schwierige Zeiten geht, kann es vorkommen, dass – wie in jedem Unternehmen – Stellen eingespart werden. Wenn weniger Neuheiten erscheinen sollen, kann das auch das Lektorat betreffen. Nicht förderlich ist es jedoch, falls in einer solchen Situation Sätze dieser Art unwidersprochen bleiben: »Werden wir auch nur 1 Exemplar mehr verkaufen, wenn wir weniger intensiv lektorieren?« Lektoratsarbeit ist unersetzlich – auch in schlechten Zeiten und auch bei guten Manuskripten. Niemand kommt ums Leben, wenn ein Roman unplausibel strukturiert und schlampig geschrieben ist – außer gegebenenfalls der Roman selbst.

Die Triumphe der Lektorinnen sind meist ebenso still und verborgen wie ihre Niederlagen. Da die Lebens-Luft, -Lust und -Last einer guten Lektorin die Nähe zu den Autoren ist, die Faszination der aktiven Teilnahme an der Buchgenese und der Genuss des fertigen Meisterwerks, kommt sie innerlich meist damit klar, wenn sie den öffentlichen Beifall (oder Tadel) nur in der Kulisse oder im Zuschauerraum mithört und den Autor auf der Bühne strahlen (oder greinen) sieht. Die Autorin und Übersetzerin Mirjam Pressler hat einmal bei der Verleihung des Deutschen Buchpreises in Leipzig ihrem langjährigen persönlichen Lektor Frank Griesheimer (voilà: ein Mann) öffentlich gedankt. Das kam von Herzen, und das war über den Fall hinaus bedeutsam, weil es andere Autoren auf die Idee gebracht hat: Das könnte ich eigentlich auch mal tun.

Manche Verleger, manche Autoren bekommen irgendwann einmal das Bundesverdienstkreuz oder andere Auszeichnungen – in Ordnung; doch der ›Goldene Griffel‹ oder etwas Ähnliches für die beste Lektorin ist noch nicht erfunden worden. Die amerikanische Autorin Sandra Boynton hat sie einmal treffend als »unsung heroes and heroines of book publishing« bezeichnet (Boynton 1986).

In vielen KJBV sind Lektorinnen die menschliche Schaltzentrale. Wenn man den Nimbus des Berufs beiseitelässt, kann man nüchtern feststellen: Lektorinnen sind auch ›Produkt- oder Projekt-Manager‹. Wenn man vom banalen Allerwelts-Beigeschmack des Begriffs ›Produkt‹ absieht und den je nach Ansicht unterschiedlich aufgeladenen Begriff ›Manager‹ rein funktional sieht, könnte man es freundlicher mit ›Meisterin des Buches‹ übersetzen. So eine ›Macherin‹ kümmert sich darum, dass aus der Idee ein Manuskript wird, aus dem Manuskript ein Buch, und aus dem Buch ein Erfolg. Das erledigt sich keineswegs durch bloße Lektüre und eine Unterschrift am Ende.

Es gibt angestellte und freie Lektorinnen. Eine übliche Laufbahn führt über befristete Jobs als Praktikantin, Volontärin, Elternzeit- oder Urlaubsvertretung, Lektoratsassistentin, manchmal noch über die Junior-Lektorin zur ersten Lektorinnen-Stelle. Auch die ist häufig zunächst auf ein oder zwei Jahre befristet. Der oft lange Weg bis zur festen Stelle dürfte ein weiterer Grund dafür sein, warum nur wirklich von diesem Beruf beseelte Menschen ihn schließlich dauerhaft ergreifen. Während Praktikanten-Stellen meist nur für ein bis drei Monate besetzt und selten bezahlt werden, sollte eine Stelle als Volontärin oder Lektoratsassistentin von einem Ausbildungsplan samt einem Mentor begleitet sein.

Bevor man als freie Lektorin arbeitet, ist es hilfreich, zuvor einige Jahre in der ›Verlagsmühle‹ verbracht zu haben, damit man weiß und nachempfinden kann, wie die Kolleginnen am anderen Ende der Telefonleitung oder auf der anderen Seite des Schreibtischs ticken und welchen Gegebenheiten im Verlag sie sich stellen müssen (siehe Kap. 6.5). Es lässt sich unendlich darüber streiten, ob das Lektorat ein Kostenfaktor oder ein Kostensparer ist. Gute Lektorinnen kosten Geld (obwohl sie oft wenig verdienen); dafür können sie – wenn die Abläufe optimal organisiert sind – dem Verlag eine Vielzahl von Kosten ersparen. Vor allem aber sind sie kostbar.

Desk Editor, Copy Editor, Acquisition Editor Es gibt keine gebräuchlichen deutschen Ausdrücke für diese unterschiedlichen Pole der

Lektoratsarbeit. In großen angelsächsischen Verlagen ist diese Arbeitsteilung gang und gäbe, hierzulande eher selten. Die eine Funktion spielt sich überwiegend im Verlag ab, am besten an einem ruhigen Arbeitsplatz und nicht in einem wirbeligen Großraumbüro, die andere erfordert viele Außenkontakte, z.B. Messebesuche.

Ein Desk Editor sitzt an einer Schaltstelle im Verlag. Ein Copy Editor ist fokussiert auf die Arbeit am Text; manche ziehen sich für diese Arbeit an den heimischen Schreibtisch oder einen anderen ruhigen Arbeitsplatz zurück. Sie bzw. er sitzt überwiegend am Schreibtisch und sorgt sich darum, dass aus einem guten Text ein sehr guter, fehlerfreier, durchgeprüfter Text wird, der das Anliegen des Autors optimal zum Ausdruck bringt und schließlich so gut wie fehlerfrei in den Herstellungsprozess gegeben werden kann. Der Schreibtisch kann auch der des Autors sein, wenn die Lektorin für ein paar Tage den Autor besucht und vor Ort mit ihm die vorläufige Endfassung des Manuskripts erarbeitet.

Diese intensive Textarbeit ist dazu prädestiniert, an freie Lektoren delegiert zu werden. Zum einen, weil es sich hierbei um einen klar definierten Arbeitsauftrag handelt. Zum andern, weil die freie Lektorin über ihre Zeit autonom verfügen und sich ungestört von den üblichen Abläufen im Verlag auf die Textbearbeitung konzentrieren kann. Das setzt allerdings ein großes Vertrauensverhältnis zwischen Verlag und freier Lektorin voraus: Der Verlag kennt die Fähigkeiten der freien Lektorin wie auch ihr Verhältnis zum Autor – der freien Lektorin sind die Qualitätsmaßstäbe des Verlags vertraut und sie teilt sie. Wenn dem nicht so wäre, wenn also eine angestellte Lektorin die Arbeit ihrer freien Kollegin noch einmal überprüfen müsste, wäre wenig gewonnen.

FREIE MITARBEITER Selbstständige Arbeitskräfte, die Aufträge aufgrund von Werkverträgen i.d.R. persönlich ausführen. Die freiberufliche Tätigkeit muss beim Finanzamt angemeldet werden, unterliegt jedoch nicht der Gewerbesteuer. Freiberufler müssen darauf achten, dass sie nicht als ›scheinselbstständig‹ eingestuft werden; dies ist immer der Fall, wenn sie exklusiv für einen Arbeitgeber arbeiten.

Ein Acquisition Editor kümmert sich um das Finden, die Auswahl, die interne Präsentation und schließlich den Einkauf eines Manuskripts. Das kann sich beim Autor direkt abspielen oder über eine literarische Agentur bzw. einen lizenzgebenden ausländischen Verlag laufen. Eine solche Lektorin ist also eher nach außen orientiert, pflegt Kontakte zu den Agenturen und zu ausländischen Verlagen. Wenn sie ein Manuskript bzw. einen Lizenztitel gefunden hat, das bzw. den ihr Verlag schließlich akquirieren möchte, muss sie sich um ein Angebot kümmern; und dies ggf. nachbessern, falls Mitbewerber ebenfalls hinter diesem Werk her sind.

Vor dem endgültigen Vertragsangebot wird häufig eine Vorkalkulation erstellt, bei der die Kosten des Projekts den möglichen Erträgen gegenübergestellt werden, also die Risiken gegen die Chancen abgewogen werden. Erst wenn die Verlagsleitung hier grünes Licht gegeben hat, kann der Einkauf erfolgen. Nach erfolgreicher Akquisition wird das Projekt einem Copy Editor übergeben. Zur Freude vieler Lektorinnen sind in deutschsprachigen Verlagen üblicherweise beide Funktionen in einer Lektoratsposition vereint – das sorgt für Abwechslung, macht die Arbeit interessanter, und man hat die Chance, aus dem Manuskript, das man für den Verlag erworben hat, auch selbst ein Buch zu machen.

Assistentinnen Wenn das Personal eines Verlags eine gewisse Größe erreicht hat, so etwa ab fünf Personen, braucht es an der Seite jeder guten Verlagsleitung, in der Mitte jedes guten Lektorats eine Person, bei der die offiziellen und die informellen Steuerseile des Unternehmens zusammenlaufen. Allzu oft findet man die Fehlkonstruktion vor, dass man

Kleiner Exkurs zum Thema Arbeitszeit

Das Fremdwort ›Lektor‹ bedeutet ja ›Leser‹. Die Vorstellung, die angestellten Lektorinnen würden ihren Büro-Alltag mit Lesen verbringen, ist allerdings unrealistisch. Gewiss müssen (und wollen) Lektorinnen viel, sehr viel lesen. Dafür ist aber im Verlagsalltag wenig bis keine Zeit. Da Lesen sich nicht durch irgendwelche anderen Methoden, sich mit Texten vertraut zu machen, ersetzen lässt, bleiben dafür die Freizeit, die Abende, die Wochenenden, mitunter auch die Ferien oder der Weg zum Verlag in öffentlichen Verkehrsmitteln. Lektorinnen sind (wie Ärzte) immer im Dienst; sie müssen (erst recht im Notfall) helfen. Dennoch sind sie ganz normale Arbeitnehmerinnen, und die allermeisten Arbeitsverträge legen eine Regelarbeitszeit fest, egal ob Vollzeit- oder Teilzeitstelle.

Wenn Lektorinnen Mütter werden, wird oft nach Ablauf der Elternzeit die Option gewählt, erst einmal in Teilzeit weiterzuarbeiten, wobei Home-Office Teil einer solchen Vereinbarung sein kann. Seit die Arbeitsgesetze dahingehend geändert wurden, dass auch Väter in Elternzeit gehen können, und weil die Verlagsmenschen meistens eher fortschrittlich denken, gibt es auch zunehmend männliche Verlagsmitarbeiter, die in Teilzeit gehen und sich für eine Phase um ihre Kinder zu Hause kümmern. Teilzeit-Stellen haben Vor- und Nachteile; manche Koordination wird aufwändiger, aber sie ermöglicht z. B. Kontinuität in der Arbeit mit Autoren. Die Erfahrungen, die Verlage und Lektorinnen während des Shut-Downs in der Corona-Pandemie machen mussten, hat manche Vorgesetzten von ihrer bisher etwas dogmatischen Ablehnung von Heimarbeitstagen für Lektorinnen abrücken lassen. Das durch die äußeren Bedingungen erzwungene Home-Office hat überraschend gut geklappt.

das organisatorische Management Personen überlässt, die das als eher lästige Durchgangsposition auf dem Weg zur Lektorin verstehen. Das ist weder für diese Person noch für den Verlag eine gute Lösung. Denn man braucht in der Mitte des Lektorats eine Person, die das Organisieren versteht und liebt; die weiß, wann der Autor X Geburtstag hat und dass man ihn keinesfalls vor 14 Uhr anrufen darf; die nicht jede Kleinigkeit sofort zur Chefin durchstellt; die an Termine erinnert; die mit der traurigen Lektorin einen Kaffee trinken geht, wenn es ihr nicht gut geht usw. Eine solche ›gute Seele‹, die den menschlichen Durchblick hat und sich nicht zu schade ist, um noch nach Feierabend 250 Kopien für eine Autorin durch den Kopierer zu jagen und auf dem Nachhauseweg in den Briefkasten zu werfen. Die Assistentinnen organisieren den Hintergrund dafür, dass die Kreativen kreativ sein können. Auch sie gehören zu den unverzichtbaren, viel zu wenig besungenen Heldinnen des Verlagsalltags.

Gestalter

Alle gestaltenden Berufe sehen sich vor die gleiche Grundaufgabe gestellt: Was mache ich aus dieser rechteckigen Fläche, die leer vor mir liegt? Egal ob man zeichnet, malt, fotografiert, kollagiert, beschriftet, einen Text setzt – man muss gestalten, also eine Form finden.

Die Buchhersteller haben die Aufgabe, sowohl den ›Kern‹ des Buches (also Text bzw. Text mit Illustration) als auch die ›Verpackung‹ (den Bucheinband) zu gestalten. Man könnte auch sagen, sie müssen das Werk so aufbereiten, dass es vervielfältigt werden kann – sei es als gedrucktes Buch oder als E-Book. Am Ende der ersten Phase ihrer Arbeit liefert die Herstellung eine Datei mit druckfertigen Daten an die Druckerei.

Für den Buchinhalt wird das fertig redigierte Manuskript (und ggf. die Abbildungen) aus dem Lektorat, für den Einband ein Gestaltungsentwurf benötigt, den häufig ein freier Gestalter oder ein Designbüro beisteuert. Manche Hersteller sind auch so kreativ, dass sie das selbst übernehmen.

Bei einer Originalausgabe muss über das Wie des geplanten Buches entschieden werden: Buchformat, Satzspiegel, Schriftart und -größe, Papier, Einbandkarton, Bindeart, Schutzumschlag oder nicht. Das Können oder sogar die Kunst liegt darin, die ästhetischen, funktionalen und finanziellen Kriterien miteinander vereinbar zu machen. Ein edles und teures Papier wäre schön – aber passt der Kostenfaktor dafür bei festgesetztem Ladenpreis in den Kalkulationsrahmen? Die Druckerei A bietet einen deutlich günstigeren Preis als die Druckerei B, aber B ist bekannt für seine unbedingte Zuverlässigkeit.

Einer der ersten Schritte ist der Satz, also die Umwandlung des Manuskripts in eine Satzdatei. Dies kann im eigenen Haus erfolgen, wenn die Herstellung über die nötige Qualifikation und Computer mit geeigneten Programmen verfügt, oder als Auftrag an einen Satzbetrieb nach außen vergeben werden. Manche Hersteller machen das am liebsten (unter Umständen auch am besten) selbst, aber der Arbeitsanfall und vor allem dessen Unregelmäßigkeit lassen es oft ratsam erscheinen, hierfür gute Arbeitsbeziehungen zu Partnerbetrieben zu unterhalten.

Nach einer Vorkalkulation werden die Höhe der Erstauflage, der Ladenpreis und der Erscheinungstermin festgelegt. Solche Prozesse laufen in jedem Verlag je nach Größe und unternehmerischem Konzept unterschiedlich ab, sinnvollerweise werden die Entscheidungen in Abstimmung mit Verlagsleitung, Vertrieb, kaufmännischer Abteilung und Lektorat getroffen, z. B. auf einer Programmkonferenz.

Die Herstellung arbeitet an der Schnittstelle des gestalterischen mit dem technischen Produktionsprozess. Es hängt einerseits von der Organisation und Größe des Verlags ab, andererseits von der individuellen Qualifikation, ob und an welchen Stellen der Hersteller selbst kreativ tätig wird. Zwei komplexe Gestaltungsaufgaben werden häufig an freie Fachleute vergeben, weil sie als Arbeitsschritt gut definierbar und delegierbar sind, wobei die Verantwortlichkeit dafür beim Verlagshersteller verbleibt: die Buchgestaltung bzw. das Layout, sowie die Gestaltung von Einband, auch Umschlag oder Cover genannt.

Buchgestalter werden insbesondere dann benötigt, wenn ein Werk nicht nur aus fortlaufendem Text besteht, sondern illustriert und stark gegliedert ist sowie mit verschiedenen Textarten und -ebenen arbeitet. Dafür muss ein Gestaltungsprinzip gefunden werden. Der bekannte Buchgestalter Rainer Groothuis kann die Aufgabe, die er mit seiner Agentur zu lösen anbietet, mit einer knappen Frage auf den Punkt bringen: »Sie suchen Form für Inhalt, also Gestaltung?« (Groothuis 2020, 3). Rainer Groothuis offeriert darüber hinaus mit seiner *Gesellschaft der Ideen und Passionen für Kommunikation und Medien, Marketing und Gestaltung* Mitarbeit an bei allen Aufgaben, die zur Inszenierung eines Buches gehören, insbesondere auch bei der Umschlaggestaltung.

Umschlagdesigner haben die anspruchsvolle Aufgabe, mit ihrem Entwurf dem Publikum ein Buch vorzustellen und dafür Aufmerksamkeit, Interesse, Neugier zu erzeugen. Bevor aber im Verlag die Freigabe für eine bestimmte Gestaltung erfolgt ist, sind möglicherweise viele Entwürfe im Papierkorb gelandet. Denn man muss sich klarmachen, dass die Reaktion auf eine bildnerische Gestaltung, die mit einem Blick zu erfassen ist, sich bei jedem Menschen spontan und unwillkürlich bildet, und das ist nicht unbedingt ein rationaler Vorgang. Anders als in einer Buchhandlung, wo man die Blicke schweifen lässt und nur an den Titeln hängenbleibt, die einen ansprechen, ist man hier gezwungen, ebendiesen einen Titel genau anzuschauen – und zu einem Urteil zu kommen: Sendet es die richtigen Signale über das Buch? Zieht es die Blicke an? Rainer Groothuis schildert seine eigene Erfahrung mit diesem Thema in seinem launigen Buch *Papperlapapp*.

> *Kaum etwas erhitzt engagierte Verlagsgemüter regelmäßig so sehr wie die halbjährliche Diskussion um die neuen Umschläge. Quer durch die Abteilungen: Jeder hat eine profunde Meinung, jeder einen guten Geschmack, viele reden mit und nur wenige treffen die klare Entscheidung. […] Die Rettung liegt kaum je im Mittelmaß einer Gruppenmeinung: So entsteht oft nur der gemeinsame Nenner, konfliktfrei und allerliebst.* (Groothuis 2004, 5)

Ähnlich, wie bei literarischen Auszeichnungen die Ästhetik oder die besondere Eignung für die Zielgruppe bedacht werden, kann auch die gestalterische und herstellerische Qualität eines Buches prämiert werden. Die Stiftung Buchkunst zeichnet alljährlich in den verschiedenen Buchkategorien *Die schönsten deutschen Bücher* aus; dabei geht es nicht um künstlerische Werke, die abgehobenen Ansprüchen genügen, sondern um ›Gebrauchsbücher‹. Eine unabhängige Jury bewertet nach folgenden Kriterien: Konzeption, grafische Gestaltung, Typografie, Satz, Bild, Papier, Druck und buchbinderische Verarbeitung.

Martin Mosch (Buchgestalter, Typografielehrer, Autor und Jurymitglied) erläutert, wie ein Buch in die nähere Auswahl kommt:

> *Ein schönes Buch muss stimmig sein. Außen und innen dürfen nicht getrennt voneinander, sondern im selben Duktus durchgestaltet sein. Und ganz wichtig: Die Gestaltung sollte auch wirklich dem Inhalt gerecht werden. Ein guter Buchgestalter muss für einen spezifischen Inhalt die richtige grafische Sprache finden – und sie auch über ein komplexes Werk durchhalten.* (www. stiftung-buchkunst.de)

Im Bereich KJB ist 2020 das Jugendbuch *Wie der Wahnsinn mir die Welt erklärte* von Dita Zipfel mit den Illustrationen von Rán Flygenring ausgezeichnet worden – ein Buch, das auch den Deutschen Jugendliteraturpreis und weitere Auszeichnungen gewonnen hat (siehe Kap. 5.1). Wenn sowohl die Geschichte als auch ihre Gestaltung belobigt werden, ist das ein schönes Beispiel dafür, wie Form und Inhalt gleichermaßen gelungen sind.

Buchhersteller kann man auf verschiedenen Wegen werden; als Ausbildung bietet sich eine Lehre als Mediengestalter an. Buchherstellung kann man auch studieren, u.a. an der Hochschule für Technik, Wirtschaft, Kultur in Leipzig und an der Hochschule der Medien in Stuttgart. Die Kunsthochschule Burg Giebichenstein in Halle ist die einzige in Deutschland, die Buchgestaltung als künstlerische Disziplin lehrt. Auch Grafik-Designer bringen ebenfalls gute Voraussetzungen für diesen Beruf mit.

4.3 Die Kommunikativen

Was bedeutet kommunikativ? Erklären und vermitteln; Menschen miteinander in Verbindung bringen; Aufmerksamkeit und Interesse wecken; Besonderheiten herausfinden und darstellen. Die im Folgenden beschriebenen Verlagsfunktionen sind nicht unbedingt identisch mit der Abteilungs-Struktur eines jeden Verlags. Mal gehört das #Marketing zum Vertrieb, mal ist der Vertrieb dem Marketing zugeordnet; hier gehört die Presseabteilung zur Programmleitung, dort zum Marketing, mal ist sie eine eigene Abteilung. Marketing wird hier als das Gesamtkonzept dafür verstanden, wie ein Buch vermarktet wird.

Ein solches Konzept verlangt: Produktbeschreibung, Zielgruppenbenennung, besondere Eigenschaften und Merkmale, Platzierung im Umfeld etwaiger Konkurrenzbücher, Rolle des Autors, Bedeutung des Themas, Ideen für PR-, Presse-, Veranstaltungs- und Medienarbeit, Online-Präsenz. Die gesamte Klaviatur des Marketings, bei der alle Abteilungen ihren Beitrag leisten, kommt meist nur bei Spitzentiteln zum Einsatz. Der Zuschnitt von Abteilungen, die Zuständigkeiten gemäß einem Organigramm und vor allem die Verantwortlichkeit für Etats können die Wirksamkeit des Marketings befördern oder behindern.

Der Begründer der modernen Marketing-Theorie, der US-amerikanische Wirtschaftswissenschaftler Philip Kotler, hat das so zusammengefasst: »Jedes Unternehmen muß sich ständig vergegenwärtigen, daß nicht kurzfristige Umsatzziffern, sondern langfristige Gewinne das A und O des Weiterbestandes sind. Langfristige Gewinne lassen sich nicht durch harte Verkaufstaktiken, sondern nur durch gesundes, kundenorientiertes Marketing erreichen, das echte Werte und langfristige Kundenzufriedenheit erzeugt.« (Kotler 1989, 15). In diesem Zusammenhang ist auch das Kundenzufriedenheits-Modell von Noriaki Kano zu sehen, der Basis-, Leistungs- und Begeisterungsfaktoren unterscheidet (Huse 2017, 16f).

Marketing-Experten Gute Marketing-Leute sind wie Zauberer. Zauberer erzeugen eine Illusion, die ihre Zuschauer fasziniert, in einen Zustand freudigen Erstaunens versetzt – wobei sie verbergen, wie sie es machen. Zauberer arbeiten nicht mit übernatürlichen Kräften, sie erzeugen ihre Wirkung, weil sie handwerklich sehr geschickt sind. Und eins ist ganz wichtig: Sie verraten nie, wie sie es machen – das würde den Zauber zerstören. Marketing-Denken hat Philip Kotler so auf den Punkt gebracht: »Die Organisationen müssen ihre Produkte, Dienstleistungen, Preise, Kommunikationen und ihre Distribution so festlegen, daß echte Käuferbedürfnisse befriedigt werden. Diesen Weg zu finden ist Aufgabe des Marketing.« (Kotler 1989, 16). Es geht also um einen schlagkräftigen Marketing-Mix, um eine aufeinander abgestimmte Produkt-, Distributions-, Kommunikations- und Preispolitik für einzelne Bücher oder Reihen. Das hört sich bedeutend nüchterner an als Zauberei, beschreibt aber etwas ganz Ähnliches: Die Wirkung ist das Entscheidende.

PUSH- UND PULL-MARKETING Im Fokus der Push-Strategie steht der Händler, der das Produkt an die Konsumenten weiterverkaufen soll; die Ware wird in den Handel hineingedrückt. Das Pull-Marketing hingegen bezweckt, das Käuferpublikum in die Läden der Einzelhändler oder deren Webshops hineinzuziehen. Bei Kampagnen für Bestseller und Markenartikel greifen beide Marketingmethoden ineinander über. Da das Pull-Marketing bedeutend kostenintensiver ist, beschränken sich KJBV mehrheitlich auf einen guten Kontakt zu ihren Händlern.

In einer anderen Hinsicht unterscheiden sich die Arbeitsweisen von Zauberern und Marketing-Leuten: Sie sind Team-Arbeiter. Sie legen einen gemeinsamen roten Faden durch Lektorat, Vertrieb, Presse und Werbung. Nur wenn alle gemeinsam daran ziehen, kommt die Marketing-Arbeit zur Entfaltung. Marketing ist mehr als eine vordergründige Form von Verkaufsförderung. Ein nicht wirklich überzeugendes Buch wird auch durch die schönste Marketing-Kampagne nicht zu einem großen Erfolg werden. Und umgekehrt wäre es schade, wenn das Potenzial eines Buches durch eine falsch angelegte Marketing-Kampagne ›vergeigt‹ würde.

Pressereferenten »Tue Gutes und rede darüber« ist ein klassischer Satz, der zusammenfasst, was bei Presse/PR = Public Relations/Öffentlichkeitsarbeit geleistet werden soll. Es reicht eben nicht aus, gute Bücher zu verlegen – wenn dies von niemandem bemerkt wird. Andersherum gilt aber auch: Nur wenn wirklich etwas Gutes getan wurde (wenn diese Bücher ihre Qualitäten haben), kann man auch gut darüber reden.

Während es bei der Pressearbeit darum geht, Rezensenten auf bestimmte Bücher aufmerksam zu machen, ist die PR auf das Wecken von Interesse für den gesamten Verlag ausgerichtet. Das entscheidende Stichwort ist ›Aufmerksamkeit‹. Die kann man kurzfristig gewinnen durch Lautstärke; aber auf Dauer ist das nicht das beste Mittel. Bei der Kommunikation zwischen Menschen ist große Lautstärke eher ein Anzeichen für Streit, es sei denn, man lacht miteinander. Georg Franck hat herausgearbeitet, dass wir im ›Informationszeitalter‹ leben, in dem »nicht der überwältigende Nutzen der Information, sondern ihre nicht mehr zu bewältigende Flut« charakteristisch sei. (Franck 1998, 49). »Die Aufmerksamkeit ist einerseits zum wichtigsten Faktor der Geldwert schöpfenden Produktion geworden. Diese Produktion hat andererseits ein Aktivitätsniveau erreicht, auf dem im Verkauf nichts mehr ohne die Umwerbung der kaufentscheidenden Aufmerksamkeit geht.« (Franck 1998, 64). Sein philosophischer Entwurf hatte nicht die Intention, speziell den Buchmarkt zu beschreiben; aber da auch die ca. 8.000 KJB-Neuheiten pro Jahr eindeutig eine nicht durch Nachfrage abgesicherte Überproduktion darstellen, lässt sich seine Theorie hier anwenden.

Die Mitarbeiter der Presseabteilung, ob sie nun Leiterin, Referentin, Assistentin sind oder eine der begehrten Volontariatsstellen ergattert haben, sollten Menschen von extrovertiertem Charakter sein. Ihre Ausstrahlung sollte sich etwa so anfühlen: »Ich freue mich, dass ich Dir etwas mitteilen kann, das Dich interessieren wird.« Wenn wir ein Stück Kuchen mit jemandem teilen, dem diese Sorte schmeckt, mag das zwar für gute Stimmung sorgen, aber der Kuchen wird dadurch nicht größer. Wenn wir ein Stück Information mit jemandem teilen, der sich dafür interessiert, erhöht die Information ihren Wert. Denn der Gesprächspartner reagiert darauf: erfreut, ablehnend oder gleichgültig – in vielen Zwischenvarianten. Jede Reaktion fügt der vorhandenen Information eine weitere Information hinzu, das gilt übrigens auch für eine Nicht-Reaktion. Dazu hat der berühmte Psychologe und Philosoph Paul Watzlawick den Satz geprägt: »Man kann nicht nicht kommunizieren.«

Insbesondere zwei Fähigkeiten sollte man beherrschen: Prägnante Informationen formulieren, die sich mit gleichlautendem Inhalt an viele Personen richten; so etwas muss es gelegentlich geben: Personalmeldungen, Nachrichten über gewonnene Auszeichnungen, Hinweise auf Radio- oder TV-Sendungen und dergleichen. Auch wenn es klare Merkregeln dafür gibt (Wer? Was? Wo? Wann? Wie? Warum? Woher?), sollte man seine Texte so formulieren, dass sie sich nicht lesen wie Verwaltungserlasse. Es lohnt sich, die Kunst des persönlichen Anschreibens zu praktizieren, sei es als E-Mail, als Brief auf Papier oder ggf. auch mal ein handschriftlicher Gruß.

Die Königsdisziplin ist der individuelle Umgang mit persönlich bekannten Medienvertretern. Diese Kontakte muss man sich erarbeiten und pflegen, und dann sind sie wertvoll, weil sie für beide Seiten fruchtbar sind. Wem es gelingt, die zuständige Zeitungs-Redakteurin zu einem Mittagessen in der Nähe ihres Arbeitsplatzes einzuladen, hat eine Stunde persönliche Aufmerksamkeit sicher. Wenn man allerdings wissen könnte, dass sie niemals mittags zu essen pflegt, wäre ein Arbeitsfrühstück, ein Kaffeestündchen, ein Spaziergang im Park oder ein Treffen zum Sundowner die bessere Wahl. Bei einer solchen Gelegenheit kann man auch mal informell sprechen, Hintergründe darstellen, die nicht jeder erfährt, vielleicht ein Interview mit dem Autor anbieten.

Event- und Veranstaltungs-Manager Bücher trifft man in jeder Buchhandlung, Autoren nur, wenn sie auftreten. Es entsteht eine individuelle Verbindung zwischen Buch und Leser, wenn sich der Autor persönlich dazwischenschaltet, wenn er anwesend und ansprechbar ist und sogar das Buch noch mit ›Für Claudia/Claudius‹ signiert. Es ist wie der Unterschied zwischen einem Live-Konzert und CD-Hören. Kinderbuchautoren legen andere Auftritte hin als Jugendbuchautoren. Ein Jugendbuchautor kann spannende Passagen vorlesen, er kann etwas über den Hintergrund der Geschichte berichten, wie er auf das Thema gekommen ist, über sein Leben reden. Kinderbuchautoren setzen eher auf Kurzweiligkeit, Lacher und Interaktion.

In der Buchhandlung geht es anders zu als in der Schule, in der Bibliothek oder im Theatersaal. Jugendliche verehren manche Autoren wie Fans ihre Stars; das kann man bei Autoren wie Cornelia Funke oder John Green erleben. Andere gehen mit der Haltung à la ›Was will denn der Bücherheini mir erzählen?!‹ in die Veranstaltung – und sind mitunter bass erstaunt, wie stark sie sich von einem Autor wie Manfred Theisen angesprochen fühlen. KJB-Autoren werden gern für ganze Buchwochen engagiert, die dann in einer bestimmten Region stattfinden, oft organisiert von Landes-Bibliotheksstellen.

Wenn eine Neuerscheinung in einer Reihe von Veranstaltungen vom Autor selbst vorgestellt wird, spricht man von einer Lesereise, auf die mitunter eine Mitarbeiterin der Presseabteilung den Autor begleitet. Hier braucht es eine Kombination von Fingerspitzengefühl und umsichtigem Pragmatismus: die Ideen dafür zu entwickeln (für welches Buch gibt es überhaupt Veranstaltungen, und wenn ja, welche?), für lesefreudige Autoren geeignete Veranstaltungsorte und -partner zu finden, eine angenehme Hotelunterkunft zu besorgen, bis hin zum Glas Wasser und dem kabellosen Mikrofon. Wenn alles klappt, sind Autor, Veranstalter, Publikum und Verlag zufrieden. Wenn nicht, hat es das Veranstaltungs-Management versiebt. Auch hier arbeiten ›unbesungene Heldinnen und Helden‹ des Buchgeschäfts.

Werbe-Fachleute Werbung ist die Umsetzung der Marketing-Ideen in konkrete Aktionen wie Anzeigen (Fachpresse und/oder Publikum), Folder, Gimmicks, Leseproben, Postkarten, Plakate, Katalogbeteiligungen. Im Unterschied zur Pressearbeit darf man bei der Werbung durchaus auf die Pauke hauen. Hemmungslos wird das eigene Buch als das Nonplusultra herausgestellt – natürlich nicht platt, aufdringlich oder sonstwie stillos, aber deutlich. Werbung soll Aufmerksamkeit auf das Buch lenken und dann emotionale Zuneigung erzeugen. »Vernunft hat noch niemanden verführt« konnte man auf Werbeplakaten für einen schnittigen Mercedes lesen. Es gibt sicher Buchbereiche, in denen die Ratio das beherrschende Element auch werblicher Kommunikation sein muss (Jura, Wissenschaft); aber wer zum Kauf bzw. zur Lektüre eines bestimmten Kinderbuchs verlocken will, kann dafür nicht eine nüchterne Notwendigkeit bemühen.

Die Werbung im Buchmarkt dürfte das am meisten überschätzte Glied in der Vermittlungs-Kette vom Autor zum Leser sein. Wenn Werbung Wirkung zeitigen (und nicht nur Autoren-Zufriedenheit erzeugen) soll, muss sie massiv, dauerhaft und glaubhaft sein. Bei den wenigsten Büchern stehen die Kosten dafür in einem vernünftigen Verhältnis zu den Ergebnissen. Was daher fast ausschließlich stattfindet, ist Handels-Werbung. Der Verlag spricht seine Handels-Kunden an, um sie dafür einzunehmen, dass sie seine Bücher den potenziellen Käufern in der Buchhandlung gut präsentieren.

Zugleich ist der Werbeetat einer der ersten Kostenblöcke, die infrage gestellt werden, wenn ein Verlag auf die Ausgabenbremse treten muss; diese Kosten sind recht gut planbar – die Auswirkung auf die Absatzzahlen dagegen ungewiss. Die Vorgehensweisen, was in einen Etat für Werbungskosten aufgenommen und wie dieser gegliedert wird, sind so unterschiedlich wie die Verlage selbst. Budgetiert werden müssen die Ausgaben für Handelswerbung (Vorschauen, Werbekostenzuschüsse, Anzeigen in Fachblättern, Verkaufsförderung), Endverbraucherwerbung (Prospekte, Anzeigen in Publikumsmedien), Online-Auftritte sowie Messen/Ausstellungen.

Es ist erstaunlich, wie wenig einfallsreich oft für KJB (und Bücher überhaupt) geworben wird – immer eingedenk der Einschränkung, dass nicht bei Buchkäufern und Lesern geworben wird, sondern bei Buchhändlern. Sprüche wie ›Das wird Ihr Umsatzbringer Nr. 1‹ oder ›Ein Thriller der besonderen Art‹ oder ›Unsere aktuellen Highlights‹ oder ›Ihre Umsatzgaranten‹ oder ›Topseller für jedes Sortiment‹ sollen markig klingen, sind aber lediglich tausendmal gelesene Plattitüden.

Internet-Spezialisten Das Internet hat ganz neue Möglichkeiten für das Erzeugen von Aufmerksamkeit für Bücher geschaffen. Verlage, Autoren, Illustratoren, Verbände, Zeitschriften, Medienanstalten, Blogger – jeder kann auf sich und auf andere hinweisen. Auf nicht-kommerziellen Plattformen, wie Kinderbuchcouch oder Jugendbuchcouch, sprechen selbstautorisierte ›Experten‹ Empfehlungen aus.

LovelyBooks ist eine vom Medienkonzern Georg von Holtzbrinck gegründete und 2021 von Hugendubel übernommene Leserplattform. Dort heißt es, hier »kannst du deine Meinung teilen, Bücher bewerten und weiterempfehlen, Rezensionen schreiben und dich mit Gleichgesinnten unterhalten. Du kannst dich bei Leserunden und Aktionen bewerben und tolle Neuerscheinungen gewinnen.« Bilderbücher, Kinderbücher, Jugendbücher, Bücher für Erwachsene – alles ist vertreten.

Blogger und Influencer bieten sich an, Bücher zu empfehlen. Wenn man mehr als 1.000 Follower aufweisen kann, wird man in die Blogger-Community beim Carlsen-Imprint Impress aufgenommen. Da gibt es Newsletter, Aktivitäten und Gleichgesinnte ohne Ende. Ein Verlag wie Hanser Kinder- und Jugendbuch betreibt auf Instagram den Kanal Hanser Hey. Alle diese Aktivitäten müssen verlagsseitig gefüttert werden – und das kann schon lange nicht mehr die Nebentätigkeit eines Mitarbeiters in Werbung, Presse oder Marketing sein – da hat sich ein neues und in ständigem Wandel befindliches Berufsfeld entwickelt.

Seit das Pionier-Unternehmen Amazon, das heute den E-Commerce in fast allen Warenkategorien beherrscht, den Buchvertrieb über das

Internet perfektioniert und großgemacht hat, hat sich hier ein Vertriebskanal von erheblicher und immer noch wachsender Bedeutung etabliert. Somit ist das Internet nicht nur eine (kostenfreie) Kommunikations-Plattform, sondern eben auch ein gigantisches Geschäftsfeld.

4.4 Die Kommerziellen

Was bedeutet kommerziell? Verkaufen, überzeugen, die Begehrlichkeit in Kaufbereitschaft umwandeln, neue Verkaufschancen ausfindig machen, die Interessen anderer (der Kunden) erfragen und bedienen – alles mit dem Ziel, Umsatz zu generieren, Cash, Geld in der Kasse. #Umsatz, also die Summe aller Verkaufserlöse, ist bei allen Unternehmen die erste Zielgröße und der zentrale Maßstab. Nun stehen grundsätzlich allen Erlösen Kosten gegenüber, deshalb zählt am Ende, was dem Verlag netto bleibt. Ob das am Deckungsbeitrag, Betriebsergebnis, Cash Flow oder EBIT gemessen wird, unterliegt betriebswirtschaftlicher Betrachtung, die hier nicht vertieft wird. Auch Vertrieb kann natürlich auf recht unterschiedliche Weise geleistet werden, weshalb viele Verlage sich einem Vertriebs-Controlling unterziehen, das die Effizienz der Vertriebsmaßnahmen, der Kundenbeziehungen, der gewährten Konditionen etc. betrifft.

EBIT (earnings before interest and taxes) Eine betriebswirtschaftliche Kennzahl, die den operativen Gewinn (= Betriebsergebnis) vor Fragen der Finanzierung (Zinsen) und betriebsbedingten Steuern (Gewerbesteuer) angibt.

Bei Buchverlagen sollte man sich stets vergegenwärtigen, dass ihre Kunden ja meist nicht die Endkunden sind, sondern Geschäftspartner auf der nächsten Handelsstufe. Die wichtigsten Handelspartner für Verlage sind, gemessen am Umsatz:

- ca. 45 % Sortimentsbuchhandel
- ca. 20 % Internetbuchhandel (davon der größte Teil Amazon)
- ca. 10 % Sonstige Verkaufsstellen (Nebenmärkte)
- ca. 20 % Direktvertrieb

Diese Zahlen, entnommen aus Buch und Buchhandel in Zahlen 2020, sind über die gesamte Buchbranche aggregiert, dahinter können also Werte stehen, die für einzelne Bereiche und bestimmte Verlagstypen sehr unterschiedlich ausfallen. Der Direktvertrieb z. B. ist für Fach- und wissenschaftliche Verlage wichtig, bei Publikumsverlagen spielt er eine untergeordnete Rolle. Auf Nebenmärkten können Kinderbuchverlage mit einem niedrigpreisigen Angebot größere Umsatzanteile erzielen.

Bei einem durchschnittlichen KJBV kann man davon ausgehen, dass er ca. 90 bis 95 % seines Umsatzes mit Buchhandel und buchhandelsähnlichen Unternehmen tätigt. Im Unterschied zu den meisten anderen Branchen gilt ja für Bücher (in Deutschland und Österreich) eine gesetzliche Preisbindung, sodass eine Umsatzplanung zumindest eine feste Bezugsgröße hat, die bei den meisten anderen Gegenständen des Einzelhandels nicht gegeben ist: den Ladenpreis. Allerdings ist es ein offenes Geheimnis, dass die Rabatte, die von Verlagen an große Händler gegeben werden, mitunter angeblich sogar über 50 % liegen, so dass die damit erwirtschafteten Erträge zwar geringere Nettoerlöse pro Exemplar generieren, sich aber über große Stückzahlen absolut beachtliche Summen ergeben können.

Wir müssen in unseren hochentwickelten Märkten stets davon ausgehen, dass die Buchkäufer einem unübersichtlichen Überangebot gegenüberstehen. ›Das Buch ist kein knappes Gut‹ – um es volkswirtschaftlich zu sagen. Der Vertrieb muss deshalb kritisch sein (auch wenn das die Programmleute mitunter nervt), und der Buchhändler muss ein- und aussortieren, weil beide zusammen kein Einbahnstraßen-Verteilungssystem bilden: Hahn auf – und es kommt das raus, was kommt. Wir mögen das beklagen, aber es ist der Preis der Freiheit des Büchermachens. Da zum Glück keine Behörde das Bücherverlegen reguliert, muss sich im Wettbewerb entscheiden, welche Händler welche Bücher zu welchem Preis in welcher Menge für welche Leser kaufen.

Vertriebler im Innendienst betreiben gewissermaßen den Motor des Verlags; wenn der nicht läuft, ruht der ganze Betrieb. Sie sorgen für die Verkaufszahlen und überwachen sie; sie halten den Kontakt mit den anderen Abteilungen des Hauses, mit den Außendienst-Mitarbeitern und deren Handelskunden. Sie sind so etwas wie das Bodenpersonal für die Piloten, die draußen von Buchhandlung zu Buchhandlung ›fliegen‹ und versuchen, die Neuheiten-Programme gut in den Handel hineinzuverkaufen, sowie darauf zu achten, dass gut verkäufliche Backlist-Titel nachbestellt werden. Sie sind die Beschwerdestelle für falsche Rechnungen, Fehllieferungen, für fehlproduzierte und beschädigte Bücher.

Und sie sind im Verlag ›die Stimme des Marktes‹. Die Resonanz auf das Verlagsprogramm von Seiten der Außendienst-Mitarbeiter, der Verlagsauslieferung, der Barsortimente und nicht zuletzt der Buchhändler selbst landet zuerst bei ihnen. Weil sie die Empfänger so vieler Rückmeldungen sind, fühlen sie sich natürlich auch verpflichtet, bei der verlagsinternen Vorstellung zukünftiger Bücher an gute und schlechte Erfahrungen mit vorangegangenen Neuheiten zu erinnern. Die Vertriebler wissen genau, was sich gestern wie verkauft hat, und sie folgern aus dieser Erfahrung, was morgen mit den neuen Büchern passieren wird.

Dieses vernünftige Verhalten hilft nicht weiter, wenn neuartige Bücher oder Werke von bisher unbekannten Autoren auf der Programmliste stehen. Aus Erfahrungen nicht zu lernen, ist unklug. Sich aber ausschließlich von Erkenntnissen leiten zu lassen, die aus der Vergangenheit gewonnen wurden, kann zur Blockade neuartiger Bücher führen.

In der Gewichtung von Neuheiten (siehe Kap. 3.5) ist eine Kategorie noch nicht angesprochen worden: die verlagsintern oft als ›Vertriebs-Titel‹ bezeichneten Bücher. Wenn von ihnen die Rede ist, geht es um eingeführte Reihen und/oder Autoren, die im Handel und beim Publikum als bekannt gelten können, bei denen die bisherigen Titel bereits erfolgreich waren bzw. sind, und an deren Verkaufserfolg man unmittelbar anschließen kann. Hier weiß der Vertrieb, was zu tun ist; hier können die Presseleute nicht weiterhelfen, da sich auch in den Medien die Aufmerksamkeit auf die ganz neuen Bücher richtet.

Vertriebler im Außendienst kann man sich so vorstellen: Ausgestattet mit einem ordentlichen Mittelklasse-PKW, den Kofferraum voller Kataloge, Gimmicks, Leseexemplare und Vertretermuster, gesteuert von einem engen Terminkalender (der Verkehrsstaus, Pannen und Parkplatzsuchnöte nicht kennt), braust der Buchhandelsvertreter übers Land und durch die Stadt, von Buchhandlung zu Buchhandlung. Er trinkt vermutlich zu viel Kaffee, ernährt sich zu oft von zweifelhaftem Fast Food, wird vom Buchhändler für schlechte Bücher und von seinem Verlag für unzureichende Verkäufe kritisiert. Und doch ist es ein Beruf, den viele lieben. Gute Buchhandelsvertreter werden von den Buchhändlern geschätzt, von ihren Verlagen mit großem Respekt behandelt und können eine Voraussetzung für den Erfolg sein. Meist sind sie selbst gelernte Buchhändler, denen die stationäre Abhängigkeit auf die Dauer zu eintönig war, aber der Sprung in die unternehmerische Selbstständigkeit mit einer eigenen Buchhandlung zu riskant erschien.

Es gibt festangestellte und freie Buchhandelsvertreter – für beide Modelle lassen sich je nach Verlagsgröße und -typ Vorteile und Nachteile ausmachen. Die Vorteile angestellter Vertreter sind die Exklusivität und die direkte Steuerbarkeit. Sie beziehen ein festes Gehalt und darüber hinaus Erfolgsprovisionen, die von ihren getätigten Umsätzen und weiteren Kriterien abhängen. Die freien Handelsvertreter werden nur über Provisionen, also erfolgsabhängig bezahlt und müssen daraus alle ihre Aufwendungen wie Reisekosten, Versicherungen und Altersvorsorge bestreiten. Sie werden vor allem von kleineren Verlagen beauftragt, die sich keinen eigenen Außendienst leisten können. Die Gefahr besteht hier, dass sie zu viele Verlage ›im Koffer‹ haben, und der einzelne Verlag nicht kontrollieren kann, ob der Einsatz für seine Titel genügend stark war, oder ob sie gar beim letzten Besuch gar nicht vorgestellt wurden, weil der Vertreter – schon verspätet – dringend zum nächsten Termin eilen musste.

Die Kunst des guten Vertretergesprächs lässt sich ›von außen‹ auf eine einfache Formel bringen: Die Bestellung des Buchhändlers muss größer sein, als er sie auch allein bei Durchsicht der Neuheiten-Vorschau getätigt hätte. ›Von innen‹ betrachtet bedeutet das: Ständig muss der Vertreter auf der Hut sein, dass er dem Buchhändler die für ihn passenden Titel vorstellt, die ihm wahrscheinlich nicht genehmen weglässt, ihm aber neue Autoren und Bücher so ans Herz legt, dass der Buchhändler ihnen eine Präsentations-Chance einräumt. Ein nicht in der Buchhandlung vorhandenes Buch ist mit einer gewissen Wahrscheinlichkeit auch ein nicht verkauftes; man weiß dann gar nicht, ob Buchhandelskunden den Titel ausgewählt hätten oder nicht. Hier wird sehr deutlich, dass der Buchhandel ein Geschäft ›von Mensch zu Mensch‹ ist. Ein Vertretergespräch beginnt und endet oft mit persönlichem Austausch.

Key-Accounter Damit wird eines jener Berufsbilder bezeichnet, für die es keine brauchbare deutsche Bezeichnung gibt. Man könnte es mit ›Schlüsselkunden-Betreuer‹ übersetzen. Auch KJBV haben Kunden, also Buchhandlungen von extrem verschiedener Größe, sprich: ökonomischem Gewicht. Es gibt in Deutschland ca. 5.500 Buchverkaufsstellen, davon ist etwa die Hälfte so beschaffen, dass man sie als Buchhandlungen bezeichnen kann. So gesehen, müsste man nicht unbedingt erschrecken, wenn man die Zahl der Filialen der großen Buchhandelsketten betrachtet (Stand Ende 2020): Thalia betreibt weit über 300 Filialen, dazu kommen über 70 Läden von Osiander (die sich im November 2020 zu einer engen Kooperation zusammengeschlossen haben), Hugendubel hat ca. 150 Filialen.

Verlage haben es mit extrem unterschiedlichen Kunden zu tun: Hier die Inhaber-Buchhändlerin, die für ihre selbstständige Kleinstadt- oder Stadtteil-Buchhandlung einkauft – dort der Zentraleinkäufer einer Filialkette. Wenn wir annehmen, dass die Programm-Präsentation in beiden Fällen die gleiche Zeit in Anspruch nimmt, kann es gut sein, dass damit im ersten Fall ein Umsatz von 1.000 € oder weniger generiert wird, im zweiten aber einer von 100.000 € oder ein Vielfaches davon. Von jeder Minute der ›kostbaren‹ Zeit des Zentraleinkäufers, der ja alle für ihn interessanten Verlage empfängt, hängt also wesentlich mehr ab als von dem Verkaufsgespräch mit der Buchhändlerin in X-Stadt. Deshalb betreut solche Kunden der Vertriebschef selbst oder der Verlag stellt einen Vertriebler ab, der sich nur um die oder sogar nur um einen Großkunden kümmert. Wenn ein solcher Key-Accounter einen ›guten Draht‹ zur Zentraleinkäuferin des Großkunden hat, steht guten Geschäften nichts im Wege – wenn hier aber ›die Chemie nicht stimmt‹, wird der Verlag über kurz oder lang eine andere Person einsetzen. Mit zunehmendem ökonomischen Gewicht der Filialisten – die drei Großen besitzen einen Marktanteil von rund 40 % – und von Amazon werden diese Positionen immer einflussreicher.

4.5 Die Kaufmännischen

Was bedeutet kaufmännisch? Abläufe und Strukturen effizient zum Funktionieren bringen, Kosten im Griff behalten, unnötige Kosten vermeiden. Organisation und Aufbau eines Verlags mögen historisch gewachsen sein – man sollte immer wieder überprüfen, ob sie den Anforderungen des gegenwärtigen Geschäftsmodells noch entspricht. Das Back-Office, das Knochengerüst eines Verlags, muss funktionieren. Dazu gehören betriebswirtschaftliche Abläufe wie Buchhaltung und Kalkulation, juristisch relevante Vorgänge wie Verträge, zudem alles, was mit Personalgewinnung, -führung und -weiterbildung zu tun hat, auch ›Human Resources‹ genannt. »Diesen kaufmännisch geschulten Blick, das dazugehörige Wissen muss nicht nur der Verleger selbst haben, sondern ebenso seine wichtigen Mitarbeiter in allen Bereichen, insbesondere auch im Lektorat: Ökonomie ist gewiss nicht alles, aber alles intellektuelle Bemühen, aller programmatische Ehrgeiz ist auf die Dauer nichts ohne Ökonomie.« (von Lucius 2005, 18)

Personaler Die richtigen Menschen mit den erforderlichen Qualifikationen zum passenden Zeitpunkt für den geeigneten Arbeitsplatz mit einem angemessenen Gehalt zu gewinnen – so könnte man die Anforderungen an Personal-Entscheider und Mitarbeiter im Personalbereich umschreiben. Je größer ein Verlag ist, desto eher macht diese Arbeit nicht der Chef oder Abteilungsleiter selbst, sondern die Personalabteilung. Die wiederum kann eine Personalberatung einschalten; mitunter werden für Führungsaufgaben auch Head-Hunter engagiert.

»Qualifizierte Mitarbeiter zu finden, ist der Schlüssel zur erfolgreichen Unternehmensführung« heißt es bei der einschlägigen Firma Bommersheim Consulting. Die Personalberatung Dörrich, Kleinhans + Partner beschreibt das so: »Menschen für Medien drückt aus, worum es uns geht. Der Mensch in seiner Individualität, mit seinen Werten, Wünschen und Qualifikationen steht im Mittelpunkt unseres Handelns.«

Unabdingbares Kriterium für einen neuen Mitarbeiter muss natürlich sein, dass er oder sie in die Abteilung ›passt‹; neben der fachlichen Eignung und Erfahrung muss auch die menschliche Komponente stimmen – soweit man das im Vorhinein bei der Einstellung überhaupt feststellen kann.

In gut geführten Verlagen gibt es Arbeitsplatzbeschreibungen, Fortbildungs-Konzepte und Zielvereinbarungen, über deren Erfüllung in regelmäßigen Jahresgesprächen vertraulich gesprochen wird. Wenn zwischen Kollegen oder mit Vorgesetzten Spannungen auftreten, sind die Personaler gefordert zu vermitteln oder Lösungen zu erarbeiten.

Buchhalter Diese schöne alte Berufsbezeichnung kommt ja daher, dass man früher alle Einnahmen und Ausgaben in einem Buch festgehalten hat, um jederzeit einen unbestechlichen Überblick über die Ertragssituation des Unternehmens zu haben. Wehe dem Verlag, der seine Kosten nicht im Griff hat, der Verbindlichkeiten nicht rechtzeitig bedient, der seine Mitarbeiter, Autoren und Lieferanten nicht zuverlässig bezahlt. Stephan D. Joß, langjähriger kaufmännischer Geschäftsführer des Hanser Verlags und seit 2020 in gleicher Funktion bei dtv, wurde vom Börsenblatt zu seiner Freude am Umgang mit Zahlen interviewt und sagte: »Das Interpretieren von Zahlen kann Spaß machen. Zahlen sind die knappste Form, um Wirklichkeit abzubilden und sie sind andererseits perfekt geeignet, Neues zu planen und Veränderungen zu verstehen. Sie ergänzen damit Intuition und Ideen und können letztere auch abbilden.« (Joß 2020).

Eine für Verlage besonders wichtige Funktion erfüllt die Honorarbuchhaltung. Damit die Autoren den ›Lohn‹ für ihre Arbeit erhalten, #Honorar genannt, wird ein- oder zweimal im Jahr festgestellt, wie viele Exemplare jedes Buches abgesetzt wurden. Die tatsächlich verkauften, bezahlten und nicht remittierten Exemplare bilden die Grundlage für die Honorarabrechnung gegenüber dem Autor. Hinzu kommt die Ermittlung der Erlöse aus Nebenrechtsnutzungen, z.B. Auslandslizenzen. Eine Auszahlung erfolgt jedoch erst dann, wenn das vorausgezahlte Garantiehonorar bereits eingespielt wurde, ansonsten werden die Honorarerlöse mit der Vorauszahlung verrechnet. Die Zuverlässigkeit dieser Erfassung und die Pünktlichkeit der Bezahlung sind entscheidend für die Vertrauenswürdigkeit des Verlags als Ganzem.

Vertragsexperten Es müssen im Normalfall nicht unbedingt Juristen sein, häufig sorgen auch im Urheber- und Verlagsrecht geschulte Lektorinnen dafür, dass kein Buch ohne Verlagsvertrag erscheint, auch wenn kein Vertrag garantieren kann, dass ein gutes oder sogar ein erfolgreiches Buch daraus wird. Aber ein Vertrag regelt die gegenseitigen Rechte und Pflichten: zu welchem Zeitpunkt, unter welchen inhaltlichen und gestalterischen Merkmalen und zu welchen finanziellen Konditionen das Buch verlegt werden soll. Keiner der Vertragspartner darf einseitig Parameter ändern (nur noch 128 statt 256 Seiten), oder die Geschichte umbauen (unbedingt ein Happy End!) oder der Verlag wird verkauft (andere Programmpolitik). Pacta sunt servanda lautet die Grundregel auf Lateinisch – Verträge sind für den Ernstfall gemacht, das heißt: Verträge müssen eingehalten werden.

Wenn sich der Vertrag nicht im ursprünglich intendierten Sinn realisieren lässt, kann man ihn nur einvernehmlich ändern oder aufheben. Verträge zwischen Autoren und Verlagen sollten sein wie Efeu: eindeutig, fair, exakt, umfassend. Verträge sind kein Selbstzweck. Wenn sie im Aktenschrank ruhen und einfach da sind, ist es das Allerbeste.

Datentechniker Die vielzitierte Digitalisierung hat längst in die Verlage Einzug gehalten. Kein Brief und kein Protokoll wird geschrieben, kein Manuskript gesetzt, kein Bild gescannt, keine Kalkulation gerechnet, keine Rechnung erstellt, kein Honorar oder Gehalt überwiesen, keine Mail verschickt – ohne dass der Verlag eine funktionierende IT-Struktur hat. Ohne **IT** (= **I**nformation **T**echnology) kommt heute kein einziger Arbeitsplatz im Verlag mehr aus. Einen persönlichen Computer braucht jeder;

dazu kommen Laptops, Drucker, Scanner, Kopierer, Festplatten, Server, Smartphones etc. Die Fachleute, die sich mit den Geräten und der dazugehörigen Software auskennen, sorgen dafür, dass die Verlagsmitarbeiter effizient verwalten, kommunizieren, archivieren – eben arbeiten können. In kleinen Verlagen wird man sich dieser Spezialisten durch Service-Verträge versichern, in größeren fungieren sie als hausinterne Dienstleister, oft genug als eine Art technischer Notarzt.

BIG DATA Datenvolumen, das zu groß, zu komplex oder zu schnelllebig ist, um es mit herkömmlichen Methoden der Datenverarbeitung zu verarbeiten. Big Data intendiert Verbesserungen der Geschäftsprozesse in allen Funktionsbereichen, von der Herstellung bis zum Marketing. Neben leistungsstarken IT-Lösungen, deren Ziel firmenspezifische, digitalisierte Automatisierungsprozesse sind, müssen auch Probleme der Datensicherheit (Inhouse-Lösung oder Cloud-Dienstleister) und der Barrierefreiheit gelöst werden.

Bei alledem müssen Datenschutzbestimmungen berücksichtigt werden, die seit 2018 europäischem Recht unterliegen und der Datenschutzgrundverordnung (DSGVO) zugrunde liegen. Datenschutz betrifft alle Unternehmen, die im Kunden-Direktgeschäft mit personenbezogenen Daten zu tun haben und diese manuell oder in Informations- und Kommunikationskanälen erfassen, verarbeiten oder speichern; hierzu gehören auch persönliche Daten der eigenen Mitarbeiter. Zwangsläufig arbeiten Rechts- und IT-Experten Hand in Hand.

Controller Für manchen, der ihre Aufgaben nicht wirklich verstanden hat, sind sie der Schrecken schlechthin: Zahlenmenschen. Nichts zählt für sie als Zahlen. Wenn diese gut sind, sind sie nicht gut genug und könnten morgen schon wieder schlechter sein. Wenn sie schlecht sind, muss sofort irgendwas gestoppt werden. Wenn man ihre Berufsbezeichnung mit ›Kontrolleur‹ ins Deutsche übersetzen würde, hätte das nicht nur einen unangemessenen Zungenschlag, es würde auch ihren Aufgaben keineswegs gerecht; denn sie kontrollieren nicht nur, sondern sie steuern betriebliche Abläufe, und zwar effizient. Controller rechnen zusammen, was zusammengehört; und sie rechnen auseinander, was an unterschiedlichen Ecken des Verlags belastet oder gutgeschrieben werden muss. Sie können Prognosen anstellen, indem sie extrapolieren, ausgehend von dem, was da ist. Sie stellen z. B. fest, dass im Programmsegment X mit jedem Buch, das mehr verkauft wird, der Verlust steigt. Und sie können auch erklären, warum das so ist. Wenn sich z. B. bei einer 50 Titel umfassenden Serie auch bei günstigsten Druckpreisen, moderaten Honoraren und hohen Druckauflagen kein positives Ergebnis ergibt, könnte es sein, dass der Ladenpreis zu niedrig ist. Gerade im Kinderbuch werden oft Ladenpreisschwellen wie heilige Kühe verehrt. Bitte bei 5,00 € bleiben! Nicht mehr als 9,99 €! Keinesfalls über 20 €! Die Konkurrenz!

Es braucht Menschen im Verlag, die solche Szenarien durchrechnen. Keinesfalls sollten sie über die alleinige Kompetenz verfügen, Ladenpreise oder dergleichen festzusetzen. Denn bevor man einen solchen folgenreichen Schritt wagt, gibt es eine Menge weiterer Faktoren zu berücksichtigen. Aber es braucht Kollegen, die auf solche Situationen und den damit zusammenhängenden Handlungsbedarf hinweisen. Auf die Frage, wie er Nicht-Kaufleute für Zahlen begeistern kann, antwortet wiederum Stephan D. Joß: »Am besten sind Beispiele und Geschichten, die zeigen, wie Zahlen unterstützen, herausfordern und überraschende Ergebnisse hervorbringen können.« (Joß 2020).

4.6 ›Kindernah‹ – wie lässt sich dieser Anspruch erfüllen?

Was bedeutet ›kindernah‹? Sich in die Altersgruppen, ihre Bedürfnisse und die der für ihre Erziehung Verantwortlichen hineindenken. Empathie haben für Kinder, für Jugendliche, für junge Erwachsene als Menschen in ihrer Individualität und in der gesellschaftlichen Wirklichkeit sowie als Gestalten der Literatur. Kindernahes Denken und Empfinden sind Voraussetzungen, um geeignete und geschätzte Bücher für die Zielgruppen der jeweiligen Altersstufen herauszugeben.

So wie ein Kinderkrankenhaus ein ›richtiges‹ Krankenhaus ist, aber eben auf die besonderen Bedürfnisse junger Patienten ausgerichtet, ist ein Kinderbuchverlag ein ›richtiger‹ Verlag. Der Kinderarzt ist ein vollausgebildeter Mediziner, die Kinderbuchlektorin sollte eine vollausgebildete Literaturkennerin sein. Und das ist etwas anderes als die immer wieder zu hörende Floskel ›kindgerecht‹. Ja, Kinder brauchen kleinere Stühle und kleinere Kleidergrößen – aber bitte keine kleineren Bücher!

Jeder, der in einem KJBV arbeitet, kennt das Phänomen: »Ach, mit Kinderbüchern haben Sie zu tun? Das ist ja schön. Meine Nachbarin/Freundin/Tante schreibt so nette Geschichten, die alle Kinder lieben, darf ich Ihnen die mal zeigen?« Häufig wiederholen sich auch die Szenen mit Politikern, die z.B. beim Überreichen eines KJB-Literaturpreises eine Rede halten müssen. Da wird entweder erzählt, was sie selbst als Kinder oder Jugendliche gelesen haben (Nr. 1 bei Männern ist hier in der Regel *Karl*

May, bei Frauen *Pippi Langstrumpf*) oder was den eigenen Kindern früher vorgelesen wurde, gefolgt von einer Standard-Eloge auf den Wert des Lesens und einem kenntnisarmen Lob auf die KJB-Branche. Eine unerlässliche Zutat solcher an Werktagen gehaltenen Sonntagsreden ist die verblüffende Erkenntnis, ›dass Kinder unsere Zukunft sind‹.

In unserem Verständnis von ›kindernah‹ ist weder nostalgische Schwärmerei noch pseudo-moderne Anbiederung gemeint, sondern Interesse für, Kenntnis von und Einsicht in die tatsächliche Lebenswelt von Kindern, Jugendlichen, Eltern, Familien (in den vielfältigen Formen, die wir heute kennen) und dem organisierten Erziehungsalltag. Man sollte ein Bild davon haben, wie es in Kindergärten und Schulen aussieht, wie Lernen und Lesen durch die Existenz bzw. Nicht-Existenz von Kindertagesstätten und Ganztagsschulen beeinflusst wird. Weitere Stichworte sind: Wohn-, Arbeits- und Einkommensverhältnisse von Eltern, Familien-Konstellationen, Migrationshintergründe, Mediennutzungs- und Sozialverhalten der Erziehungsverantwortlichen. Nicht alles ist neu, aber manche altbekannten Konflikte treten in neuen Formen auf: Gruppendruck, Ausgrenzung, analoges und Cyber-Mobbing.

Es ist bekannt, dass die sogenannte ›Jugendkultur‹ von Moden und Wellen geprägt ist, die oft spontan auftauchen, sich epidemisch verbreiten und auch schnell wieder verschwinden können. Es ist kaum möglich und auch nicht empfehlenswert, mit Büchern auf solche kurzfristigen Phänomene zu reagieren – jedenfalls nicht für KJBV, die auf übliche Weise mit dem Buchhandel zusammenarbeiten wollen. In der *18. Shell Jugendstudie* heißt es:

> *Die hohe Geschwindigkeit, mit der diese Generationsbezeichnungen aufscheinen und wieder verschwinden, zeigt jedoch auch, wie schwierig es ist, das Spezifische der heutigen Jugend prägnant zu erfassen.*
>
> (Jugend 2019, 41)

Wenn Neuheiten als ›Kultbücher‹ angekündigt werden, ist Misstrauen angezeigt, denn oft steckt dahinter das bloße Bemühen, ein Buch mit einer solchen Aura schaffen zu wollen. Die meisten tatsächlichen Kultbücher haben diesen Status anfangs ohne jede Marketing-Unterstützung erworben, sondern wurden durch Von-Mund-zu-Mund-Propaganda bekanntgemacht. Das war unter anderem so bei J.R.R. Tolkien *Herr der Ringe* (ab 1969), bei Joanne K. Rowling *Harry Potter* (ab 1998) und Stephenie Meyer *Bis(s)* (ab 2006).

Um die Situation junger Menschen zu verstehen, haben sich die FIM-, KIM- und JIM-Studien des MPFS (Medienpädagogischer Forschungsverbund Südwest) sowie der Kinder-Medien-Monitor einiger Zeitschriften-Verlagshäuser bewährt (siehe Kap. 1.3). Die Shell-Jugendstudien, initiiert von dem Sozialisations-Wissenschaftler Klaus Hurrelmann und Kollegen, interessanterweise gefördert durch den Energiekonzern, ermöglichen seit Jahrzehnten Langzeitvergleiche in der Jugend-Sozialforschung. Wichtig bei solchen Untersuchungen ist das Leitbild, das sich die Forscher von den Befragten machen: Geht es um Kinder als bloße Konsumenten, oder darum, wie sich heranwachsende Menschen in der Welt fühlen und zurechtfinden?

Eine weitere Methode, um sich als KJBV Eindrücke von den Präferenzen junger Leser zu verschaffen, sind Lesetestgruppen für Kinder und/oder Jugendliche. Manche Verlage halten sich sogar einen Jugendbeirat, mit dem sich vor allem die Lektorate intensiv über Texte, Umschlaggestaltungen und Themen austauschen können. Auch Buchhandlungen betreuen Leseclubs, in denen meist sehr viel gelesen und debattiert wird. Einige solcher Gruppen können auch als Jugendjurys für den Deutschen Jugendliteraturpreis berufen werden.

Es gilt in beiden Richtungen: Wer selbst Kinder hat, ist nicht schon deshalb dazu qualifiziert, im KJBV zu arbeiten; und umgekehrt muss man keine eigenen Kinder haben, um KJB zu betreuen. Fast könnte man sagen: Es reicht, ein aufmerksames Mitglied der Gesellschaft zu sein. Wichtig ist dabei, dass bei allem Zuhören, Miteinanderreden und Mitbestimmen die Verantwortung für die im Verlag erscheinenden Bücher nicht abgetreten werden kann. Es ist ähnlich wie bei der Ernährung, dem Schlafbedarf, der Verkehrssicherheit oder der Gesundheit: Kinder fragen nach dem Weg, brauchen aber auch Leitlinien und Grenzen.

5 Die Beziehung Autor/Verlag

Der Autor schreibt, das Lektorat lektoriert; die Herstellung stellt her; das Korrektorat korrigiert; die Druckerei druckt; die Buchbinderei bindet; die Verlagsauslieferung lagert ein; die Buchhandlung bestellt; die Auslieferung liefert aus; das Buch liegt in der Buchhandlung aus.

Es ist ein langer Prozess von der Idee für ein Werk bis zum fertigen Buch. Das ›Herz‹ dieses Prozesses ist die Beziehung zwischen Autor und Verlag.

Weil die Leser von KJB so besonders sind, sind es auch die Autoren, die für sie schreiben. Jedermann kann sich als Autor bezeichnen, deshalb sei an dieser Stelle festgehalten, dass fortan mit ›Autor‹ stets der ›professionelle Autor‹ und die ›professionelle Autorin‹ gemeint sind. Damit soll keine literaturtheoretische oder einfach subjektive Wertung vorgenommen werden, sondern es dient der Unterscheidung zum Hobby-, Gelegenheits- und Amateur-Autor. Private Schreib-Vergnügungen werden keineswegs geringgeschätzt, aber hier geht es um diejenigen Autoren, die das Schreiben zu einem zentralen Lebensinhalt machen. Ob sie jetzt hauptberuflich von ihrer Autorenschaft leben, oder auch noch Lehrer, Taxifahrer, Cafébesitzer oder Partner eines gutverdienenden Lebensabschnittspartners sind, ist eine nachgelagerte Frage.

Bei der Kommunikation mit Autoren und Kreativen jeden Typs sollten Verlage eine ›Kultur der Ansprechbarkeit‹ pflegen. Anfragen auf den Stapel zu legen oder Rückmelde-Versprechen nicht einzuhalten, sind Verhaltensweisen, die Autoren zur Verzweiflung treiben können. Es muss und kann nicht alles sofort geklärt werden; beide Seiten sollten zwischen ›dringend‹ und ›wichtig‹ unterscheiden. Für eilige Themen bieten sich E-Mail und Telefon gleichermaßen an. E-Mail hat den Nachteil, dass viele erwarten, unmittelbar eine Antwort zu bekommen, nur weil die Nachricht sofort beim Empfänger ankommt. Wenn man öfter miteinander kommuniziert, kann sich hier aber das gegenseitige Vertrauen einstellen, dass stets eine Antwort erfolgt, wenn auch nicht immer umgehend. Die Vorteile von E-Mails sind, dass der Angeschriebene nicht postwendend antworten muss, wenn er z.B. gerade mit einer anderen Sache beschäftigt ist, und dass er das Thema auf einfache Weise mit Kollegen teilen kann. Zudem hat er eine schriftliche Unterlage und braucht selbst keine Notizen anzufertigen.

Das Telefon hat den Nachteil, dass man nicht weiß, in welcher Situation man den Anzurufenden vorfindet. Da es heutzutage meistens keine Sekretariate oder Vorzimmer mehr gibt, landet man direkt bei der gewünschten Person oder auf dem Anrufbeantworter. Der große Vorteil des Telefonats ist, dass man mit der ›ganzen‹ Person spricht. Die Ansprechbarkeit der Verlagsmitarbeiter für Autoren ist ein Teil der Verlagskultur, nämlich ein Zeichen des Respekts vor den Kreativen, ohne die der gesamte Verlagsbetrieb keinen Sinn hätte. Auch wenn für den Verlag dieser Autor mit seinem Manuskript nur einer unter vielen ist – für den Autor geht es um dieses sein Manuskript, das gerade in Arbeit ist.

5.1 Der literarische Autor

Im Bereich der Literatur gilt der Autor als Urheber. Er ›schöpft‹ seine Geschichte – für die Leser gewissermaßen aus dem Nichts, er schafft sie schreibend in die Welt, aus seinem Erfahrungsschatz, unter Einsatz seiner Vorstellungskraft und seiner sprachlichen Ausdrucksfähigkeit. Er erzählt sie, und vielleicht ist es kein Zufall, dass hier der Begriff ›zählen‹ eine Rolle spielt, wenn man sich vorstellt, dass die Elemente der Handlung, der Dialoge, der inneren Monologe etc. wie Perlen auf einer Schnur aufgereiht sind.

Autor ist keine geschützte Berufsbezeichnung. Jeder kann sich so nennen. Ähnliche Begriffe sind Schriftsteller, Dichter, Schreiber. Darüber hinaus gibt es jede Menge spezielle Autoren-Gattungen, wie Romancier, Lyriker, Dramaturg, Essayist und diejenigen, die sich bestimmten Genres verschrieben haben: Kriminalgeschichten, Abenteuer, Reiseberichte, historische Stoffe, Frauenliteratur, Fantasy, Biographie etc. – und eben auch Bilderbuch, Kinderbuch und Jugendbuch.

Es gibt Autoren, die man gar nicht einordnen kann in nur eine oder wenige solcher Kategorien, und vor allem sind es oft die Autoren selbst, die sich dagegen wehren, etikettiert und damit eingegrenzt zu werden. Da haben es die KJB-Autoren besonders schwer, denn es bestätigt sich immer wieder, dass jenes vielzitierte Diktum von Michael Ende die Situation auch heute noch zutreffend beschreibt:

> *Man darf von jeder Tür aus in den literarischen Salon treten, aus der Gefängnistür, aus der Irrenhaustür oder aus der Bordelltür. Nur aus einer Tür darf man nicht kommen, aus der Kinderzimmertür. Das vergibt einem die Kritik nicht. Das bekam schon der große Rudyard Kipling zu spüren. Ich frage mich immer, womit das eigentlich zu tun hat, woher diese eigentümliche Verachtung alles dessen herrührt, was mit dem Kind zu tun hat.*
>
> (www.michaelende.de)

In der Frage am Ende des Zitats schwingt die tiefe persönliche Enttäuschung dieses Autors mit, nie so recht als ›vollwertiger‹ literarischer Autor anerkannt worden zu sein. Der Kinder- und Jugendliteraturforscher Hans-Heino Ewers jedenfalls hat, ausgehend davon, dass Michael Ende »fälschlicherweise als bloßer Kinderbuchautor gilt« (Ewers 2018, 13), sich eingehend mit seinem Werk beschäftigt und ist zu dem Schluss gekommen: Man kann »Michael Ende, den Schüler der Romantik, auch einen Aufklärer nennen.« (Ewers 2018, 252).

Was zeichnet einen Autor aus? Er verfügt über eine besondere sprachliche Ausdrucksfähigkeit, einen persönlichen Sprachstil als charakteristische Eigentümlichkeit – nicht zu verwechseln mit einem Manierismus. Ideal wäre es, wenn man ein Stück Text von ihm auch ohne Namensnennung erkennen könnte, so wie man z.B. ein gezeichnetes Tier als ›typisch Axel Scheffler‹ oder ein Musikstück als von Johann Sebastian Bach oder Jimi Hendrix erkennen kann.

Einer der berühmtesten Literaten von weltweiter Bedeutung ist Isaac B. Singer. Er hat geschrieben:

> *Wenn ich mich hinsetze, um eine Geschichte zu schreiben, muß ich zunächst einmal ein Thema haben. Für Kinder kann ich nicht über einen, wie manche Kritiker es nennen, ›Aspekt des Lebens‹ schreiben. […] Zweitens muß ich mir allen Ernstes wünschen oder leidenschaftlich daran interessiert sein, die betreffende Geschichte zu schreiben. […] Und drittens muß ich die Überzeugung – oder zumindestens die Illusion – haben, daß ich der einzige bin, der diese ganz bestimmte Geschichte schreiben kann. Es muß meine Geschichte sein. Wenn diese drei Voraussetzungen erfüllt sind, schreibe ich eine Geschichte. Das gilt nicht nur, wenn ich für Kinder, sondern auch wenn ich für Erwachsene schreibe.* (Singer 1988, 370)

Peter Härtling, einer der wenigen Autoren, die sowohl erfolgreich und anerkannt Belletristik als auch Kinderbücher geschrieben haben, hat viel über seine Arbeit reflektiert:

> *Darum beharre ich auf einer Literatur, die Geschichte erzählt. Kinder sollen erfahren, woher Menschen kommen, was sie erfahren haben, wie sie miteinander leben können oder wie nicht. Ich möchte, daß Kinder lesend Partei ergreifen für Personen, daß sie sich identifizieren. Es geht mir nicht um Heldenkult [...]. Und dennoch lasse ich mir von den Literaturtheoretikern nicht einreden, daß es keine Helden mehr geben dürfe. Ich brauche sie, schreibend, selbst. Denn ich will ihnen mitgeben, wonach ich mich kindlich sehne: die Lust, mit Menschen umzugehen, mit dem Leben halbwegs fertig zu werden oder wider bessere Vernunft oder wider alle Übereinkunft etwas zu tun, etwas auszurichten, zu lieben, zu trauern. Ich versuche, nichts auszusparen, nichts zu beschönigen.«* (Härtling 2003, 49)

Der Autor portraitiert Personen auf seine Weise. Seine Personen sind nicht gezeichnet wie Lego-Figuren, also an wenigen äußerlichen Merkmalen erkennbar, sondern sie haben sowohl eine äußere als auch eine innere Form. Übertriebene Rollenbilder, die man im Theater ›Knallchargen‹ nennt, sind kein Qualitätsmerkmal. Denn Personen sind Individuen und mehr als ›Charaktermasken‹ – ein passender Begriff von Karl Marx, der mit diesem Begriff seinerzeit erklären wollte, inwiefern »Personen nur die Personifikation der ökonomischen Verhältnisse sind« (Marx 1890, 100).

Zwei Symptome, denen gute KJB-Autoren sich keinesfalls unterwerfen wollen, sind Klischees und ›erhobene Zeigefinger‹. Aus einer ursprünglich originellen Idee kann sich ein Klischee entwickeln.

Inhaltliche Klischees sind z. B. die Schilderung von Schurken, die wie Schurken aussehen. Dergleichen ist einfach nur billig; gefährlich werden Klischees, wenn sie bewusst oder unbewusst Vorurteile pflegen oder rassistische Bilder einsetzen. Die Warnung vor dergleichen falschen oder schiefen Prägungen ist nicht zu verwechseln mit jener angemaßten ›politischen Korrektheit‹, die einem angeblichen aktuellen Zeitgeist geschuldete Maßstäbe auf Werke anwendet, die in einem anderen historischen Kontext entstanden sind.

Der erhobene Zeigefinger gilt (zurecht) als Inbegriff einer ›schwarzen Pädagogik‹, die heute schon lange nicht mehr gelehrt wird (trotzdem kommt sie immer noch zum Einsatz). Mit ›schwarzer Pädagogik‹ ist im Kern ein Erziehungsverständnis gemeint, das mit Vorschriften, Drohung und Strafe statt mit Gespräch, Erklären und Überzeugen vorgeht.

Ausführlich wurde dies von den Erziehungswissenschaftlerinnen Katharina Rutschky und Alice Miller beschrieben. Im Zuge der verbreiteten allgemeinen Werte- und Bewusstseinsveränderung in der Zeit nach 1968 wurde der Kinder- und Jugendliteratur nicht mehr abverlangt, dass sie konforme, angepasste oder vorbildliche Verhaltensweisen zu beschreiben und zu befördern habe. War diese Distanzierung vor einem halben Jahrhundert ein notwendiger emanzipatorischer Schritt, ist sie heute eher zu einer Floskel verblasst, die nichts Besonderes mehr ausdrückt.

Die Sprache des professionellen Autors ist nicht nur grammatisch korrekt, sondern original, ohne krampfhaft originell sein zu müssen. Die Geschichte erzählt etwas, das wir nicht kennen, auf eine solche Weise, dass wir es unbedingt erfahren möchten, die Figuren kennenlernen und ihre Erlebnisse, Gespräche, Gedanken und Empfindungen miterleben wollen. Die Sprache bringt uns die Figuren nahe.

Bei der Charakterisierung von Sprache (durch die Literaturkritik, aber auch in der Selbstdarstellung der Verlage) gibt es Floskeln, die ziemlich abgegriffen sind. Ein solcher oft verwendeter und lobend gemeinter Begriff ist schnörkellos. Gewiss ist eine Sprache nicht schön, die sich vieler Schnörkel bedient, die den eigentlichen Gegenstand eher verunzieren als verdeutlichen.

Man kann auch einen extrem verknappten Sprachstil pflegen, wie es Tamara Bach tut:

Du holst die Post aus dem Briefkasten und trägst sie in eure Wohnung. Die Wohnungstür schlägt hinter dir zu, weil du vergessen hast die Fenster zuzumachen. Durchzug: Peng.
Du legst die Werbung auf einen Haufen. Du machst einen Stapel für deine Mutter.
Du hast eine Karte bekommen.
Du bekommst sonst nie Post.
Heute bekommst du eine Karte.
Mit Elefanten drauf.
Du bist plötzlich wieder wach. Du bekommst rote Backen.

(Bach 2016, 69)

Man kann wortschöpferisch tätig sein, wie es Stepha Quitterer tut:

Die Grinsinger hat ihren Kopf wie eine spitzzahnige Muräne aus dem Lehrerzimmer gestreckt und sich unbändig geschadenfreut bei unserem Anblick.

Dann hat sie dem Christoph eine gesalzen-und-gepfefferte Standpauke gehalten, weil er seinen Verweis noch immer nicht unterschrieben vorgelegt hat und dass es demnächst einen verschärften setzt, wenn er nicht bis zum Freitag und so weiter.

Und mir hat sie den fettfleckigen Fingerabdruck der Suse unter die Nase gehalten und aufgebracht gerufen, dass das eine Frechheit sei, eine bodenlose, und dass ich hier gleich einen zweiten Verweis bekäme, für Unachtsamkeit im Umgang mit autoritätspersönlichen Unterlagen.

(Quitterer 2020, 118)

Man kann ein feines Gespür für Situationen ausdrücken, wie es Dita Zipfel tut:

Er lacht. Und wieder muss ich einen Schritt zurück machen, es pikst in meinen Ohren. Dieses hohe, laute, kreischige Lachen. Es klingt, als wenn ein sehr schlechter Schauspieler mit einer miesen Beobachtungsgabe ein Kinderlachen imitiert.

Es ist was Besonderes, wenn zwei Menschen gleichzeitig über das Gleiche lachen. Wenn es von innen kommt, teilt man auf einmal etwas, man kommt sich nah – das kann manchmal sogar peinlich sein, wenn es aus Versehen zu nah ist. Wenn nur einer lacht, ist das auch irgendwie peinlich, weil man aus Versehen zeigt, dass man sich kein bisschen nah ist.

(Zipfel 2019, 130)

Oder man schreibt überraschende Dialoge, wie es Lena Hach tut:

Miri hält mir einen Vortrag, von dem ich nur Ausschnitte mitbekomme. »Frauen haben Männer viel zu lang bedient« und »Willst du keine Beziehung auf Augenhöhe?«
Ich glaube, irgendwas ist da nicht richtig rübergekommen. »Mir ging es vor allem darum, dass ich ihm auffalle«, versuche ich eine Erklärung.
»Aber dafür brauchst du ihm doch nicht die Weingummis rauszusuchen«, ruft Miri. »Erstens ist das eine Scheißarbeit, weil die immer zusammenkleben. Und zweitens erfährt der Typ doch gar nichts über dich.«
Zugegeben, mit diesen Punkten hat Miri recht.
»Okay«, sage ich.»Hast du eine bessere Idee, wie ich ihn auf meine Existenz aufmerksam machen kann?«
Miri sieht mich ungläubig an.
»Eine?«, fragt sie. »Tausende!«

(Hach 2019, 71)

Zwei weitere Begriffe, die häufig – vor allem von Verlagen selbst – zur Charakterisierung von Texten verwendet werden, sind ›einfühlsam‹ und ›kindgerecht‹. Natürlich lösen sie beide Assoziationen aus, man ahnt, was gemeint ist. Aber was soll bitte das Besondere an einem einfühlsamen Text sein? Kann ein guter erzählender Text jemals anders sein, als dass er sich in die Personen und ihre Handlungen hineinfühlt? Die Qualität bemisst sich daran, wie dieses Einfühlen ausgedrückt ist. Eine ›einfühlsam geschriebene Kindergeschichte‹ ist wie ein ›rollgerecht gefertigter Autoreifen‹. Man muss sich fragen: Wie denn sonst? Als Gegenstück zu ›einfühlsam‹ könnte man die Begriffe ›nüchtern‹ oder ›sachlich‹ ansehen. Einen solchen Charakter hat die Sprache in einem Vertragstext oder in einem Verhandlungsprotokoll: nämlich geradewegs auf die Sache fokussiert zu sein.

Ähnlich ist es mit ›kindgerecht‹. Auch hier könnte man fragen: Was wäre denn das Gegenteil? Erwachsenengerecht? Oh, könnte man da denken: nicht jugendfrei, ab 18. Nein, einen solchen Ausdruck gebraucht niemand. Und bei Kindern? Sind Kinder alle gleich? Verstehen, mögen, lieben sie alle dieselben Texte? Oder ist es nicht eher so, dass die einen es lieber spannend, die anderen eher lustig, weitere nur sachlich schätzen? Der Begriff drückt eine selbstverständliche Voraussetzung aus, die nichts Spezifisches erklärt, außer in den Augen desjenigen, der diese Floskel gebraucht, weil der Text in seiner Wahrnehmung seinem Klischee vom Kind entspricht.

Es kann keine hermetische oder vollständige Liste der Faktoren geben, die einen guten Text ausmachen, aber einige sind in der Übersicht auf Seite 124 benannt.

Der Weg zum Verlagsvertrag

Ein Verlagsvertrag kann zu unterschiedlichen Phasen der Fertigstellung eines Manuskripts geschlossen werden. Als Normalfall könnte man folgenden Ablauf bezeichnen: Der Autor reicht ein Manuskript ein, der Text wird im Lektorat gelesen und positiv bewertet, dann in einer Lektorats- oder Programmkonferenz vorgestellt und befürwortet. Meist wird eine Vorkalkulation des Buchprojekts berechnet und auf deren Grundlage dem Autor ein Angebot unterbreitet.

Es kann aber auch so ablaufen, dass der Autor ein Exposé und eine Textprobe abliefert, mit der Frage: Wollt ihr, dass ich diese Geschichte für euch fertigschreibe? In einem Exposé werden Handlungsablauf, Hauptpersonen und wichtige Nebenfiguren, besondere Schauplätze, sprachliche und erzählerische Eigenheiten geschildert. Insbesondere

Kriterien für gute Geschichten

- Ist die Erzählsprache konsekutiv berichtend oder lebendig schildernd?
- Wirkt die Dialog-Sprache wie in den Mund geschoben oder kommt sie aus dem Inneren der Personen?
- Sind die Nebenfiguren bestellte Marionetten des Erzählers oder bewegen sie sich eigenmächtig am Wegesrand der Handlung?
- Was bewirkt der Autor mit seiner Geschichte bei den Lesenden? Der Autor macht sie mit den handelnden Personen vertraut, möglicherweise erinnert er an bekannte oder fast vergessene, vielleicht auch verdrängte Personen.
- Der Autor kennt dramaturgische Kniffe und wendet sie an, um das gewünschte Verhältnis von Tempo und Langsamkeit, von Detailreichtum und Knappheit, von Spannung und Entspannung zu erzeugen.
- Die Hauptfiguren – und womöglich auch weitere Protagonisten – sind nicht eindimensional, sondern vielschichtig angelegt.
- Ist der Plot erwartbar, leicht durchschaubar oder überraschend? Vielleicht weil eine einfache Botschaft frühzeitig erkennbar ist, weil ein Problem/Konflikt/Thema von zwei Protagonisten auf gegensätzliche Weise verkörpert wird?
- Ahnt man stets den Sieg des Guten und weiß immer, wer der Gute ist? Ist der Gute nicht nur einfach gut, sondern auch ein wenig böse – aber so wenig, dass man ihn zwar kritisiert, dies aber in der Gewissheit, dass das Gute siegen wird?
- Gibt es scheinbar ausweglose Situationen, in denen man wirklich leidet oder ahnt man immer schon die Rettung?
- Bietet die Geschichte ein Identifizierungs-Potenzial: Sind Figuren so ähnlich wie ich? Sind Figuren so, wie ich gern wäre?
- Bei fantastischen Büchern: Ist die Anlage z. B. einer ›eigenen Welt‹ in sich glaubwürdig? Kann man damit etwas darstellen, das realistisch nicht plausibel darstellbar wäre? Erlaubt sie spannendere Handlungen als eine anders angelegte Geschichte, z. B. eine realistisch-komische?
- Ist das fantastische Setting einfach eine künstliche Welt oder aber eine Art Durchgangs-Szenario, in dem die Protagonisten etwas erkennen, was realistisch nicht plausibel darstellbar wäre, und das später einfach überflüssig wird (Katalysator-Funktion)?
- Kann der Autor Stimmungen beschreiben bzw. beim Leser erzeugen, wenn sie angebracht sind, z. B. ironisch, komisch, traurig, rührend, tiefsinnig, heiter, hintersinnig, sinnlich, schockierend, erschütternd, bedrohlich, zornig, verliebt, träumerisch, nüchtern, klar, realistisch, analytisch?

wenn Autor und Verlag sich gut kennen, ist das ein bewährtes Verfahren. Viele Verlage finden es hilfreich, wenn man die Geschichte in einem Satz zusammenfassen kann, z.B. so:

> Wie es sich für den zehnjährigen Robert anfühlt, wenn seine Mutter einen neuen Mann zu Hause einziehen lässt und wie er es schafft, seinen Papa zurückzuholen.

Solche Sätze sind nicht leicht zu formulieren; sie sollten jedoch nicht überbewertet werden, denn sie verkürzen den Gehalt einer Geschichte extrem auf den Handlungsablauf. Und eine gute Geschichte hat weitaus mehr Elemente, die sie prägen, wie Atmosphäre, Sprache, Orte der Handlung, Figuren, Spannung, Humor, Dramaturgie. Aber wenn mit Büchern gehandelt werden soll, müssen sie handhabbar sein, gewissermaßen mit einem Etikett versehen.

Die nächste Stufe der Projektbeschreibung ist eine Kurzfassung der Geschichte in einigen wenigen Sätzen, die ebenfalls eine Menge Sprachbeherrschung verlangt. Das könnte dann so lauten:

> Robert, 10 Jahre, erlebt seit einigen Monaten, wie die Ehe seiner Eltern auseinandergeht. Sein Papa als vielbeschäftigter Montage-Ingenieur ist häufig auf Reisen und oft nur montags zu Hause, weshalb er ihn den Montage-Papa nennt. Seine Mutter hat sich in einen anderen Mann verliebt und will fortan mit diesem zusammenleben. Dieser Hugo will sich bei Robert als großer Kumpel einschmeicheln. Aber Robert lässt sich nicht darauf ein, sondern überzeugt seinen Papa, dass er sich außer den Montagen auch noch die Freitage als Frei-Tage nimmt, und bringt so seine Eltern wieder zusammen. Ein liebenswerter, aufgeweckter Junge im Mittelpunkt, der ein feines Gespür dafür hat, was ihm und anderen gut tut.

Als Drittes gibt es natürlich auch eine ausführliche Projektbeschreibung, die den Handlungsablauf, die Haupt- und Nebenfiguren sowie erzählerische Besonderheiten enthält. Wenn der Autor dem Verlag zu einem vereinbarten Termin das komplette Manuskript einreichen wird, weiß der Verlag, was er bekommt und schließt auf dieser Grundlage den Verlagsvertrag.

Es gibt Autoren, die schreiben ein Buch so, wie man ein Haus baut. Der Bauherr äußert seine Wünsche, benennt sein Budget, der Architekt zeichnet einen Plan und macht einen Kostenvoranschlag, die Baubehörde genehmigt das, und so wird gebaut. Alle sind zufrieden, wenn das Haus dann am Ende so wird, wie man es geplant hat. Abweichungen könnten im schlechtesten Fall zum Entzug der Baugenehmigung und zum Rückbau führen.

Wie frei ist der Autor in dem, was er dem Verlag als Manuskript abliefert? Es kommt darauf an, was vertraglich vereinbart ist; z. B. kann das Exposé zum Vertragsbestandteil erklärt werden. Der Autor verpflichtet sich, das Manuskript gemäß dem Exposé zu einem vereinbarten Termin in einem bestimmten Umfang abzuliefern. Falls er inhaltlich davon abweichen will, müsste er das mit dem Lektorat vereinbaren. Wenn er den Termin nicht einhält, sollte er den Verlag frühzeitig darauf hinweisen. Üblicherweise gibt es eine Option auf Verlängerung; falls der Autor aber dauerhaft nicht liefert, kann der Verlag auch vom Vertrag zurücktreten. Eine häufige Abweichung ist die Überschreitung des Umfangs. Hierfür gibt es keine Patentregel, aber die oft zu machende Erfahrung, dass eine kluge Kürzung schon manches Manuskript verbessert hat. Eine beispielhafte Klausel in einem Verlagsvertrag:

> Der Autor steht dafür ein, dass sein Werk weder Urheber- noch Persönlichkeitsrechte Dritter in Wort und Bild verletzt. Daher wird er den Verlag bei Ablieferung des Manuskripts schriftlich auf im Werk enthaltene Darstellungen von Personen oder Ereignissen hinweisen, mit denen das Risiko einer Persönlichkeitsverletzung oder Urheberrechtsverletzung verbunden sein könnte.

Keine Regel in der Verlagswelt ist so klar und einfach, dass man nicht auch darauf vorbereitet sein sollte, dass es zu Abweichungen kommt. Es gibt Autoren, die ein Exposé abliefern, aber dann im Schreibprozess feststellen, dass ihre Figuren in eine ganz andere Richtung ›wollen‹. Oder dass sie eine noch viel bessere Idee für einen Plot haben. Oder dass sie eine weitere wichtige Figur einführen, eine andere weglassen. Oder dass sie die Geschichte lieber im Präsens erzählen statt im Imperfekt. Oder wechselnde Perspektiven einführen. Oder dass sie vom auktorialen Erzähler abkommen und in der Ich-Form schreiben.

Es obliegt der Erfahrung in der Zusammenarbeit mit dem jeweiligen Autor und dem Feingefühl des Lektorats, zu welchem Zeitpunkt man sich beim Autor nach dem Schreibfortschritt erkundigt; dem Autor hilft, über eventuelle Schreibblockaden hinwegzukommen; sich einen schon fertiggeschriebenen Teil des Manuskripts zeigen lässt; oder den Autor vollkommen in Ruhe lässt.

Falls ein Verlagsvertrag unterschrieben ist, verpflichtet sich der Verlag, das Werk herzustellen, zu veröffentlichen, zu verbreiten, dafür zu werben und die ihm übertragenen weiteren Rechte nach Möglichkeit zu nutzen.

5.2 Der Sachbuch-Autor

Fachlich fundierte Bücher, die sich an ein allgemeines Publikum richten, nennt man Sachbücher. In unserem Bereich kann man als Buchtypen Sachbilderbücher, Kindersachbücher und Jugendsachbücher unterscheiden. Der Sachbuch-Autor braucht zwei wesentliche Eigenschaften: Er muss viel von dem Thema verstehen und er muss verständlich erklären können. Im Sachbuch-Bereich gibt es unterschiedliche Weisen, wie Bücher in einem Verlag entstehen. Auch hier ist es durchaus Usus, dass sich der Autor beim Verlag mit einem Vorschlag oder bereits mit einem fertigen Manuskript meldet. Es gibt aber auch die Möglichkeit, dass der Verlag ein Buch zu einem bestimmten Thema herausbringen will und dafür einen Autor benötigt.

»... und dann suchen wir uns einen Autor.« So beschreibt Monika Schlitzer, Verlegerin des deutschen Dorling Kindersley Verlags, die Vorgehensweise in der Programmarbeit ihres Verlags. Erst wird im Verlag ein Thema für eine bestimmte Zielgruppe besprochen – dann begibt man sich auf die Suche nach jemandem, der diesen Gegenstand aufbereitet. Das ist ein völlig anderes Verfahren als in der Literatur. Auch hier könnten natürlich Verlage bestimmte Wünsche äußern oder gar Aufträge erteilen: Bitte schreiben Sie einen Piratenroman, der in der Ostsee zur Blütezeit der Hanse spielt! Oder: Haben Sie nicht die Idee für eine Bilderbuchgeschichte, bei der die Hauptfigur ein Igel ist? Oder: Wir bekommen täglich Leseranfragen, die sich erkundigen, wann der neue Band der Serie XYZ erscheint. Aber in der Regel meldet sich der Autor mit einer neuen Buchidee, für die ein Konzept, zumindest ein gewisses Maß an fertigen Seiten oder gar der komplette Text vorliegt.

Im Sachbuch ist es üblich, dass der Autor mit einer Konzeptidee auf den Verlag zugeht. Diese besteht aus einem Exposé, einer thematischen Gliederung und einem exemplarischen Kapitel. Da ein großer Teil der Sachbücher für junge Leser illustriert erscheint, könnten Probeskizzen, Fotos oder eine Layoutstudie dabei sein. Oft werden Verträge mit Autoren, Illustratoren, Fotografen und Buchgestaltern auf der Basis solcher Konzepte geschlossen. Nun kann, abgesichert durch einen Verlagsvertrag, die Recherche- und Schreibarbeit beginnen. Die Verlagsprogramme sind meist lange im Voraus geplant, so dass etwa ein Vertragsabschluss im Juni zu einem Ablieferungstermin von Text und Bildern im Juni des folgenden Jahres mit einem Erscheinungstermin im Frühjahr des übernächsten Jahres führen kann.

Der Sachbuch-Autor steht für die Richtigkeit seiner Aussagen gerade. Wenn er unzuverlässig arbeiten würde, wäre nicht nur seine eigene Glaubwürdigkeit in Frage gestellt, sondern auch die Reputation des Verlags. Daher die folgende Klausel im Verlagsvertrag:

> Der Autor verpflichtet sich, seinen Text so zu verfassen, dass er dem neuesten Stand der Erkenntnisse aus der Fachwelt [...] entspricht.

Die in Sachbüchern enthaltenen Daten, Fakten und Zahlen können im Lauf der Zeit veralten. Sogar bei einem Buch über eine weit zurückliegende Thematik wie z.B. Dinosaurier könnten seit der Veröffentlichung des Werkes neue Erkenntnisse aufgetaucht sein, aufgrund derer eine bestimmte Aussage zu revidieren ist. Daher finden sich Klauseln in den Verträgen, die Rechte und Pflichten des Autors regeln, eine solche Bearbeitung vorzunehmen. Ein solcher Passus könnte etwa so lauten:

> Wenn der Autor feststellt, dass bestimmte Tatsachen, Erklärungen, Daten [...] etc. nicht mehr auf dem aktuellen Stand sind bzw. neueren gesicherten Erkenntnissen widersprechen, wird er den Verlag darauf hinweisen. Das gleiche gilt umgekehrt für den Verlag. Man wird sich in einem solchen Fall darauf verständigen, das Werk vor einer weiteren Auflage zu überarbeiten. Wenn der Autor zu einer solchen Überarbeitung nicht bereit oder in der Lage ist oder wenn die Überarbeitung nicht innerhalb einer angemessenen Frist vom Autor geliefert werden kann, ist der Verlag zur Beauftragung eines anderen fachkundigen Bearbeiters berechtigt.

5.3 Das rechtliche Verhältnis Autor/Verlag

Falls der Verlagsvertrag auf der Basis von Exposé und Textprobe abgeschlossen wurde, kann sich später bei Einreichung des vollständigen Textes herausstellen, dass sich die Geschichte recht anders entwickelt hat, als es sich für den Verlag bisher dargestellt hat. Das kann dazu führen, dass der Autor gebeten wird, die Geschichte entsprechend umzuschreiben. Falls der Autor dies dann ablehnt, kann es im Extremfall soweit kommen, dass entweder der Verlag vom Vertrag zurücktritt oder der Autor sein Manuskript zurückzieht. Für einen solchen Fall könnte eine Klausel in einem Verlagsvertrag lauten:

> Entspricht das Manuskript nach Ansicht des Verlages nicht den getroffenen Vereinbarungen und ist eine Übereinstimmung zwischen Autor und Verlag nicht herbeizuführen, so haben beide Teile das Recht, vom Vertrag zurückzutreten. Der Verlag wird sich über seine Ansicht binnen sechs Wochen nach der Ablieferung erklären. Erklärt er sich nicht, gilt das Manuskript als angenommen.

Meist sehen die Verträge vor, dass der Autor eine bereits geleistete Honorar-Vorauszahlung behalten kann. Nur falls er das Werk bei einem anderen Verlag unterbringt, kann der erste Verlag seinen Honorar-Vorschuss zurückverlangen.

Wenn ein Autor und ein Verlag zueinander finden, dann geschieht das im Vertrauen auf die gegenseitige Leistung: Das Ergebnis schöpferischer Arbeit soll vervielfältigt und auf den Markt gebracht werden. Dieses Vertrauensverhältnis ist aber zugleich ein geschäftliches und sollte daher unbedingt durch einen Vertrag geregelt werden. Gesetzliche Grundlagen dafür sind das Urheberrechts-Gesetz und das Verlagsgesetz. Beispielhaft – oder noch stärker ausgedrückt – vorbildlich formuliert ist dieses Verhältnis im Normvertrag für den Abschluss von Verlagsverträgen, auf den sich der VS (Verband deutscher Schriftsteller) in der Gewerkschaft ver.di und der Verlegerausschuss im Börsenverein des Deutschen Buchhandels e.V. geeinigt haben. Ein ähnlicher Normvertrag wurde auch für den Abschluss von Übersetzungsverträgen erarbeitet. Obligatorisch zu verwenden sind diese Normverträge allerdings nicht, denn in Deutschland besteht grundsätzliche Vertragsfreiheit und die beiden Organisationen verfügen nicht über eine juristisch verbindliche Vertretungsbefugnis. Viele Verlage und Literarische Agenturen aber verwenden diese Normverträge, da sie die grundsätzlichen Interessen beider Parteien ausgewogen berücksichtigen und man deshalb nicht immer erneut die gleichen Grundsatzdiskussionen führen muss.

Gemäß dem Prinzip der Vertragsfreiheit können Verlage im Prinzip frei entscheiden, mit wem und zu welchen Bedingungen sie Verträge schließen und wie diese Verträge im Detail aussehen.

> Selbst Autorenverträge können grundsätzlich frei ausgehandelt werden, obwohl das Verlagsgesetz die vertragliche Beziehung zwischen Verlag und Autor bis ins Detail regelt. Möglich und zulässig ist dies, weil das Verlagsgesetz fast ausnahmslos dispositive Vorschriften enthält [Vorschriften, deren Inhalt durch vertragliche Abreden auch abweichend vom Wortlaut des Gesetzes geregelt werden können; Anm. d. Verf.]. Allerdings sieht insbesondere das Urheberrechtsgesetz eine Reihe zwingender Vorschriften zum Schutze der Urheber vor. (Menche 2020, 12)

Im deutschen Rechtsverständnis kann der Autor niemals sein Recht als Urheber eines Werkes übertragen, sondern nur die Nutzung bestimmter Rechte. Des Weiteren kann der Verlag nur diejenigen Rechte nutzen, die ihm explizit im Vertrag übertragen worden sind.

Es gibt Bestrebungen, neben dem Urheberrecht ein eigenes Verlegerrecht zu etablieren, um die Leistungen, die ein Verlag in puncto Gestaltung, Aufbereitung und Marktgeltung dem Werk hinzugefügt hat, zu definieren und ggf. zu honorieren. Diese Regelungslücke hat sich herausgestellt, seit ein höchstrichterliches Urteil im Jahr 2016 (das sogenannte ›Vogel-Urteil‹ des Bundesgerichtshofs) die praktizierte Teilung der Ausschüttungen der Verwertungsgesellschaft Wort zwischen Autoren und Verlagen unterbunden hat, weil es bislang für die Beteiligung der Verlage keine gesetzliche Grundlage gibt. Bis zu einer neuen gesetzlichen Regelung werden seither Erlöse nur an Urheber ausgeschüttet – es sei denn, die Urheber stimmen freiwillig einer Erlösteilung zu.

VERWERTUNGSGESELLSCHAFT WORT
Die VG Wort wurde 1958 gegründet, damit Urheber und Verlage gemäß einem Verteilungsplan gemeinsam solche Rechte verwerten, deren Erlöse nicht bereits in Lizenzverträgen geregelt sind. Hierunter fallen eine Vielzahl von ›kleinen Rechten‹, wie eine Abgabe auf Kopiergeräte, Tantiemen für Nutzung von Auszügen aus Schulbüchern oder Bibliotheksausleihen.

Prinzipiell ist die Verwertung von Rechten honorarpflichtig und der Autor an Erlösen zu beteiligen; die Höhe und weiteren Modalitäten der Beteiligung sind nicht vorgeschrieben oder auch nur empfohlen. Wie es das Urheberrechtsgesetz in § 36 vorschreibt, gibt es zwar *Gemeinsame Vergütungsregeln für Autoren belletristischer Werke in deutscher Sprache*, aber auch die geben keine verbindlichen Konditionen vor, sondern dienen »zur Bestimmung der Angemessenheit von Vergütungen«; sie sind also nur ein mögliches Modell, hinter dem wiederum der VS in ver.di steht. Es steht den Verlagen frei, ob sie diese Regeln freiwillig anwenden.

Eine weitere wichtige Frage ist die Laufzeit von Verträgen. Lange war es üblich, diese an die Schutzfrist des Urheberrechts gemäß § 64 zu koppeln, also bis 70 Jahre nach dem Tod des Autors. Immer häufiger werden befristete Verlagsverträge abgeschlossen, die eine Laufzeit von 10 Jahren nach dem Vertragsabschluss oder nach dem Erscheinen vorsehen.

Lizenz-Einkaufsverträge, die ein Verlag mit einem ausländischen Verlag mit einem ausländischen Autor über seine Agentur zur Übersetzung in die deutsche Sprache abschließt, sind in der Regel immer befristet, häufig auf fünf Jahre, ebenso wie Lizenz-Verkaufsverträge.

Der Autor hat das Recht, einen Verlagsvertrag zu beenden, wenn der Verlag sein Werk nicht mehr lieferbar hält und der Verlag der Aufforderung, das Werk wieder zugänglich zu machen, innerhalb einer bestimmten Frist nicht nachkommt. Zudem kann der Autor die Auflösung des Vertrags verlangen, wenn der Verlag verkauft wird und ihm ein Erscheinen seines Werkes unter den neuen Eigentümern nicht zumutbar ist. Diese Möglichkeit wird häufig auf diese oder ähnliche Weise geregelt:

Der Verlag ist verpflichtet, dem Autor anzuzeigen, wenn sich in seinen Eigentums- oder Beteiligungsverhältnissen eine wesentliche Veränderung ergibt. Eine Veränderung ist wesentlich, wenn

- der Verlag oder Verlagsteile veräußert werden;
- sich in den Beteiligungsverhältnissen einer den Verlag betreibenden Gesellschaft gegenüber denen zum Zeitpunkt dieses Vertragsabschlusses Veränderungen um mindestens 25 % der Kapital- oder Stimmrechtsanteile ergeben.

Der Autor ist berechtigt, durch schriftliche Erklärung gegenüber dem Verlag von etwa bestehenden Optionen oder von Verlagsverträgen über Werke, deren Herstellung der Verlag noch nicht begonnen hat, zurückzutreten, wenn sich durch eine Veränderung wie oben beschrieben oder durch Änderung der über das Verlagsprogramm entscheidenden Verlagsleitung eine so grundsätzliche Veränderung des Verlagsprogramms in seiner Struktur und Tendenz ergibt, dass der Autor nach der Art seines Werkes und unter Berücksichtigung des bei Abschluss dieses Vertrages bestehenden Verlagsprogramms ein Festhalten am Vertrag nicht zugemutet werden kann.

Rechtenutzung

Ein nach den üblichen Regeln der Branche konzipierter Verlagsvertrag regelt nicht einfach nur, dass, wie und wann ein Werk erscheint (oft als das Hauptrecht bezeichnet), sondern er enthält auch Bestimmungen über zahlreiche Nebenrechte. Verlage lassen sich gern einen umfangreichen Nebenrechtskatalog einräumen, der sie berechtigt, aber auch auffordert, Nutzungen dieser Rechte im eigenen Verlag oder durch Vergabe an Dritte zu vereinbaren.

Wenn ein Verlag selbst nicht nur gebundene Bücher, sondern z. B. auch Taschenbücher und Hörbücher verlegt, wird er sinnvollerweise auch für diese Verwertungsformen mit dem Autor eine Honorierung vereinbaren. Falls er solche Rechte an Dritte lizensiert, also an einen Taschenbuchverlag oder einen Hörbuchverlag, partizipiert der Autor über eine Nebenrechtserlösteilung. Üblicherweise erhält der Autor 60 % des Netto-Verlagserlöses, also derjenigen Summe, die der Verlag nach Abzug aller Kosten vereinnahmt. Bei Lizenzen ins Ausland können solche Kosten z. B. durch eine vermittelnde Agentur begründet sein, die für ihre Dienstleistung mit einer Provision am Lizenzerlös beteiligt wird.

Meistens empfiehlt es sich für den Autor, dem Verlag solche Rechte einzuräumen, da er selbst kaum in der Lage sein wird, sie aktiv zu nutzen oder anzubieten. Es kann aber durchaus sinnvoll sein, z. B. die Verfilmungsrechte zurückzuhalten, wenn man selbst über gute Kontakte in dieses Metier verfügt. Man kann zudem eine Rechterückfallklausel einbauen, die verhindert, dass ein Verlag zwar alle diese Rechte eingeräumt bekommen hat, sie aber überhaupt nicht nutzt. Das ist auch im § 41 Urheberrechtsgesetz vorgesehen.

5.4 Die Rolle der Agenturen

Auch bei KJB-Autoren ist die Vermittlung durch literarische Agenturen inzwischen verbreitet der Fall. In der englischsprachigen Buchwelt und im internationalen Lizenzverkehr ist dies schon lange die vorherrschende Form. Nach dem Zweiten Weltkrieg waren es die in der neutralen Schweiz, in Zürich ansässigen Agenturen (Mohrbooks, Liepman, Fritz), durch die vor allem die US-amerikanische Literatur und eben auch KJB zu uns vermittelt wurden. Inzwischen haben sich auch in Deutschland zahlreiche Agenturen gegründet, darunter einige auf das KJB spezialisierte. Es sind im Wesentlichen zwei Gründe, die Autoren dazu bewegen, sich einer Agentur zu bedienen:

1. **Den richtigen Verlag finden** Die Agentur kennt die Programmprofile und die verantwortlichen Personen in den Lektoraten – und umgekehrt. Deshalb kann sie treffsicherer auswählen, welches Manuskript zu welchem Verlag passen könnte.
2. **Einen fairen Vertrag verhandeln** Autoren sind zwar Meister der Sprache, haben aber eine Scheu vor Zahlen, Paragraphen und Selbstvermarktung. Auf diesem Parkett fühlen sie sich den Verlags-Fachleuten nicht gewachsen. Um dieses Ungleichgewicht auszugleichen, steht die Agentur dem Autor mit ihrem Fachwissen zur Seite.

Falls Autoren sich auf diesen Gebieten selbstsicher fühlen und gute Beziehungen zu ihren Verlagen unterhalten, gibt es für sie keinen Grund, eine Agentur einzuschalten. Es kommt immer wieder vor, dass sich ein Autor doch dazu entschließt, mit einer Agentur zu arbeiten, wenn sich z. B. in seinem bisherigen Verlag Erhebliches ändert: Der Verlag wird verkauft, die Lektorin geht weg, ein Programm wird eingestellt bzw. drastisch gekürzt oder andere Unbillen.

Für ihre Tätigkeit muss die Agentur entgolten werden; üblicherweise wird sie mit 15 % an allen Honoraren und Erlösen aus der vertragsgemäßen Verwertung eines Werkes beteiligt. Honorare fallen jedoch nur an, wenn ein Werk tatsächlich bei einem Verlag unter Vertrag genommen wurde. Eine Agentur unternimmt also eine ganze Menge Aktivitäten, für die sie ggf. nie auch nur einen Cent verdient. Damit die Agentur die Korrektheit der Honorarabrechnungen und der Lizenzeinnahmen durch den Verlag überprüfen kann, gehen die entsprechenden Zahlungen bei ihr ein; sie überweist sie dann – nach Prüfung und Abzug ihrer Provision – möglichst unverzüglich an den Autor weiter.

Gelegentlich wird der Verdacht geäußert, Agenturen sähen es als ihre wichtigste Aufgabe an, die Vorauszahlungen und Honorarsätze so hoch wie möglich zu schrauben. Es ist der Auftrag der Agentur, für den Autor die bestmöglichen Konditionen zu vereinbaren, wobei das nicht nur finanzielle Faktoren sind, sondern auch ›weiche‹ Faktoren, wie Lektoratsbetreuung oder Unterstützung bei Marketing und Auftritten. Die Zahlen-Größenordnungen regelt der Markt; auf Dauer wird kein Autor Honorar-Vorauszahlungen erhalten, die sich nicht durch Buchabsätze erwirtschaften lassen. Ebenso wenig wird ein Autor bei einem Verlag bleiben, der unterhalb der marktüblichen Konditionen honoriert. Die meisten Agenten kennen die Verlagsarbeit aus eigener Erfahrung; sie wissen, wie es ›auf der anderen Seite des Schreibtischs‹ zugeht und welchen Anforderungen man hier genügen muss.

In einem Agenturvertrag können die Aufgaben einer Agentur etwa so festgehalten werden:

> Der Autor vertraut der Agentur sein Werk (Arbeitstitel) exklusiv zur Vermittlung an einen geeigneten Verlag an. Die Agentur handelt nicht im eigenen Namen, sondern im Namen des Autors. Sie sucht einen Verlag, der sich für das Werk angemessen zu engagieren verspricht. Sie sorgt für die Verhandlung und den Abschluss eines Verlagsvertrags mit dem Autor, der die verlagsüblichen Regelungen enthält, dem Autor eine bestmögliche Honorierung bietet und der dem Verlag eine möglichst umfängliche Nutzung der Rechte ermöglicht, aber auch abverlangt. Der Vertragsabschluss selbst erfolgt zwischen Autor und Verlag. Alle Honorarzahlungen laufen über die Agentur, die deren Übereinstimmung mit den Verträgen prüft und dann die Zahlungen nach Abzug ihrer Provision umgehend an den Autor weiterleitet.

5.5 Der Autor als Promoter seines Werkes

Wenn Autoren aus ihren Werken in öffentlichen Veranstaltungen lesen, erzeugt das wie bei einem Konzert die ›live‹-Atmosphäre, das Gefühl, beim Lebendigwerden des Werkes dabei zu sein. Die Zuhörer haben sich Zeit genommen und auf den Weg gemacht, um einen bestimmten Autor persönlich zu erleben. Zudem können sie dabei etwas über die Hintergründe des Buches erfahren und dem Autor Fragen stellen. Ein solcher Zauber stellt sich aber nur ein, wenn der Autor mehr einbringt als das Vorlesen einiger Passagen. So sind manche Autoren sowohl großartige Vorleser als auch Illustratoren oder wahre Vortragskünstler. Andere hingegen bringen nicht mehr als eine sogenannte ›Wasserglas-Lesung‹ auf die Bühne; in diesem Fall sollten besser erfahrene Schauspieler engagiert werden, die ja auch oft Hörbuchsprecher sind. Kinderbuchautoren haben grundsätzlich ein dankbares Publikum – falls ihre Geschichten bei den Kindern ankommen. Kinder können aber auch gnadenlose Kritiker sein, wenn der Autor oder seine Geschichte sie langweilen.

Die Interessengemeinschaft Leseförderung beim Börsenverein des Deutschen Buchhandels kürt alljährlich die Lesekünstlerin oder den Lesekünstler des Jahres. Entscheidende Kriterien dabei sind: »Welche Autorin schafft es mit ihrer Lesung, Kinder für das Lesen zu begeistern? Welcher Autor erzählt so spannend, dass ganze Schulklassen andächtig lauschen?«

Auch Jugendliche können einen Autor eiskalt abblitzen lassen, wenn er über sie hinwegliest und -redet, aber auch, wenn er sich ihnen anbiedert. Oft sitzt einem Autor ein demonstrativ gelangweilter Teil der Gruppe gegenüber – aber erfahrenen Autoren gelingt es, auch die zunächst renitentesten Jungen (sie sind das öfter als Mädchen) zu fesseln, wenn sie aus einem Buch lesen und darüber erzählen, von dem sie sich angesprochen fühlen.

Wichtig bei der Vorbereitung solcher Veranstaltungen ist, dass die Altersgruppe der Teilnehmer mit dem Adressatenkreis des vorzustellenden Buches übereinstimmt. Hier sind die Presse- oder Veranstaltungsreferenten des Verlags gefordert, dies mit dem Veranstalter abzuklären, ebenso Zahl der Teilnehmer, Raum und Anordnung der Stühle, eine gute Mikrofon- und Lautsprecher-Anlage, am besten mit Headset.

Bei KJB-Autoren finden solche Veranstaltungen häufig in Schulen oder Bibliotheken statt. Für viele Kinder oder Jugendliche ist das eine erstmalige Begegnung mit Literatur, von der eine große Faszination mit nachhaltiger Wirkung ausgehen kann. Nicht wenige Autoren brauchen solche Lesereisen, Buchtage oder Festivals, um durch Lesungen, Vorträge oder Workshops ihr Einkommen aufzubessern. Manche erzielen auf diesem Gebiet sogar mehr Erlöse als durch ihre Buchhonorare. Inwieweit neuartige Online-Formate diese Einnahmequellen ergänzen oder gar kompensieren können, lässt sich noch nicht absehen.

6 Das Zusammenwirken der Verlagsfunktionen

Jeden Tag steht man vor der Frage: »Was tue ich heute?« Die teambildende Frage lautet: »Wie arbeiten wir zusammen?« Die zentrale Fragestellung für einen Verlag ist jedoch diese: »Warum tun wir das, was wir tun?«

Niemand entscheidet seinen Bücherkauf danach, wie harmonisch, effizient, aufeinander abgestimmt oder chaotisch es im Verlag zuging, während das Buch entstand. Nur das materielle Ergebnis der Arbeitsprozesse in einem Verlag ist messbar - als verkaufte Exemplare (gedruckte und ggf. auch digitale) in der Menge M; im Zeitraum Z; zu den Ladenpreisen L; mit dem Rabatt R.

Der generierte Verlags-Umsatz setzt sich – vereinfacht betrachtet – zusammen aus den Erlösen für den Verkauf von Büchern und Lizenzen. Dieser Betrag sollte die Summe der Kosten übersteigen; ansonsten würde der Verlag defizitär arbeiten – ungeachtet der zeitlich versetzten Taktung der Entstehung von Kosten und des Hereintröpfelns der Einkünfte. Ein KJBV liefert aber keine Bücher auf Bestellung, sondern bietet ein Programm an. Bei jedem einzelnen Buch schätzt er, wie viele Exemplare er wohl verkaufen wird, denn er muss eine bestimmte Auflage bei der Druckerei bestellen. Diese Anzahl Bücher muss der Verlag definitiv bezahlen, für ihre Abnahme gibt es jedoch keinerlei Garantie – das gehört zum verlegerischen Risiko.

Der Verlag muss die gesamte Verfügbarmachung des Buches vom Manuskript bis zum fertigen Buch vorfinanzieren. Es ist die Aufgabe des Verlages, seinen Büchern die Chancen zu verschaffen, die sie brauchen und die sie verdienen. Ebendies sollte die zentrale Motivation aller im Verlag arbeitenden Personen sein.

6.1 Routine und Innovation

Auch wenn die meisten Bücher recht einzigartig, individuell, unterschiedlich in Erzählweise, Anspruchsniveau, Format, Ausstattung, Ladenpreis etc. sind, reisen sie doch wie auf Schienen nach einem gemeinsamen Fahrplan durch die Buchwelt. Für diesen Betrieb gibt es Routinen unterschiedlicher Art.

Die Sitzungs-Routinen hängen entscheidend von der Verlagsgröße ab. In kleinen Teams sieht man sich ohnehin ständig – aber auch hier empfiehlt sich die Bündelung von Programmfragen an einem regelmäßigen Termin.

Über die verschiedenen Wege, wie ein Manuskript in einen Verlag gelangt, wird in Projekt-Routinen entschieden. Das Lektorat kann einen Autor um einen Text bitten oder dieser reicht es von sich aus ein. Ein unverlangtes Manuskript aus dem Posteingang ist positiv aufgefallen. Ein zu übersetzender Text wird von einer Agentur oder einem ausländischen Verlag angeboten oder ist vom Verlag angefordert worden. Bevor aus einem Manuskript ein Buch wird, muss es einige Prüfungen durchlaufen. Und bevor ein Text in einer größeren Runde zur Diskussion gestellt wird, muss eine Lektorin ihn gelesen und für grundsätzlich geeignet befunden haben. In diesem Fall wird sie die Geschichte in der internen Lektoratsrunde vorstellen. Wenn ihr positives Urteil dort geteilt wird, wandert das Projekt auf die Tagesordnung der nächsten Programmkonferenz. Wenn Zweifel auftauchen (am Thema, an der Sprache, an der Dramaturgie, ob es zum Programm passt), aber auch wenn das positive Urteil verstärkt werden soll, können weitere Kolleginnen die Geschichte ebenfalls lesen. In der nächsten Diskussionsrunde im Lektorat wird sich dann zeigen, ob die Zustimmung steigt oder sich das Gegenteil einstellt. Es kann auch vorkommen, dass man sich darauf verständigt, die Lektorin um Kontaktaufnahme mit dem Autor zu bitten mit der Frage, ob er bereit ist, bestimmte Änderungen vorzunehmen – und dann kommt es im positiven Fall zu einer erneuten Diskussion über ein verbessertes Manuskript.

PROJEKTMANAGEMENT (PM) Die DIN-Norm 69901 beschreibt Grundlagen, Methoden und Begriffe im PM. So gilt ein Projekt als komplexes, einmaliges Vorhaben, das sich durch definierte Zielvorgaben ausweist, arbeitsteilig angelegt ist, projektspezifischen Organisationsstrukturen unterliegt und mit begrenzten Ressourcen (Finanzen, Personal, Material) auskommen muss. Das PM begleitet das Projekt in allen Phasen: Planung, Organisation/Koordination, Durchführung/Realisierung und Kontrolle.

Ein Beispiel für ein getaktetes Sitzungs-Modell

Typ der Sitzung	Taktung	Teilnehmer	Themen
Lektorat intern	wöchentlich	Lektorat	Aktuelle Projekte, Stand der Manuskripte
Programm- und Marketing-Runde	wöchentlich	Lektorat, Vertrieb, Marketing, Presse, Herstellung, Lizenzen	Information/Austausch zu Titeln, Markt, aktuellen Fragen
Programmkonferenz	monatlich	Verlagsleitung, Lektorat, Vertrieb, Marketing, Presse, Herstellung, Lizenzen	Entscheidung über Projekt-Zusage / Titel-Einkauf
Programm-Präsentation	halbjährlich	Verlagsleitung, Lektorat, Vertrieb, Marketing, Presse, Herstellung, Lizenzen	Programm Frühjahr bzw. Herbst wird verabschiedet
Strategie-Tagung	jährlich	Verlagsleitung, Lektorat, Vertrieb, Marketing, andere Abteilungen nach Bedarf	Analyse: Lage, Markt, Strategie. Weiterentwicklung von Programm und Personal

In vielen Lektoraten ist es üblich, Gutachten zu schreiben, die über Qualität, Originalität und Stil des Manuskriptes Auskunft geben. Hierfür werden auch freie Mitarbeiter oder Volontärinnen/Praktikantinnen eingesetzt. Liegt das Original-Manuskript in einer Sprache vor, in der keine der Lektorinnen selbst lesen kann, besorgt man sich sprachkundige Gutachter, oft auch mit der Bitte um eine Übersetzungsprobe, damit man den Charakter der Geschichte ›quasi wie im Original‹ erfassen kann.
Wenn die Vorstellung auf der Programmkonferenz ergibt, dass die Annahme des Manuskripts grundsätzlich befürwortet wird, steht eine Projektkalkulation an. Dazu müssen einige Schlüsselfaktoren bekannt sein bzw. provisorisch angenommen werden: Umfang, Format, Ausstattung, Auflage, Autoren-Honorar, sowie ggf. Honorare für Illustration und/oder Übersetzung, Ladenpreis. Erst wenn die Kalkulation ›aufgeht‹ oder trotz eines nicht positiven Ergebnisses grünes Licht für das Projekt gegeben wird (siehe Kap. 6.3), kann ein Verlagsvertrag geschlossen werden.

Nicht immer laufen allerdings Akquisitionen so friedlich ab – schließlich herrscht freier Wettbewerb, und gelegentlich locken Bücher mit echtem oder künstlich gehypetem internationalen Bestseller-Potenzial. Die Konkurrenz um solche Titel tobt sich mitunter in Bietergefechten aus, die manchmal in fünf-, sechs- oder im Extremfall auch mal siebenstelligen Euro-Garantie-Vorschüssen enden – für die man sich mitunter innerhalb weniger Tage oder gar Stunden entscheiden muss. Da hilft

Themen für eine Jahreskonferenz

Wirtschaftliche Situation
- Ist-Analyse: Programm-Segmente nach Stärken und Schwächen
- Ertragssituation
- Umfang lieferbares Programm
- Backlist-Pflege/Sortimentsbereinigung
- Auflagen, Ladenpreise, Bestände
- Lage im Buchhandel, Einkaufspolitik
- Wirtschaftliche Bedeutung der Nebenrechtsnutzungen (Taschenbuch, Ausland, Audio, Sonstiges)
- Aussichten und Planung für die nächsten Jahre

Programm allgemein
- Wo sehen wir unsere Stärken – Segmente ausbauen?
- Wo sehen wir unsere Schwächen – Segmente abbauen oder anders auftreten?
- Gibt es neue Programm-Segmente, die wir angehen wollen?
- Wo sehen wir uns im Vergleich zur Konkurrenz?
- Was können wir aus erfolgreichen/gescheiterten Titeln lernen?
- Was können wir von erfolgreichen/gescheiterten Verlagen lernen?
- Welche Neuerungen wollen wir einführen?

Autoren (Erzählende Literatur und Sachbuch)
- Pflege der Stamm-Autoren
- Neue Autoren, die zu uns passen – Akquise möglich?
- Rechte erneuern/auslaufen lassen

keine bescheidene Projekt-Kalkulation mit vorsichtigen Absatzerwartungen, da heißt es: aussteigen oder ins volle Risiko gehen. Solche Titel müssen dann natürlich mit einer ausgefeilten Marketing-Strategie auf den Markt gebracht werden, die noch einmal weitere Investitionen verlangt – Mittel, die sich oft genug rentieren, aber keineswegs immer. Zu den höchsten Negativposten in der Jahresbilanz vor allem großer Verlage gehören die Abschreibungen auf nicht zurückverdiente Garantie-Vorauszahlungen. Von dieser Entwicklung sind – spätestens seit *Harry Potter* – auch die KJBV nicht verschont geblieben.

In vielen Verlagen hat es sich bewährt, eine Art Projektpass anzulegen, in dem neben einer Projektbeschreibung festgehalten wird, für welchen Programmplatz das Projekt mit welchen Parametern vorgesehen ist. Da die Programmplanung oft für mehrere Jahre im Voraus erfolgt, ist dies nützlich, damit bei personellem Wechsel in der Lektoratsbetreuung die Kontinuität gewahrt bleibt. Wenn dann der Erscheinungstermin bevorsteht und das Buch für Vertreter, Vorschau und Presse schriftlich vorgestellt wird, sind derartige Überlegungen recht hilfreich.

Illustratoren (Bilderbuch und Innen-Illustrationen)

- Pflege der Stamm-Illustratoren
- Neue Illustratoren, die zu uns passen – Akquise möglich?
- Auch für Umschlaggestaltung geeignet?

Agenturen/ausländische Verlage

- Kontaktpflege zu wichtigen Partnern
- Herausfinden potenzieller neuer Partner
- Bekommen wir die Titel, die wir haben wollen?
- Wie gut sind unsere Abläufe (Prüfung/Angebot bzw. Absage) bei angebotenen Titeln?

Checklist Kernaufgaben

- Stimmt unser Marketing für Spitzentitel? Schöpfen wir Bestseller-Potenzial richtig ab?
- Umgang mit B- und C-Titeln
- Pressearbeit
- Lesungen/Veranstaltungen
- Online-Auftritt/Online-Aktivitäten
- Umschlaggestaltung: Corporate Design/gute Einzellösungen
- Ist unser Vorschau-Konzept up to date?

Zum Abschluss eine Zielvereinbarung

- Wo wollen wir in zwei Jahren stehen? Wo in fünf Jahren?

Bei Lizenzeinkäufen sehen die Verträge fast immer einen zeitlichen Spielraum vor für die Veröffentlichung (nicht später als …) und eine befristete Vertragslaufzeit (z.B. fünf Jahre ab Erscheinen). Es empfiehlt sich sehr, diese Termine im Auge zu behalten und zu beachten, denn sonst verfallen der Vertrag und die geleistete Vorauszahlung.

Unabhängig von seiner Größe und seiner rechtlichen Firmierung braucht ein KJBV Budget-Routinen, in denen die Soll-Erwartungen mit den Ist-Zahlen verglichen und die Abweichungen im laufenden Geschäft erkannt und festgehalten werden. Dafür gibt es einerseits finanzielle Vorgaben (Budgets) entweder für jedes einzelne Buch oder für Buchgruppen, andererseits für die ›Overhead-‹ oder ›Gemeinkosten‹. Jedes einzelne Buchprojekt sollte kalkuliert und daraufhin überprüft worden sein, ob es Gewinn oder Verlust einfahren wird. Zudem hat ein Verlag auch eine Menge verschiedene Aufwendungen für den laufenden Betrieb, die unabhängig von den einzelnen Projekten anfallen: für Personal, Büroraum, Betriebskosten (Strom, Gas, Wasser, Telekommunikation), Büro- und Geräteausstattung, Büromaterial, Porto, Finanz- und Versicherungskosten, Reisekosten und Gästebewirtung, Fortbildung etc. Die Einnahmen des Verlags, die sich ja aus der Bezahlung seiner Buchverkäufe durch den Buchhandel und etwaige Nebenrechtserlöse zusammensetzen, müssen in der Summe mindestens alle diese Kosten abdecken.

Eine verbreitete Methode, um hier einen Überblick herzustellen, ist die Deckungsbeitragsrechnung. Damit wird jedem Buchprojekt kalkulatorisch ›sein‹ Beitrag zur Abdeckung der Kosten für den geregelten Betriebsablauf abverlangt.

Gutes Management zeigt sich nicht nur in einer akkuraten Planung, sondern es bewährt sich in der Fähigkeit, mit den nicht planbaren Abweichungen in der tatsächlichen Geschäftsentwicklung umzugehen. Es zeigt sich immer wieder, dass erfahrene Verlagskaufleute, die manchen Programm- oder Vertriebsleiter haben kommen und gehen sehen, treffsichere Jahresprognosen machen, die sich trotz erheblicher Abweichungen in vielen Details in den entscheidenden Ergebnissen ziemlich genau einstellen.

Zur Betriebs-Routine gehört es, sich einmal im Jahr darüber auszutauschen, wo der Verlag steht, was man nicht erreicht hat, was verbessert werden kann und wo man hinwill. Bei einer solchen Konferenz sollten unbedingt auch neue Ideen auf den Tisch gelegt werden, denn Innovation ist in einem guten Verlag Routine. Wie eine solche Strategie- oder Jahres- oder Programm-Tagung aussehen könnte, zeigt der Entwurf einer Tagesordnung auf der Doppelseite 138/139.

6.2 Planung versus Risiko und Improvisation

Im Druckgewerbe gibt es den schönen Begriff ›Akzidenzdruckerei‹. Man druckt, was eben anfällt, was der Zufall so heranbringt: Broschüren, Hochzeitsanzeigen, Plakate. Ein Buchverlag beruht dagegen auf einer Planung, die auf die Halbjahrestaktung eingerichtet ist, in der das Buchgeschäft bei den Publikumsverlagen abläuft. Auf der folgenden Seite oben sieht man, wie ein Rahmen-Terminplan aussehen könnte.

Dazwischen liegen zahlreiche Einzelabstimmungen und -entscheidungen, aber an solchen Termin-Eckpunkten muss sich der gesamte Verlag orientieren. Auch ein Neuheiten-Programm setzt sich aus Einzelentscheidungen zusammen. Eine mengenmäßige Programm-Rahmenplanung, die sich auch an den Personal-Kapazitäten und finanziellen Ressourcen des Verlags orientiert, zeigt eine zweite Tabelle.

Rahmen-Terminplan

Neuheiten KJB-Verlag	Frühjahr	Herbst
Programmliste steht fest	Ende Juli (Vorjahr)	Anfang Dezember (Vorjahr)
Umschlaggestaltungen fertig	Anfang September	Ende Januar
Sortimentsbereinigung/Preisfestsetzung	Ende September	Anfang Februar
Vorschau-Plan steht	Anfang Oktober	Mitte Februar
Vorschau wird ausgeliefert	Ende Nov./Anfang Dez.	Ende April/Anfang Mai
Vertreterreise beginnt	Anfang Januar	Anfang Juni
Auslieferungstermin 1	Ende Januar	Ende Juni
Auslieferungstermin 2	Ende Februar	Ende Juli
Auslieferungstermin 3	Ende März	Anfang September
Auslieferungstermin 4	–	Anfang Oktober

Programm-Rahmenplanung

Anzahl Neuheiten	Jahr 1				Jahr 2				Jahr 3			
	Frühjahr		Herbst		Frühjahr		Herbst		Frühjahr		Herbst	
Saison	**Titel**	**%**	**Titel**	**%**	**Titel**	**%**	**Titel**	**%**	**Titel**	**%**	**Titel**	**%**
Bereiche												
Bilderbuch	4	27%	5	25%	2	25%	4	27%	3	23%	5	23%
Kinderbuch	6	40%	8	40%	4	50%	6	40%	5	38%	8	36%
Jugendbuch	3	20%	4	20%	2	25%	3	20%	3	23%	5	23%
Sachbuch	2	13%	3	15%	0	0%	2	13%	2	15%	4	18%
Summe Neuheiten	**15**	100%	**20**	100%	**8**	100%	**15**	100%	**13**	100%	**22**	100%
Neuheiten p.a.			**35**				**23**				**35**	

Um Vergleichbarkeit zu erzeugen, empfiehlt sich bei Planungen mit Zahlen stets eine Kombination von absoluten und relativen Zahlen. Die Realität findet ›absolut‹ statt, Prozentzahlen aber ermöglichen Vergleiche – mit anderen Zeiträumen, mit Wettbewerbern oder mit dem aggregierten KJB-Markt. Generell erscheinen in der Frühjahrs-Saison weniger Neuheiten, denn die erste Jahreshälfte ist weniger verkaufsstark (ca. 40% des Jahresumsatzes im Buchhandel) und außerdem kürzer, denn die ›Herbstreise‹ beginnt bereits üblicherweise am 1. Juni. In der zweiten Jahreshälfte liegen die eher verkaufsstarken Ferienmonate Juli/August (zusammen fast 20%), zudem das Weihnachtsgeschäft: Die Monate November und Dezember liefern im Buchhandel rund 25% des Jahresumsatzes. Die Umsatzausschläge im Verlag verlaufen wegen der Zahlungsziele für den Buchhandel anders, sie hinken hinterher; hier sind die letzten Monate des Jahres eher unterdurchschnittlich. Der Januar ist zwar häufig ein umsatzstarker Monat, aber im Saldo schließt er dennoch oft nicht gut ab, weil die Remissionen, die nach der zum Jahreswechsel üblichen Inventur im Buchhandel an die Verlage zurückfluten, negativ zu Buche schlagen.

In der vorgestellten Planung wird ›Jahr 1‹ als ›normales‹ Jahr angenommen. Für ›Jahr 2‹ richtet man sich auf einen erheblichen Absatzrückgang ein, um im ›Jahr 3‹ wieder auf dem alten Titelniveau anzukommen, allerdings in einer etwas anderen Zusammensetzung.

Auf Basis dieser Neuheiten-Listen entsteht eine Umsatz-Planung für die Neuheiten, hier exemplarisch für ›Jahr 1‹ aufgeführt:

Umsatz mit Neuheiten	**Jahr 1**									
	Ø LP	**Frühjahr**			**Herbst**			**Jahr Gesamt**		
Bereiche		**NE**	**Ø Abs.**	**Umsatz**	**NE**	**Ø Abs.**	**Umsatz**	**Σ NE**	**Σ Abs.**	**Σ Umsatz**
Bilderbuch	12,00 €	4	3.000	74.160 €	5	3.500	108.150 €	9	29.500	182.310 €
Kinderbuch	13,00 €	6	4.000	160.680 €	8	5.000	267.800 €	14	64.000	428.480 €
Jugendbuch	14,00 €	3	5.000	108.150 €	4	4.000	115.360 €	7	31.000	223.510 €
Sachbuch	15,00 €	2	3.000	46.350 €	3	3.500	81.113 €	5	16.500	127.463 €
Summe NE		**15**	**57.000**	**389.340 €**	**20**	**84.000**	**572.423 €**	**35**	**141.000**	**961.763 €**

Der Umsatz wird hier näherungsweise nach dieser Formel errechnet:
Ø Ladenpreis (LP) * 0,515 * Anzahl Neuheiten (NE) * Absatz.

Der Faktor 0,515 drückt aus, dass mit einem durchschnittlichen #Rabatt von 48,5% gerechnet wird. Dermaßen hohe Rabatte werden im Einzelfall kaum gewährt, aber in dieser Zahl sind weitere Faktoren berücksichtigt, u.a. der verhältnismäßig hohe Rabatt an Großkunden sowie gratis abgegebene Partie-Exemplare. In einer tatsächlichen Umsatzprognose wird man nicht wie bei dieser Modellrechnung einen Durchschnitts-Ladenpreis und eine Durchschnitts-Absatzerwartung ansetzen, sondern für jeden einzelnen Titel die geplanten individuellen Werte für Ladenpreis und Absatz verwenden.

Die Planung der Neuerscheinungen ist der eine Baustein; eine Prognose über die zu erwartenden Absätze mit der Backlist der zweite. Aus beiden zusammen ergibt sich der Gesamtumsatz für das Jahr 1.

Umsatz mit Backlist + NE	Jahr 1								
	Ø LP	Backlist			Umsatzanteile NE/BL		Backlist + Neuheiten		
Bereiche		**Ti.**	**Ø Abs.**	**Umsatz**	**NE**	**BL**	**Σ**	**Σ Abs.**	**Σ Umsatz**
Bilderbuch	10,00 €	25	1.500	193.125 €	49 %	51 %	34	67.000	375.435 €
Kinderbuch	11,00 €	30	1.000	169.950 €	72 %	28 %	44	94.000	598.430 €
Jugendbuch	12,00 €	20	500	61.800 €	78 %	22 %	27	41.000	285.310 €
Sachbuch	13,00 €	10	1.500	100.425 €	56 %	44 %	15	31.500	227.888 €
Summe NE		**85**	**92.500**	**525.300 €**	65 %	35 %	**120**	**233.500**	**1.487.063 €**

Auch hier würde man in einer tatsächlichen Berechnung für jeden Bereich nicht Durchschnittswerte, sondern die einzelnen realen Ladenpreise und Absatzerwartungen heranziehen und somit eine ›bottom-up‹-Prognose bekommen. Sicherheitshalber sollte man aber auch eine ›top-down‹-Prognose anstellen, die sich in den Summen mit den realen Werten der vergangenen Jahre vergleichen lässt. Wenn sich da starke Abweichungen zeigen, wären das Indizien, um noch einmal nach möglichen Gründen zu forschen.

6.3 Buchkalkulation

Die Kalkulation ist – wie der Vertrag – nicht der Anfangspunkt einer Beziehung Autor-Verlag, stellt aber für den Verlag die finanzielle Bewertung eines Projekts dar. Dadurch bekommt die subjektive Entscheidung für ein Buch eine objektive Grundlage. Durch Berechnungen werden keine Werte geschaffen, wohl aber messbar gemacht. Die verlegerische Entscheidung für ein Buchprojekt setzt sich idealerweise aus drei Komponenten zusammen:

- **die inhaltliche Entscheidung:** Das Buch passt und gehört ins Programm.
- **die kaufmännische Entscheidung:** Das Buch bringt mehr ein als es kostet.
- **die Marketing-Entscheidung:** Wir kennen einen Weg, wie wir das Buch erfolgreich an einen bestimmten Leserkreis bringen wollen.

Falls es auch nur für eine der drei Komponenten kein grünes Licht gibt, sollte man das Projekt erst dann unter Vertrag nehmen, wenn die Parameter so verändert werden können, bis die gewünschten Werte erreicht sind.

Viele Verlagsmenschen haben eine geringe Affinität zu Zahlen. Sie empfinden Zahlenwerke grundsätzlich als undurchschaubar oder bedrohlich und überlassen es anderen, meist den kaufmännisch Verantwortlichen. Das sollte man aber nicht tun. Zahlen sind nicht die Welt, aber sie machen sie messbar. Man sollte den Fakten in die Augen sehen, sonst stellen sie einem ein Bein. Hier einige Beispiele:

- 40 farbige Bilderbuchseiten sind teurer als 32 Seiten. Was aber bedeutet das, wenn man – angesichts der Konkurrenz – den Ladenpreis nicht erhöhen kann?
- Eine Taschenbuch-Originalausgabe mit 168 Seiten ist in der Regel nicht sinnvoll – auf einer Rotationsdruckmaschine sollte man keine halben Bogen und möglichst keine ungerade Bogenzahl einsetzen (1 Bogen = 16 Seiten). Also arbeitet man darauf hin, entweder mit nur 160 Seiten klarzukommen – oder mit neuem Satzspiegel und großzügigerem Umbruch 192 Seiten (bei einem höheren Ladenpreis) anzusteuern.
- Der Autor bekommt bei einem anderen Verlag X % oder Y.000 € mehr Honorar – na und? Wer sagt denn, dass der andere Verlag vernünftig rechnet? Wohl dem, der seine eigene Rechnung aufmachen kann. Wenn Verlag A 3.000 Exemplare auflegt, weil er realistischer Weise mehr Absatz nicht erwartet – warum sollte dann das Honorar auf 6.000 Exemplare ausgelegt sein? Das muss ja nicht bedeuten, keine Regelung für den Fall zu vereinbaren, dass der Erfolg doch größer ausfällt.

Verdienen kann man im Verlagswesen nur miteinander – nicht auf Kosten des anderen. Sobald eine Seite versucht, ihren Anteil (an dem nicht wachsenden) Kuchen zu vergrößern, gibt es ungute, unproduktive Auseinandersetzungen.

Die verbreitetste Krankheit beim Kalkulieren ist das Auflagenfieber. Man kann fast jedes Projekt auf dem Papier gesundrechnen, wenn man die Auflage erhöht; die Fixkosten verteilen sich besser, die Stückkosten sinken – aber wehe, die geschätzte Auflage lässt sich nicht absetzen. Sehr günstig wirkt sich auch das Erhöhen der Ladenpreise auf die Rechnung aus: die technischen Kosten bleiben gleich, die Autorenhonorare profitieren leicht – was aber sagt der Markt und wie sehen die Ladenpreise der Wettbewerber aus?

Man kann auch an das Kostensenken denken: weniger Umfang, weniger Abbildungen, weniger Extras – und geringere Honorare. Das ist keine moralische Frage, denn natürlich sind Honorare auch Kosten und können beim Finden der ökonomischen Parameter eines Buches in ihrer Höhe und Dynamik mit zur Disposition stehen.

Neben den vielen Erlösminderungs-Gefahren gibt es auch Erlössteigerungs-Chancen: z. B. Auslands-, Taschenbuch-, Hörbuch-Lizenzen. Manche hohe Garantiehonorar-Vorauszahlung kann durch den Erlös aus einem Lizenzverkauf abgedeckt werden.

Die Vor-Kalkulation ist keineswegs eine exakte Wissenschaft, denn viele Werte beruhen auf Annahmen. Falls 5.000 Exemplare verkauft werden, erreicht man jenen Erlös. Was aber geschieht, falls der Absatz bei 2.500 stehenbleibt? Daher errechnen viele Verlage Break-even-Auflagen, die zu verkaufende Menge, bei der alle unmittelbaren Kosten des Buches gedeckt sind und somit weder Gewinn noch Verlust entsteht.

Oder: Wie wirkt es sich aus, wenn wir zwar 5.000 Exemplare in den Handel hineinverkaufen, aber 20 % = 1.000 Stück remittiert bekommen? Zunächst sagt sich jeder Verlag: Bitte so viele Exemplare des Titels wie möglich hinaus in den Buchhandel, denn ein sichtbares Buch verkauft sich eher als ein im Lager schlummerndes. Aber auch der beste Buchhändler kann das Buch nur anbieten, indem er es anpreist und exponiert präsentiert. Wenn er jedoch nach einer bestimmten Zeit die georderten Exemplare nicht alle verkauft, bleibt ihm (aus seiner betriebswirtschaftlichen Rationalität) unter den Bedingungen der Preisbindung nur die Remission. Der Verlag muss diese zwar in jedem Einzelfall genehmigen, aber wenn er weiterhin an einer guten Geschäftsbeziehung mit diesem Buchhändler interessiert ist, wird er ihm das nicht verwehren. Viele Verlage rechnen daher schon in der Vorkalkulation bereits eine gewisse Remissionsquote – sie liegt um die 10 % – als Erlösminderung ein.

Man kann jedes Projekt kaputt- oder gesundrechnen. Deshalb ist die Vor-Kalkulkation ein delikates Instrument, das bei falscher Handhabung entweder als projektmörderische Waffe oder zur illusionären Schönfärberei missbraucht werden kann. Das ist auch der Grund, weshalb die Kalkulation niemals allein die Grundlage der Entscheidung für oder gegen ein Buch sein sollte. Im Zusammenspiel der drei oben genannten Komponenten sollte immer die verlegerische Überlegung die ausschlaggebende sein.

Nach dem Erscheinen des Buches wird üblicherweise eine Nach-Kalkulation angefertigt, um zu überprüfen, ob die geplanten Parameter auch tatsächlich eingehalten worden sind. Hieraus sind wichtige Aufschlüsse für weitere zukünftige Kalkulationen zu ziehen.

Nebenstehend ist ein Kalkulationsmuster wiedergegeben, das so einfach wie möglich und so detailliert wie nötig gehalten ist. Viele Begriffe heißen in den Verlagen unterschiedlich, mancher definiert seinen Deckungsbeitrag oder sein Betriebsergebnis anders, und häufig werden Personalkosten gar nicht in die einzelne Produktkalkulation aufgenommen. Wichtig ist die Unterscheidung zwischen fixen und variablen Produktkosten. Eine Umschlaggestaltung z. B. verursacht fixe Produktkosten für Gestaltung und Reproduktion – unabhängig davon, ob man 1.000 oder 10.000 oder 100.000 Stück verkauft. Wenn die Umschlagkosten 1.000 € betragen, macht das im ersten Fall 1,00 € pro Stück, im zweiten 0,10 € und im dritten 0,01 € aus.

Die dem Buch direkt zurechenbaren projektbezogenen Einzelkosten sind nicht zu verwechseln mit den Gemeinkosten, die für Personal, Gebäudenutzung, Dienstreisen, Verwaltung, Kommunikation etc. entstehen. Eine angestellte Lektorin bekommt z. B. ein festes Gehalt, zunächst einmal unabhängig davon, wie viel Umsatz und Erlös die von ihr betreuten Bücher verursachen. Daher sind die weiter unten erklärten absoluten Zahlenwerte so wichtig. Wenn der laufende Betrieb eines Verlags pro Monat z. B. durchschnittlich 100.000 € an Kosten verursacht, kann er trotz glänzender Deckungsbeitrags-Prozentwerte nicht überleben, wenn er dauerhaft nur 75.000 € pro Monat einnimmt. Von Prozenten kann man nicht leben, sondern nur von absoluten Euro-Beträgen.

Die in dem Modell genannten Prozentsätze für Vertriebs- und Auslieferungskosten sind in der Regel vertraglich vereinbarte Größen, während die Prozentsätze für Personal und ›Apparatkosten‹ auf Erfahrungswerten beruhende Größen sind. Typische variable Produktkosten dagegen sind Druckkosten oder Autorenhonorare. Zwar sinkt der Druckpreis pro Stück, je mehr Bücher man drucken lässt, wofür der Begriff Stückkostendegression steht, aber der Preis sinkt nur bis zu einer gewissen Grenze. Die Autorenhonorare dagegen haben häufig eine vereinbarte Eskalation nach oben: z. B. 8 % bis 10.000 verkaufte Exemplare, 9 % von 10.001 bis 20.000, 10 % danach.

Für die Bewertung einer Kalkulation von enormer analytischer Bedeutung ist, dass man Zahlen immer in den drei Dimensionen zur Verfügung hat:

VORKALKULATION HARDCOVER	Nr.	1			Datum:	31.03.2021
BLUME VERLAG	Prognose	2022	2023	2024	2025	Gesamt
Titel: Ein Blumenstrauß für Benni	Absatz	4.000	3.000	2.000	1.000	10.000
Autor: Toni Schlau						
Lizenzgeber: Originalausgabe	Honorar bis 6.000 Exemplare 7,0%, bezogen auf den Netto-Ladenpreis					
Programm: Frühling 2022	darüber hinaus verkaufte Exemplare 9,0%					
Lektorat: Theresa Treu						
Seitenzahl: 196						

		ERSTAUFLAGE				NACHAUFLAGE			GESAMTAUFLAGE		
		6.000				4.000			10.000		
	Vorgaben	€ / Ex.	%	€		€ / Ex.	%	€	€ / Ex.	%	€
Ladenpreis in €		15,00				15,00			15,00		
MwSt.	7,0%	0,98				0,98			0,98		
Rabatt	48,5%	6,80				6,80			6,80		
Remittenden	5,0%	0,75				0,75			0,75		
NETTOWARENERLÖS (Umsatz)		**6,47**	**100,0%**	**38.818**		**6,47**	**100,0%**	**25.879**	**6,47**	**100,0%**	**64.696**
Reproduktionen		0,17	2,6%	**1.000**					0,10	1,5%	1.000
Satz/Montage		0,17	2,6%	**1.000**		0,05		**200**	0,12	1,9%	1.200
Umschlag-Repro		0,08	1,3%	**500**					0,05	0,8%	500
Umschlag-Reinzeichnung		0,17	2,6%	**1.000**					0,10	1,5%	1.000
SUMME BUCH-FIXKOSTEN		***0,58***	***9,0%***	***3.500***		***0,05***	***0,8%***	***200***	***0,37***	***5,7%***	***3.700***
Produktionspreis (Druck + Buchbinden + Anlieferung)		**1,50**	23,2%	9.000		**1,65**	25,5%	6.600	1,56	24,1%	15.600
Absatzhonorar Autor in %	**5,0%**	0,70	10,8%	4.206	###	0,84	13,0%	3.364	0,77	11,9%	7.570
Absatzhonorar Illustrator in %	**2,0%**	0,28	4,3%	1.682	###	0,42	6,5%	1.682	0,35	5,4%	3.364
Vertriebsprovision	8,0%	0,52	8,0%	3.105		0,52	8,0%	2.070	0,52	8,0%	5.176
Auslieferungs-Kosten	12,0%	0,78	12,0%	4.658		0,78	12,0%	3.105	0,78	12,0%	7.764
SUMME VARIABLE KOSTEN	***27,0%***	***3,78***	***58,4%***	***22.651***		***4,21***	***65,0%***	***16.822***	***3,98***	***61,4%***	***39.474***
SUMME FIXE + VARIABLE KOSTEN		***4,36***	***67,4%***	***26.151***		***4,26***	***65,8%***	***17.022***	***4,35***	***67,2%***	***43.174***
DECKUNGSBEITRAG I	**SOLL: 35%**	**2,11**	**32,6%**	**12.666**		**2,21**	**34,2%**	**8.856**	**2,12**	**32,8%**	**21.522**
Werbung	5,0%	0,32	5,0%	1.941					0,19	3,0%	1.941
Lektorat/Herstellung	9,0%	0,58	9,0%	3.494					0,35	5,4%	3.494
Vertrieb/Presse/Werbung/Marketing	7,0%	0,45	7,0%	2.717					0,27	4,2%	2.717
EDV/Verwaltung	5,0%	0,32	5,0%	1.941					0,19	3,0%	1.941
Allg. Overhead	5,0%	0,32	5,0%	1.941					0,19	3,0%	1.941
SUMME GEHÄUSEKOSTEN	***31,0%***	***2,01***	***31,0%***	***12.034***					***1,20***	***18,6%***	***12.034***
SUMME GESAMTKOSTEN		***6,36***	***98,4%***	***38.185***					***5,55***	***85,8%***	***55.207***
DECKUNGSBEITRAG II	**SOLL: 10%**	**0,11**	**1,6%**	**633**		**2,21**	**34,2%**	**8.856**	**0,92**	**14,2%**	**9.489**

Garantiehonorar Autor in €	**5.000**
Garantiehonorar Illustrator in €	**3.000**
Vorauszahlungs-Saldo Autor nach 1. Aufl.	-794
Vorauszahlungs-Saldo Illustrator nach 1. Aufl.	-1.318
Vorauszahlungs-Saldo Autor nach 2. Aufl.	2.570
Vorauszahlungs-Saldo Illustrator nach 2. Aufl.	364
Break-even ca. verkauften Ex.	***8.152***

- die Kosten pro gedrucktes Exemplar (Spalte €/Ex.): damit kann der Ladenpreis errechnet werden;
- die relativen Kosten (Spalte %): damit wird ein Buch mit anderen vergleichbar;
- die absoluten Kosten (Spalte €): der absolute Geldbetrag drückt konkret aus, was das Ganze kostet.

PRODUKTLEBENSZYKLUS Die Literatur unterscheidet fünf Phasen: Produktentwicklung, Markteinführung, Wachstum, Reife und Absatzrückgang. Kosten entstehen bereits in der ersten Lebensphase (Projektbegutachtung, Honorarvorschuss, Übersetzung etc.), während sich Gewinne erst nach erfolgreicher Markteinführung einstellen.

In der Verlagspraxis tut man gut daran, eine Prognose über den vermutlichen Lebenszyklus des Buches anzulegen. Eine solche Rechnung verfeinert die Vorkalkulation mit einer fiktiven Nachauflage und einer ebenso fiktiven Gesamtauflage, womit sich die Fixkosten anders verteilen, als wenn es nur eine Auflage gäbe. Aber auch damit kann man sich täuschen, falls es nämlich nie zu einer Nachauflage kommt.

Fazit: Vertrauen (in das zu verlegende Buch) ist gut, Kontrolle (der Kosten und Erlöse) ist besser – aber am besten ist es, wenn das verlegerische Vertrauen in die Qualität des neuen Buches von kaufmännischer Nüchternheit begleitet und mit einfallsreichem Marketing in die Welt gesetzt wird.

6.4 Anforderungen an Mitarbeiter in Kinder- und Jugendbuchverlagen

Welches Bild als Vergleich mit der Verlagsarbeit man auch nimmt: eine Expedition in unwirtliche Landschaften, ein Segelschiff auf hoher See, ein Haus mit vielen Stockwerken – Zusammenwirken ist das Lebenselixier der Verlagsmitarbeiter. Wenn wir von einem mittelgroßen KJBV ausgehen, könnte dieser wie in der Übersicht auf Seite 149 gegliedert sein.

Dies ist kein verbindliches, nur ein exemplarisches Modell. Es können mehr oder weniger Personen in dem Verlag arbeiten. Die Zuordnungen können unterschiedlich sein. Hier ist z. B. die Presseabteilung direkt der Verlagsleitung zugeordnet; bei manchen Verlagen gehört sie zum Lektorat, bei anderen zum Marketing, wieder andere betreiben es in Personalunion mit der Lizenzabteilung.

VERLAGSLEITUNG		
	Lektorat	Cheflektorat/Programmleitung, Lektorat Bilderbuch, Lektorat Kinderbuch, Lektorat Jugendbuch, Lektorat Sachbuch
	Herstellung	Herstellungsleitung, Hersteller Textbücher, Hersteller farbig
	Vertrieb/Marketing	Vertriebsleitung, Verkaufsleitung Innendienst, Verkaufsleitung Außendienst, Key Accounter, Werbeleitung, Verkaufsleitung Ausland
	Kommunikation	Presseleitung, Internet
	Rechte/Lizenzen	Leitung Rechtsabteilung, Verträge, Auslandsrechte, Inlandsrechte
	Kaufmännisches / Personal	Kaufm. Leitung, Controlling, Buchhaltung, Honorarbuchhaltung, IT-Leitung, Personalleitung

Bei manchen sehr großen Verlagen gehören die Abteilungen Kommunikation, Herstellung, Vertrieb/Marketing, Rechte/Lizenzen zusammen mit dem Lektorat zu einem Teil-Verlagsbereich. Bei anderen sind diese Abteilungen zentralisiert und arbeiten für alle Verlagsteile. Aus besonderen Anlässen können sich ad-hoc-Teams bilden, die quer durch diese Abteilungen an einem bestimmten Projekt arbeiten.

Je mehr Personal ein Verlag hat, desto arbeitsteiliger wird er organisiert sein. Je weniger Mitarbeiter, desto mehr Funktionen sind in einer Person vereint. Im Extremfall lassen sich alle Aufgaben delegieren – bis auf die Verlegerrolle. Viele kleine Verlage lassen z.B. den Vertrieb, die Pressearbeit und den Lizenzverkauf durch Kollegenverlage oder Dienstleister besorgen. Auch ein noch so kleiner Verlag ist auf Kooperation angewiesen – außer er will als Ein-Personen-Unternehmen seine Bücher selbst aus der Garage verschicken, falls jemand mal eins bestellt.

Ein Appell an die Kooperation spricht sich natürlich viel leichter aus, als er sich im Alltag jederzeit realisieren lässt. Alle sind nur Menschen, die bei Widrigkeiten wie Gegenwind, Zeitdruck oder Unzuverlässigkeit verschieden reagieren, über unterschiedlich gute Nerven verfügen, großzügige Toleranz oder engherziges Beharren auf Forderungen ausstrahlen. Jeder macht auch mal Fehler; er sollte sie erkennen und korrigieren können. Niemand soll seine Individualität aus Gründen der Konformität verbiegen müssen. Der gute gemeinsame Geist eines Verlags wird von der Führung her vorgelebt, geprägt und im Konfliktfall auch eingefordert. Das Bild des Orchesters mit einem Dirigenten ist nicht unpassend: viele unterschiedliche Instrumente, alle meisterlich beherrscht, aber es kommt auf das Zusammenspiel an. Wenn ein Streit zwischen Abteilungen nicht von den Abteilungsleitern gelöst werden kann, muss das die Verlagsleitung tun; sie sollte auch erkennen, wo sich ungute Reibungen ergeben und rechtzeitig eingreifen. Wegschauen und hoffen (›Das wird schon wieder‹) hilft nicht. Wenn Konflikte zwischen Mitarbeitern und Vorgesetzten nicht von den Beteiligten selbst beigelegt werden können, muss sich ebenfalls die Verlags- oder auch die Personalleitung einschalten.

Es ist nichts dagegen einzuwenden, wenn Abteilungen im Wettbewerb mit anderen einen gewissen Korpsgeist entwickeln, z. B. Freude an der sportlichen Herausforderung empfinden, stets die Terminpläne einzuhalten – und damit implizit kritisieren, wenn andere in dieser Hinsicht nicht so zuverlässig sind. Abteilungen sind aber nicht für sich selbst da, sondern für den ganzen Verlag. Sie tragen eine Verantwortung für ihren Teil – das mag man Zuständigkeit nennen. Wenn dies allerdings zu der notorischen Äußerung führt ›Dafür bin ich nicht zuständig‹, kann das einen Mangel an Kooperationsbereitschaft andeuten. Die Gliederung in Abteilungen verleitet manchen dazu, in einer Art Silo-Denken zu verharren; dann interessiert nur, was innerhalb dieses Gefäßes geschieht, und nicht, welche Funktion dieser Teil für das Ganze hat.

Klassische Reibungsflächen liegen zwischen Lektorat und Vertrieb. Es kommt immer wieder vor, dass sich hier Lager bilden, die ihre Sicht auf neue Projekte durchsetzen wollen. Weder steht es dem Lektorat zu, Erfahrungen und Einschätzungen des Vertriebs zu ignorieren, noch kann man es dem Vertrieb durchgehen lassen, ein Buch offen oder verdeckt zu boykottieren. Die Verlagsleitung hat dafür zu sorgen, dass pro und contra diskutiert wird, aber am Ende eine Entscheidung steht, die jeder Verlagsmitarbeiter verstehen kann und die er dann mitzutragen hat – auch wenn er selbst anders entschieden hätte. Hier hilft der Geist des Hauses, die Orientierung auf gemeinsame Ziele, vereinbarte Umgangsregeln und schlichte Menschenfreundlichkeit.

6.5 Freie Mitarbeiter

Man kann es als eine ›grundsätzliche‹ Frage behandeln, ob überhaupt und falls ja welche Verlagsfunktionen an Externe vergeben werden, auch ›Outsourcing‹ genannt. Oder man geht mit dieser Frage ›pragmatisch‹ um. Zumeist ist es weniger eine Frage der Kosten, wohl aber eine der Kostenflexibilität. Wenn z. B. nicht sichergestellt ist, dass im Bilderbuchbereich ein Programmvolumen zu bearbeiten ist, mit dem eine festangestellte Lektorin ausgelastet wäre, kann man dieses Segment zur Betreuung an eine einschlägig erfahrene freie Lektorin vergeben.

Die meisten freien Lektorinnen, die für KJBV arbeiten, sind ehemalige angestellte Lektorinnen, häufig Büchermacherinnen aus Passion, mit engen Beziehungen zu Autoren. In den Verlagen herrschen verschiedene Ansichten darüber, ob das Lektorieren durch angestellte Lektorinnen des Verlags zu den unverzichtbaren Kernaufgaben des Verlags gehört oder nach außen delegiert werden kann. Solange eine gute Lektoratsarbeit geleistet wird (und dazu gehört auch die Zufriedenheit des Autors), kann diese Frage als zweitrangig eingestuft werden. Die freie Lektoratstätigkeit ist mittlerweile dermaßen verbreitet, dass sich auch hier eine berufliche Interessenvertretung gebildet hat: der VFLL, der Verband der freien Lektorinnen und Lektoren.

Es mag vielfältige Gründe für das Engagieren freier Mitarbeiter geben: Verlagsgröße, Expertise, Auslastung bzw. Flexibilität bei stark schwankendem Arbeitsanfall; bestimmte Arbeiten können genauso gut oder besser außerhalb geleistet werden; ehemalige angestellte Mitarbeiter wollen aus persönlichen Gründen (z. B. kleine Kinder) nicht in die Festanstellung zurück – man möchte sie aber gern weiter an den Verlag binden; man will keinen festen Apparat aufbauen, weil man die fixen Kosten dafür nicht finanzieren kann oder möchte. Vielleicht ist es sogar so, dass eine ausgesprochen geeignete Expertin in der Stadt A lebt und dort aus persönlichen Gründen nicht zum Umzug in die Verlagsstadt B zu bewegen ist. Dann kann man Wege und Routinen vereinbaren, wie eine solche ›Außenstelle‹ nicht als ferner Planet, sondern als dem Verlag verbundener Satellit fungiert.

Von vielen freiarbeitenden Verlagsmitarbeitern ist zu hören, dass sie lieber so arbeiten, als täglich ins Verlagsbüro zu fahren. Ein häufig von ihnen genanntes Stichwort ist die verpflichtende Teilnahme an zu vielen, oft viel zu langen Sitzungen im Verlag, die eine Menge Arbeitszeit kosten, deren Effizienz jedoch mitunter sowohl für den Verlag als auch für einen selbst als fragwürdig empfunden wird. Andererseits wird bei der Frage nach Unzufriedenheit mit dem eigenen Verlag meist an erster Stelle darüber geklagt, dass Mitarbeiter sich nicht genügend über Entscheidungen im Verlag informiert und in diese einbezogen fühlen.

Auch wenn ein Verlag Arbeiten nach ›draußen‹ vergibt, verliert er damit weder seine Entscheidungskompetenz noch seine Verantwortung. Bei Autoren hält niemand die Freiberuflichkeit grundsätzlich für problematisch, denn sie vereint eine ›Freiheit von …‹ mit einer ›Freiheit zu …‹. Auch bei verwandten kreativen Berufen wie Buchillustratoren, Gestaltern, Übersetzern ist die Freiberuflichkeit gang und gäbe. Unter den Buchhandels-Vertretern arbeiten Freiberufler ebenso wie Angestellte. Sogar für Werbung, Marketing und Pressearbeit kann man sich mit Freien Kompetenz beschaffen – anders könnten viele kleine Verlage solche Leistungen gar nicht auf die Beine stellen.

6.6 Frauen und Männer in Kinder- und Jugendbuchverlagen

Von der Marktforschung wird immer wieder bestätigt, dass etwa zwei Drittel der Buchkäufe, auch der für Kinder, von Frauen getätigt werden. Wir wissen, dass Mädchen mehr lesen als Jungen. In Buchhandlungen kann jeder sehen, dass weibliches Personal die Mehrheit stellt, bei Buchverlagen ist es ebenso. Es sind keine Erhebungen bekannt, aus denen der Anteil der weiblichen und der männlichen Beschäftigten in den Buchverlagen und speziell in den KJBV exakt hervorgeht. Die Statistik der Bundesagentur für Arbeit meldet ca. 60% weibliche Beschäftigte bei den Buch-, Zeitungs-, Zeitschriften- und sonstigen Verlagen insgesamt. Es ist daher nur ein subjektiver Eindruck, den aber viele Verlagskollegen bestätigen werden, dass in den Lektoraten überwiegend Frauen beschäftigt sind, und dieses Phänomen ist bei den KJBV noch stärker ausgeprägt. Als ein weiteres Indiz mag die Verteilung der Geschlechter bei den Ausbildungsverträgen dienen, die es für die beiden Lehrberufe in der Branche gibt: 2019 waren 75% der Auszubildenden für das Berufsbild Medienkaufmann/-frau weiblich, 85% für das Berufsbild Buchhändler/-in.

In den buchwissenschaftlichen Studiengängen hat sich der Anteil männlicher Studierender seit 2010 tendenziell erhöht, was der starken weiblichen Dominanz keinen Abbruch tut. In München von etwa 2% auf 20%; in Erlangen von etwa 2% auf 4%; in Mainz liegt er relativ stabil bei ca. 12% (Stand: Ende 2020). Viele Berufsanfänger in den Lektoraten kommen naheliegender Weise aus der Germanistik, wo kaum über 25% männliche Studierende anzutreffen sind. Für den Eintritt ins Verlagswesen bestehen meist keine zwingenden Voraussetzungen in Bezug auf die Fachrichtung, doch ein abgeschlossenes Hochschulstudium wird meistens verlangt. Eine zusätzliche Ausbildung zum Buchhändler oder eine langjährige buchhändlerische Praxis werden gern gesehen.

Alle öffentlich gemachten Stellenangebote müssen aufgrund allgemeiner Vorschriften genderneutral ausgeschrieben werden, also etwa mit der Funktionsbezeichnung und dem Kürzel w/m/d. Niemand darf aufgrund von Eigenschaften oder Einstellungen diskriminiert, also von einer Bewerbung ausgeschlossen werden – sei es Geschlecht, geschlechtliche Orientierung, Herkunft, Hautfarbe, körperliche Behinderung, Religion und weiteres. Bei privatwirtschaftlichen Stellen gibt es, anders als bei manchen politischen oder gesellschaftsrechtlichen Mandaten, keine bindenden Quoten für Frauen und Männer. Manche KJBV würden durchaus mehr Männer einstellen, aber die Bewerber stellen sich offensichtlich einfach nicht in dem Maße vor, wie man es gern hätte.

Die Initiative Bücherfrauen beschäftigt sich seit 1990 mit der Frage der Geschlechtergerechtigkeit im Berufsfeld Verlage/Buchhandel. Zuletzt haben sie 2016 eine Studie zu Frauen im Literaturbetrieb erstellt, nach der ca. 80% der Angestellten im Buchhandel weiblich sind, zudem überwiegend in Teilzeitarbeit. Nach ihren Recherchen erledigen Frauen ca. zwei Drittel der Lektoratsarbeit; bei den KJBV dürfte diese Quote noch größer sein.

Seit längerem findet in der KJB-Szene eine Debatte darüber statt, ob die chronische Unterrepräsentation der Jungen als Leser (und später in der allgemeinen Literatur erwachsener männlicher Leser) damit zusammenhängt, dass die für das Thema Lesen zuständigen Personen überwiegend weiblich sind. Das fängt mit den meist fürs Vorlesen zuständigen Müttern an, geht mit den Erzieherinnen (95% weiblich) weiter, dann die Grundschullehrerinnen (78%), die Buchhändlerinnen (80%), die Bibliothekarinnen (75%) und die Lektorinnen.

Man sollte hier jedoch nicht von einem ›mechanischen‹ Zusammenhang ausgehen, denn aus der Mitte eben dieser engagierten Frauen kommen zahlreiche Initiativen, ›Bücher für Jungs‹ herauszubringen. So widmet die Fachzeitschrift *Eselsohr* auf der regelmäßigen Seite *Jungen-Bücher* dem Verein Boys & Books Gelegenheit, besonders für Jungen geeignete Bücher vorzustellen. Diese Initiative von Fachleuten, darunter Leseforscher, Rezensenten und Juroren, unterstützt von Wissenschaftlern der Universitäten Köln, Eichstätt und Bremen zeigt, dass man die Thematik erkannt hat und mit ihr umgeht.

Auf einem weiteren, zurecht kritisch diskutierten Feld geht es um Bücher, die sich unter Verwendung hergebrachter Klischees mit ›rosa‹ Themen nur an Mädchen und mit ›martialisch‹ aufgemachten Themen nur an Jungen richten.

Die Kommunikations- und Presse-Abteilungen sind überwiegend weiblich besetzt, auch die Leitungen. In den Unternehmensspitzen dagegen sieht es anders aus, denn Frauen stellen nur etwa je ein Fünftel der leitenden Positionen auf der oberen wie auf der mittleren Führungsebene. Es ist hier nicht der Ort, weitläufig zu erklären, wie diese Lage zustande gekommen ist oder gar wie man sie ändern kann. Es lässt sich jedoch beobachten, dass gerade in KJBV, aber auch in anderen Teilen der Branche, immer mehr Frauen Cheflektorinnen, Vertriebs- oder Herstellungsleiterinnen oder Verlegerinnen werden. Man kann als Fazit klar festhalten: Keines der Berufsbilder in KJBV verlangt eindeutig eine Frau oder einen Mann, sondern vielmehr persönliche Eigenschaften, Qualifikationen und Motive (siehe Kap. 4.1).

7 Ausblick

Zur Jahrtausendwende schrieb Jason Epstein (Random House-Verleger, bevor Bertelsmann den Verlag übernommen hat):

> *Das Verlagswesen ist von Natur aus eine vorindustriell organisierte Branche: dezentralisiert, improvisiert, persönlich, am effizientesten in kleinen Gruppen Gleichgesinnter, die ihr Handwerk lieben, auf ihre Autonomie bedacht sind und auf die Bedürfnisse von Schriftstellern sowie die unterschiedlichen Interessen der Leser sehr empfindlich reagieren. Wäre Geld ihr primäres Ziel, dann hätten diese Leute vermutlich andere Laufbahnen eingeschlagen.* (Epstein 2001, 1)

Viele Verlagsleute halten Epsteins Einschätzung für überholt – umso interessanter ist es, was Markus Dohle, der heutige Chef der größten Publikums-Verlagsgruppe der Welt, auf die Frage »Immer mehr kleine Verlage verschwinden, es entstehen große Buchfabriken – ist dieser Trend nicht schädlich?« antwortet:

> *Dass die Großen immer gewinnen und die Kleinen kaum überleben können, ist ein Trugschluss. Die Fragmentierung in der Verlagsbranche ist immer noch sehr hoch, global und auch in Deutschland. […] Der Verkauf von Büchern ist heute durch die Möglichkeiten des E-Commerce so effizient wie nie zuvor. Vielen kleinen Verlagen geht es heute auch wegen diesen Effizienzgewinnen sehr gut, vor allem, wenn sie […] eine hochwertige Backlist haben. Eine weitere Konsolidierungswelle bei Buchverlagen ist also keineswegs zwangsläufig, eher das Gegenteil ist der Fall. (Dohle 2020)*

Die Struktur der KJB-Verlagslandschaft und zahlreiche Neugründungen bestätigen diese Analyse. Was allerdings die Digitalisierung für die KJB-Branche bedeutet, lässt sich noch nicht überblicken. Ein entscheidender Unterschied zwischen analogen und digitalen Büchern besteht darin, dass die Buch-Distribution eine komplexe Logistik mit physischer Bewegung realer Güter verlangt, wohingegen der E-Book-Vertrieb auf das Internet zurückgreift, das die Distribution und den Erwerb unaufwändig ermöglicht. Die Verfügbarkeit von Büchern in digitaler Form ist daher, wie Gutenbergs Erfindung des Buchdrucks und des Satzes mit beweglichen Lettern, ein Epocheneinschnitt.

Es wäre jedoch falsch, von einer ›kopernikanischen Wende‹ zu sprechen; denn der Erkenntnis-Fortschritt, den der berühmte Astronom uns verschafft hat, bestand ja darin, eine verkehrte Erklärung der Struktur des Universums zu korrigieren. Das gedruckte Buch ist aber keineswegs ein ›verkehrtes‹ Medium, sondern ein ausgereiftes, hochentwickeltes Produkt mit einzigartigen Vorteilen. Umberto Eco hat das so formuliert:

> *Das Buch ist wie der Löffel, der Hammer, das Rad oder die Schere: Sind diese Dinge erst einmal erfunden, lässt sich nichts Besseres mehr machen.*
>
> (Eco 2010, S. 14)

Dieses Produkt ›Papierbuch‹ hat weder bei Erwachsenen noch bei jungen Lesern ausgedient. Auch das bestätigt Markus Dohle:

> *In der Krise sind digitale Formate, also E-Books und digitale Hörbücher, gewachsen. [...] Trotzdem kommt das größte Wachstum aus dem physischen Geschäft, also mit gedruckten Büchern. (Dohle 2020)*

5 Thesen zur Zukunft des Kinder- und Jugendbuchs

1 **Ein Buch ist ein Buch** Ob Roman, Sachbuch oder illustriertes Buch – das gedruckte Buch wird noch lange die vorherrschende mediale Angebotsform bleiben. Die guten Bücher der guten Autoren erscheinen bei den guten Verlagen, und die kauft man in den guten Buchhandlungen.

2 **Partner fürs Leben** Für das Geschäft mit dem KJB brauchen die Verlage den Buchhandel, und der Buchhandel braucht weitere Partner: vor allem Kindergärten, Schulen, Bibliotheken. Wer solche Beziehungen pflegt, legt die Grundlage für eine dauerhaft positive Kundenbindung.

3 **Durch Profil zum Profit** Für Verlage wie für Buchhandlungen liegt die Chance im Profil, das sich unterscheidet vom Bestseller-Wahn, von Internet-Giganten und großen Buchhandelsketten. Denn diese werden den Fokus auf immer weniger Spitzentitel verschärfen, die Sortimentsbreite weiter einschränken und die Beratungsqualität senken.

4 **Ohne Kinderbuch kein Buch** Die Verankerung des KJB bei Kindern und Jugendlichen ist sowohl eine wichtige Aufgabe als auch ein lukratives Geschäft. Nur wenn wir beim Nachwuchs Lesebegeisterung wecken, verhindern wir erwachsene Nichtleser und sichern somit die Zukunft des gesamten Buchmarkts.

5 **Lesen macht stark** Auch wenn mit dem Einzug der Digitalisierung in die Schulen das gedruckte Buch sein Monopol als Lehrmittel verliert, wäre es ein fataler Irrtum, sie nicht mehr einzusetzen. Die Fähigkeit, das Lesen von Büchern auf Papier als Erkenntnisgewinn und Genuss zu erleben, ist eine Investition in die Zukunft einer Gesellschaft mündiger Bürger.

#Spotlights

AMAZON Weltweit agierendes Versandunternehmen, 1994 von Jeff Bezos in den USA gegründet, das mit dem Online-Verkauf von Büchern angefangen hat, und heute in vielen Ländern der Welt nahezu alle Waren liefert. Dürfte im deutschen Sprachraum für viele Verlage der größte Kunde sein und erlaubt sich deshalb, hohe Rabatte und extrem günstige Konditionen zu verlangen.

BACKLIST Die Gesamtheit der lieferbaren Bücher lässt sich in Novitäten / Neuerscheinungen, Neuausgaben, Nachauflagen und Backlist aufteilen. Da Bücher in der Regel nicht für die Lektüre oder Nutzung in lediglich einer Saison gedacht und geeignet sind, bleiben sie lieferbar und werden verkauft, auch wenn sie nicht mehr brandneu sind. Gut und dauerhaft nachgefragte Bücher werden zu Backlist-Titeln, die sich für Verlag, Buchhandel und Autoren auf die Wirtschaftlichkeit und die Beliebtheit des Programms positiv auswirken.

BESTSELLER Bücher, die überdurchschnittlich gut verkauft werden. Die absoluten Zahlen können sich in den einzelnen Buchgruppen (Belletristik, Sachbuch, Kinderbuch, Spezialthemen wie Religion, Garten etc.) sowie Buchtypen (Hardcover, Paperback, Taschenbuch, Hörbuch) stark unterscheiden. Viele Buchhandlungen präsentieren die Bestseller-Titel an exponierter Stelle.

BESTSELLERLISTEN Damit die potenziellen Käufer auf die am meisten verkauften Bücher aufmerksam werden, veröffentlichen Publikumsmedien, wie der *Spiegel*, regelmäßig Bestsellerlisten. Auch Fachmedien, wie *Buchreport* und *Börsenblatt*, tun das wöchentlich, monatlich und jährlich. Die Spiegel-Zahlen werden seit 2015 von Media Control durch elektronische Abfrage der Warenwirtschaftssysteme von über 9.000 Buchverkaufsstellen in Deutschland, Österreich und der Schweiz ermittelt. Für das KJB erscheinen die Listen im Kindermagazin *Dein Spiegel*, sortiert nach Bilderbuch, Kinderbuch, Jugendbuch und Sachbuch.

BÖRSENVEREIN DES DEUTSCHEN BUCHHANDELS E.V. Seit 1825 fungiert der B. als gemeinschaftliche Organisation der Buchhändler, Zwischenbuchhändler und Verleger. Der Sitz war lange Zeit in Leipzig, wo auch seit dem 17. Jahrhundert die Leipziger Buchmesse stattfindet. Nach der deutschen Teilung wurde der Verband für die Bundesrepublik Deutschland in Frankfurt am Main gegründet, wo der seit 1991 wieder zusammengeführte Verein weiterhin ansässig ist. Er wird von einem ehrenamtlichen neunköpfigen Vorstand geführt. Die hauptamtlichen Mitarbeiter leisten die Verbandsarbeit, die von einem Hauptgeschäftsführer geleitet wird.

Der B. organisiert u.a. alljährlich den Vorlesewettbewerb, den Deutschen Buchpreis und den Friedenspreis des Deutschen Buchhandels. In seinem geschäftlichen Zweig betreibt er über eine Holding zwei Firmen, die branchenrelevante Dienstleistungen ausführen: die MVB (die u.a. das *Börsenblatt* herausgibt und das VLB organisiert) sowie die Frankfurter Buchmesse.

DIGITALISIERUNG Entwicklung im Geschäftsleben, durch die Prozesse, Produkte und Dienstleistungen mittels elektronischer Verfahren angebahnt, abgewickelt, hergestellt und zur Verfügung gestellt werden – im Gegensatz zu herkömmlichen, analogen Verfahren.

FILIALISTEN Buchhandlungen an verschiedenen Standorten, die von denselben Eigentümern nach einem einheitlichen Grundkonzept betrieben werden: Sortimentsstruktur, Einkauf, Ladeneinrichtung, Werbung. Im Gegensatz dazu steht der sogenannte ›unabhängige Buchhandel‹.

FLOP Saloppe Bezeichnung für ein besonders schlecht verkäufliches Buch. Sie kommt insbesondere dann zum Einsatz, wenn die Erwartungen hoch und die Resultate gering waren.

GEBUNDENER LADENPREIS Seit 1888 per Branchenvereinbarung, seit 2003 per Gesetz haben Bücher in Deutschland feste Ladenpreise. Den Verlagen obliegt die Festsetzung der Endpreise (Ladenpreise inkl. USt), die auch für Wiederverkäufer (Buchhändler, Nebenmärkte) verpflichtend gelten. Auch E-Books sind preisgebunden; sie unterliegen wie Bücher dem ermäßigten USt-Satz von derzeit 7%.

Verstöße gegen das Buchpreisbindungsgesetz können dem Preisbindungstreuhänder gemeldet werden, der berechtigt ist, dagegen vorzugehen. Ein ähnliches Gesetz gibt es auch in Österreich. In der Schweiz ist nach einer Volksabstimmung 2012 die Preisbindung für Bücher abgeschafft worden.

GENRE Autoren wie auch Verlage können auf bestimmte Stoffe und Erzählweisen spezialisiert sein, z.B. auf Krimis, romantische Geschichten, historische Abenteuer oder Fantasy. Ihnen wird beim Verlegen von Büchern in einem solchen Genre besondere Kompetenz zugetraut.

GLOBALISIERUNG Die zunehmende Verflechtung und wechselseitige Abhängigkeit der Wirtschaft, aber auch von Politik, Umweltentwicklungen und Kultur rund um den Globus.

HONORAR Urheber wie Autoren, Illustratoren, Gestalter, Fotografen und Übersetzer werden für ihre Leistungen bezahlt. Das kann in Gestalt von einmaligen Pauschalhonoraren, von mengenabhängigen Fixhonoraren (z.B. X € pro Seite) oder von prozentualer Beteiligung am Verkaufserlös geschehen. Bezugsgröße dafür ist meistens der Ladenpreis abzüglich Umsatzsteuer, manchmal auch der Netto-Verlagsumsatz / Verlagserlös.

INTERNET-BUCHHANDEL Internet-Händler und stationäre Buchhandlungen mit angeschlossenen Webshops können Buchbestellungen online entgegennehmen und die Artikel mit Rechnung versenden. Darüber hinaus bietet das stationäre Sortiment die Abholung im Geschäft an (click & collect). Die Buchpreisbindung für deutschsprachige Bücher gilt im Internet genauso wie für alle anderen Vertriebswege.

KALKULATION In der Vorkalkulation werden die erwarteten Kosten eines Buches gegen die möglichen Erlöse berechnet. Sie ist ein Modell, mit dem in verschiedenen Varianten – mit veränderten Parametern, die Ausstattung, Umfang, Ladenpreis, Auflagenhöhe etc. betreffen – durchgespielt wird, welches Ergebnis sich mit dem Buch voraussichtlich erwirtschaften lässt. In der Nachkalkulation stehen die tatsächlichen Kosten gegen die real erwirtschafteten Erlöse; sie ist eine Analyse des tatsächlichen Prozesses. Man unterscheidet variable, fixe und Overhead-Kosten. Der gebundene Ladenpreis und die Auflagenhöhe setzen wesentliche Rahmenbedingungen für eine Kalkulation.

KLASSIKER Zum einen die Autoren, die weithin als klassisch anerkannte Werke geschrieben haben, zum anderen ebendiese Werke selbst. ›Klassiker‹ ist keine geschützte Bezeichnung; dementsprechend kann durchaus Missbrauch damit getrieben werden. Viele Werke, etwa die von Mark Twain, Erich Kästner, Astrid Lindgren oder Michael Ende, gelten im KJB unbestritten als Klassiker.

KONZERN Unternehmensgruppe, die mehrere Firmen betreibt, die zwar eigenständig agieren, aber an eine über ihnen stehende Einheit berichten müssen. Oft werden ähnliche oder einander ergänzende Geschäfte betrieben. Ravensburger z. B. fertigt Spiele und Bücher, Bertelsmann betreibt Buchverlage, Verlagsauslieferungen und Druckereien.

LESEFÖRDERUNG Summarische Bezeichnung für Bemühungen, bei Kindern frühzeitig die Lesefertigkeit und darüber hinaus Leseinteresse und Lesefreude zu stimulieren. Es gibt hierzu zahlreiche Initiativen auf lokaler, landesweiter und Bundes-Ebene. Der vom Börsenverein und der Stiftung Lesen 2021 gegründete Nationale Lesepakt soll mit Unterstützung des Bundesministeriums für Bildung und Forschung dieser Zielsetzung dienen.

LIZENZ Durch einen Lizenzvertrag autorisierte Verwertungsform eines Buches in Gänze oder in Teilen. Dafür wird meist ein Lizenzhonorar vereinbart, das je nach den vorhandenen Verträgen mit den Urhebern zu teilen ist.

MARKETING Gesamtheit aller Maßnahmen, mit denen ein Buch vermarktet wird. Es beginnt mit einer Produktbeschreibung und Zielgruppenbenennung, geht über Titelgebung und Aufmachung des Buches bis hin zur Preisgestaltung sowie vielfältigen Möglichkeiten der Kommunikation und Verkaufsförderung.

MITTELSTAND Unternehmen im Privatbesitz, die größer sind als eine Einzelfirma, aber kleiner und weniger komplex als ein Konzern.

PORTFOLIO Bei jeder Art des Wirtschaftens hat man es mit begrenzten Ressourcen zu tun – seien es Zeit, Geld, Rohstoffe, Ideen, Qualifikationen oder Bereitschaft von Handelspartnern und Lieferanten. Wenn man sein verlegerisches Handlungsfeld in verschiedene Sektoren aufteilt (vier reichen meist aus), die unterschiedlichen Erwartungen und Kapazitäten entsprechen, lassen sich die zur Verfügung stehenden Mittel gezielter einsetzen. So kann man Stärken und Schwächen sowie Chancen und Risiken analysieren.

PROGRAMM Art und Thematik der Bücher, die ein Verlag herausgibt. Ein Programm kann profiliert oder konturarm sein, spezialisiert oder breit aufgestellt, populär oder elitär.

RABATT Die Kunden des Verlags sind in der Regel Wiederverkäufer: Barsortimente (Großhändler), Buchhändler oder andere Fachhändler. Für deren Aufwendungen gewährt der Verlag eine prozentuale Reduktion auf den von ihm festgesetzten Ladenpreis, die bei KJBV in der Regel nicht unter 35 % liegen und nicht mehr als 50 % betragen sollte. Es ist ein offenes Geheimnis der Branche, dass von Filialisten und anderen Großabnehmern oft höhere Rabatte verlangt werden. Für Endkunden darf es – mit wenigen Ausnahmen, z. B. bei großen Mengen oder für den Einsatz in der Schule – keine Rabatte bzw. Nachlässe geben.

SELBSTSTÄNDIGE UNTERNEHMEN Verlage, die KJB verlegen und nicht Teil einer übergeordneten Unternehmensgruppe sind.

SORTIMENTSBUCHHANDEL Jeder Buchhändler kann sein Sortiment selbst bestimmen. Ob er das nach Bestseller-Potenzial, nach literarischen Vorlieben, als Spezialist oder Generalist betreibt, ist seine unternehmerische Entscheidung. Er sollte betriebswirtschaftlich kalkulieren können, einen Sinn für das Marketing haben, kulturell interessiert sein, viel lesen und kundenfreundlich auftreten.

UMSATZ Summe der Einnahmen, die ein Verlag durch den Verkauf seiner Bücher (ggf. in verschiedenen Ausgabeformen wie Hardcover, Taschenbuch, E-Book, Hörbuch) und Lizenzen erwirtschaftet.

VERLEGER / VERLAGSLEITUNG Person, bei der die Fäden eines Verlags zusammenlaufen. Er oder sie muss das Kreative mit dem Kaufmännischen vereinen können und die Mitarbeiter daraufhin motivieren. Es gibt immer weniger Verleger, die zugleich Inhaber ihres Verlags sind; die meisten sind heute angestellte Geschäftsführer. Große Verlage werden oft von einer Doppel- oder Dreifachspitze aus Verleger (für das Programm), Kaufmännischem Leiter (für Organisation und Finanzen) und Marketing- / Vertriebs-Chef gebildet. Bei kleinen Verlagen sind diese Funktionen in der Person des Verlegers vereint.

VERTRIEB Die Aufgabe des Vertriebs ist zugleich der Name der Abteilung. In KJBV kümmert sich der Vertrieb um den Verkauf der Bücher an den Buch- und sonstigen Fachhandel im In- und Ausland. Dazu gehören extern die Akquisition und Betreuung von Kunden sowie das Verhandeln von Bezugskonditionen. Intern spielt der Vertrieb bei Umfang und Gewichtung des Programms, bei Ladenpreisen und Disposition von Auflagen, Neuauflagen und Beständen eine federführende Rolle.

WARENGRUPPEN Um einen Überblick über die unterschiedlichen Arten und Themen von Büchern zu gewinnen und um die Warenströme gezielt leiten zu können, hat sich die Branche auf eine Warengruppensystematik verständigt. Bei der VLB-Titelmeldung muss der Verlag jedem Buch eine Warengruppe zuweisen.

Quellenverzeichnis

(Bei allen www-Bezügen erfolgte der letzte Zugriff am 28.12.2020.)

Kapitel 1

Habermas, Jürgen: *Warum nicht lesen?* In: Katharina Raabe/Frank Wegner (Hg.) Warum Lesen – Mindestens 24 Gründe. Berlin: Suhrkamp 2020

Bettelheim, Bruno: *Kinder brauchen Bücher.* Stuttgart: DVA 1982

Pennac, Daniel: *Wie ein Roman.* Köln: Kiepenheuer & Witsch 1994; auch Köln: KiWi TB 2004

Wolf, Maryanne: *Das lesende Gehirn.* Heidelberg: Spektrum 2009

Manguel, Alberto: *Eine Geschichte des Lesens.* Berlin: Volk und Welt 1998; auch Frankfurt/Main: Fischer TB 2012

Manguel, Alberto: *Über Trost,* Interview Süddeutsche Zeitung 12.12.2020
Gutzschhahn, Uwe-Michael: Gespräch mit der Präsidentin der Deutschen Akademie für Kinder- und Jugendliteratur, Claudia Maria Pecher, München 20.11.2020
Kinder Medien Monitor 2020. Bremen: Immediate GmbH 2020
mini-KIM-Studie 2014 – Kleinkinder und Medien. Basisuntersuchung zum Medienum gang 2- bis 5-Jähriger in Deutschland. Stuttgart: Medienpädagogischer Forschungsverbund Südwest c/o Landesanstalt für Kommunikation Baden-Württemberg (LFK) 2015
FIM-Studie 2016 – Familie, Interaktion, Medien. Untersuchung zur Kommunikation und Mediennutzung in Familien. Stuttgart: Medienpädagogischer Forschungsverbund Südwest c/o Landesanstalt für Kommunikation Baden-Württemberg (LFK) 2017
KIM-Studie 2018 – Kindheit, Internet, Medien. Basisuntersuchung zum Medienumgang 6- bis 13-Jähriger. Stuttgart: Medienpädagogischer Forschungsverbund Südwest c/o Landesanstalt für Kommunikation Baden-Württemberg (LFK) 2019
JIM-Studien 2019 und 2020 – Jugend, Information, Medien. Basisuntersuchung zum Medienumgang 12- bis 19-Jähriger. Stuttgart: Medienpädagogischer Forschungsverbund Südwest c/o Landesanstalt für Kommunikation Baden-Württemberg (LFK) 2020
Jedes Kind muss lesen lernen! – Hamburger Erklärung. www.change.org
Skipis, Alexander. Börsenblatt vom 03.12.2019
Mangen, Anne u.a.: *Zur Zukunft des Lesens – die Stavanger-Erklärung von 130 Wissenschaftlern.* Frankfurter Allgemeine Zeitung 22.01.2019. Original unter ereadcost.eu/stavanger-declaration
Maar, Paul: *Junge Autoren haben keine Chancen,* Spiegel Online 27.01.2014
Lunghard, Bernd: *Gedichtbehandlung.* Zitiert nach Hans-Joachim Gelberg (Hg.) *Großer Ozean,* Weinheim: Beltz & Gelberg 2000/2015
Knödler, Christine: *Endlich erwachsen.* In: *Bücher machen Menschen.* München: Allitera 2012. Jahresarbeit des Aufbaustudiengangs Buchwissenschaft 2010/11 an der Ludwig-Maximilians-Universität München
Kinder- und Jugendbücher – Marktpotenzial, Käuferstrukturen und Präferenzen unterschiedlicher Lebenswelten wurde zuletzt 2007 von GfK (Gesellschaft für Konsumforschung) und Sinus Sociovision durchgeführt. Frankfurt/Main: Börsenverein des Deutschen Buchhandels e.V. (Studienreihe Marktforschung) 2007
Buch und Buchhandel in Zahlen 2020. Frankfurt/Main: Börsenverein des Deutschen Buchhandels e.V. 2020
Richter, Hans Peter: *Damals war es Friedrich.* München: dtv 1961
von der Grün, Max: *Vorstadtkrokodile.* München: C. Bertelsmann Jugendbuch 1976; auch München: cbt 2006

Kapitel 2

www.avj-online.de
www.boersenverein.de
vorsichtbuch.de
www.indiekids.de
www.peter-hammer-verlag.de/www.kindermannverlag.de/www.jungbrunnen.co.at
KuK – die Kooperation unabhängiger Kinderbuchverlage
www.5plus.org
www.lehmkuhl.buchhandlung.de
www.ravensbuch.de

www.kilifue.de
www.bod.de
www.tredition.de
Schmid, Thilo/Udina, Carmen: buchreport 02.10.2020
Groothuis, Rainer: *Wie kommen die Bücher auf die Erde? – Über Verleger und Autoren, Hersteller, Verkäufer und das schöne Buch. Nebst einer kleinen Warenkunde.* Köln: Dumont 2000
Skipis, Alexander: zitiert nach buchreport 23.03.2011
www.carlsen.de/impress
www.dotbooks.de

Kapitel 3

www.ravensburger-gruppe.de
Enzensberger, Hans Magnus/Berner, Rotraut Susanne: *Der Zahlenteufel.* München: Hanser 1997; auch München: dtv-Reihe Hanser 2014
Rotraut Susanne Berner: *Die Wimmelbücher sind wie ein Lottogewinn*, Interview Süddeutsche Zeitung 23.10.2020
www.verlagsconsult.de
www.hspartner.de
Andreas Ländle, Leiter Digital Publishing bei DroemerKnaur: Interview Buchreport vom 15.05.2017.
www.boersenblatt.net 06.06.2015
Enzensberger, Hans Magnus: *Meine Lieblings-Flops – gefolgt von einem Ideen-Magazin.* Berlin: Suhrkamp 2011; auch Berlin: Suhrkamp TB 2012
Reinhold Neven-DuMont, von 1967 bis 2002 Verleger von Kiepenheuer & Witsch in Köln, am 18.03.2016 im Deutschlandfunk
Norrick-Rühl, Corinna: *Internationaler Buchmarkt.* Frankfurt/Main: Bramann 2019
Lepman, Jella: *Die Kinderbuchbrücke.* München: Sonderauflage für den Verein Internationale Jugendbibliothek 1999. © 1964 S. Fischer, Frankfurt/Main; Neuausgabe München: Antje Kunstmann 2020
www.vlb.de
Gehry, Frank O.: Interview Süddeutsche Zeitung 20.02.2016
Landgrebe, Jonathan: Interview Frankfurter Allgemeine Zeitung 11.12.2015
Weber, Markus: *Gnadenlos verschätzt*, Börsenblatt 19.09.2019
Lux, Susanne: zitiert in *Bücher-Botox*, Börsenblatt-Spezial Kinder- und Jugendbuch 17.09.2020

Kapitel 4

Richter, Jutta: *Lesezeichen.* Mitteilungen des Lesezentrums der Pädagogischen Hochschule Heidelberg. Heft 14/2003
Boie, Kirsten: *Über die Entwicklung der Lesefreude.* Vortrag zum 60. Jubiläum der Bödecker-Kreise, Hannover 2014, www.kirsten-boie.de
Pressler, Mirjam: www.mirjampressler.de
Steinhöfel, Andreas: Gespräch mit Ute Wegmann, Deutschlandfunk 13.12.2014
Preußler, Otfried: *Ich erzähle Geschichten.* In: *Sagen Sie mal, Herr Preußler – Festschrift für Otfried Preußler zum 75. Geburtstag*, Stuttgart: Thienemann 1998
Ungerer, Tomi: *Ich bin ein Schwindler* (1999). In *Expect the Unexpected – Essays über Tomi Ungerer zu seinem 80. Geburtstag*, Zürich: Diogenes 2011
Ponti, Claude: Auf der Website von l´École des Loisirs, 2020, www.ecoledesloisirs.fr

Saramago, José: zitiert von Außenminister Heiko Maas bei der Eröffnung der Frankfurter Buchmesse 16.10.2019. www.uepo.de
Eco, Umberto: *Quasi dasselbe mit anderen Worten – Über das Übersetzen.* München: Hanser 2006; auch München: dtv 2009
Pressler, Mirjam: www.mirjampressler.de
Damm, Antje: *Alles aus einer Hand?* In: *Aus einer Hand – 15 Jahre Moritz Verlag*, Troisdorf: Moritz Verlag und Museum Burg Wissem 2009
Gelberg, Hans-Joachim: Interview mit Ute Wegmann, Deutschlandfunk 10.08.2019
Handler, Daniel: *43 Gründe, warum es AUS ist.* München: Hanser 2013
Bauer, Jutta: *Bilder lesen.* Rede in der Universität Frankfurt/Main, Jahresgabe 2012, Freundeskreis des Instituts für Jugendbuchforschung
Lionni, Leo: *Zwischen Zeiten und Welten.* München: Middelhauve 1998
Carle, Eric: www.eric-carle.com, Mai 2019
Ramos, Mario: *Meine Bilder …* In: *Aus einer Hand – 15 Jahre Moritz Verlag*, Troisdorf: Moritz Verlag und Museum Burg Wissem 2009
Boynton, Sarah: *Don´t Let the Turkeys Get You Down.* New York: Workman 1986
Groothuis, Rainer: *Propaganda 1.* Hamburg 2020. www.groothuis.de
Groothuis, Rainer: *Papperlapapp – Antworten auf einige der ewigen Fragen rund ums Buch und seinen Verkauf.* Mainz: Hermann Schmidt 2004
www.stiftung-buchkunst.de
Zipfel, Dita: *Wie der Wahnsinn mir die Welt erklärte.* München: Hanser 2019
Kotler, Philip: *Marketing-Management.* Stuttgart: C.E. Poeschel 1989; auch aktualisierte Edition München: Pearson Studium 2017
Huse, Ulrich: *Verlagsmarketing.* Frankfurt/Main: Bramann 2017
Franck, Georg: *Ökonomie der Aufmerksamkeit.* München: Hanser 1998. 12. Auflage 2019
www.paulwatzlawick.de
www.kinderbuchcouch.de
www.jugendbuchcouch.de
www.lovelybooks.de
Beyer-Mayländer, Thomas/Bramann, Klaus-Wilhelm: *Online-Marketing und E-Commerce für Buchverlage.* Frankfurt/Main: Bramann 2017
von Lucius, Wulf D.: *Verlagswirtschaft.* Konstanz: UVK 2005
Joß, Stephan: *Den Zahlen lauschen.* Interview Börsenblatt 30.01.2020
www.bommersheim.de
www.doerrich-kleinhans.de
Shell Deutschland Holding (Hg.): *Jugend 2019 – Eine Generation meldet sich zu Wort.* Weinheim: Beltz 2019

Kapitel 5

www.michaelende.de
Ewers, Hans-Heino: *Michael Ende neu entdecken – Was Jim Knopf, Momo und Die unendliche Geschichte Erwachsenen zu sagen haben. Stuttgart: Alfred Kröner* 2018
Singer, Isaac: *Sind Kinder die besseren Literaturkritiker?* In: *Massel & Schlamassel – Kindergeschichten.* München: Hanser 1988
Härtling, Peter: *Helft den Kindern, helft den Büchern.* In: *Reden und Essays zur Kinderliteratur.* Weinheim: Beltz & Gelberg 2003
Marx, Karl: *Das Kapital.* Erster Band. Berlin: Dietz 1969 (nach der 4. Auflage 1890)

Gernhardt, Robert: *Über alles.* Frankfurt/Main: Fischer 1996
Katharina Rutschky: *Schwarze Pädagogik.* Berlin: Ullstein 1977
Alice Miller: *Am Anfang war Erziehung.* Frankfurt/Main: Suhrkamp 1983
Bach, Tamara: *Vierzehn.* Hamburg: Carlsen 2016
Quitterer, Stepha: *Weltverbessern für Anfänger.* Hildesheim: Gerstenberg 2020
Zipfel, Dita: *Wie der Wahnsinn mir die Welt erklärte.* München: Hanser 2019
Hach, Lena: *Grüne Gurken.* München: Mixtvision 2019
Schlitzer, Monika: Online-Fachtagung Verlegerrecht, 07.10.2020
Menche, Birgit: *Urheber und Verlagsrecht.* Frankfurt/Main: Bramann 2020
www.boersenverein.de

Kapitel 6

blog.buecherfrauen.de
www.boysandbooks.de

Kapitel 7

Epstein, Jason: *Vom Geschäft mit Büchern.* Zürich: Midas Verlag 2001
Dohle, Markus: *Die Menschen wollen lesen.* Interview Süddeutsche Zeitung 13.10.2020
Eco, Umberto/Carrière, Jean-Claude: *Die große Zukunft des Buches.* München: Hanser 2010/2016; auch München: dtv 2011

Literaturverzeichnis

LESEN

Andresen, Ute: *Lass mich mal – lesen und schreiben.* Weinheim: Beltz & Gelberg 2011
Anz, Thomas: *Literatur und Lust – Glück und Unglück beim Lesen.* München: C.H. Beck 1998; auch München: dtv TB 2002
Buchholz, Quint: *Im Land der Bücher.* München: Hanser 2013
Calvino, Italo: *Warum Klassiker lesen?* München: Hanser 2003 auch Frankfurt/Main: Fischer TB 2013
Denk, Friedrich: *Wer liest, kommt weiter.* Gütersloh: Gütersloher Verlagshaus 2013
Falschlehner, Gerhard: *Vom Abenteuer des Lesens.* Salzburg: Residenz 1997
Franz Kurt: *Lesen macht stark. Alles über Bücher. Vom Autor bis zum Leser.* München: dtv 1980/1996
Gerk, Andrea: *Lesen als Medizin – Die wundersame Wirkung der Literatur.* Berlin: Rogner & Bernhard 2015
Iser, Wolfgang: *Der Akt des Lesens.* München: W. Fink 1984 (UTB 636)
Kampa, Daniel/Heidelbach, Nikolaus: *Lesen und lesen lassen.* Hamburg: Atlantik 2014
Kaplan, Stephanie: *Die Aktivität des Lesens.* Mainz: Hermann Schmidt 2007
Klüger, Ruth: *Frauen lesen anders.* München: dtv 1996
Manguel, Alberto: *Eine Geschichte des Lesens.* Berlin: Volk und Welt 1998; auch Frankfurt/Main: Fischer TB 2012
Michel, Sascha: *Die Unruhe der Bücher – Vom Lesen und was es mit uns macht.* Ditzingen: Reclam 2020
Müller-Walde, Katrin: *Warum Jungen nicht mehr lesen – und wie wir das ändern können.* Frankfurt/Main: Campus 2005/2010

Napp, Daniel: *Das schlaue Buch vom Büchermachen*. Hildesheim: Gerstenberg 2016
Parks, Tim: *Worüber wir sprechen, wenn wir über Bücher sprechen*. München: Kunstmann 2016; auch München: Goldmann TB 2019
Pennac, Daniel: *Wie ein Roman*. Köln: Kiepenheuer & Witsch 1994; auch Köln: KiWi TB 2004
Smith, Lane: *Das ist ein Buch*. München: Sanssouci 2010; auch München: Hanser 2017
Thalmayr, Andreas: *Lyrik nervt! – Ein Erste-Hilfe-Buch für alle, die meinen, daß sie mit Gedichten nichts anfangen können*. München: Hanser 2004/2014; auch München: dtv-Reihe Hanser TB 2008
von Lovenberg, Felicitas: *Gebrauchsanweisung fürs Lesen*. München: Piper 2018
Wambold, Fenja: *Bücher lieben lernen*. Frankfurt/Main: Bramann 2020
Wolf, Maryanne: *Schnelles Lesen, langsames Lesen – Warum wir das Bücherlesen nicht verlernen dürfen*. München: Penguin 2019
Wolf, Maryanne: *Das lesende Gehirn*. Heidelberg: Spektrum 2009

SCHREIBEN

Eco, Umberto: *Quasi dasselbe mit anderen Worten – Über das Übersetzen*. München: Hanser 2006; auch München: dtv 2009
Frey, James N.: *Wie man einen verdammt guten Roman schreibt*. Köln: Emons 1993/2016
McCann, Colum: *Briefe an junge Autoren*. Hamburg: Rowohlt 2017
Kennedy, A.L.: *Schreiben – Blogs & Essays*. München: Hanser 2013
King, Stephen: *Das Leben und das Schreiben*. Berlin: Ullstein 2000; auch München: Heyne TB 2011
Schneider, Wolf: *Deutsch! – Das Handbuch für attraktive Texte*. Hamburg: Rowohlt 2007; auch Hamburg: Rowohlt TB 2013
Stein, Sol: *Über das Schreiben*. Frankfurt/Main: Zweitausendeins 1997; auch Hamburg: Autorenhaus Verlag 2015
Stein, Sol: *Aufzucht und Pflege eines Romans*. Frankfurt/Main: Zweitausendeins 2001
Thalmayr, Andreas: *Schreiben für ewige Anfänger – Ein kurzer Lehrgang*. München: Hanser 2018

VERLEGEN

Clement, Michel/Blömeke, Eva/Sambeth, Frank (Hrsg.): *Ökonomie der Buchindustrie*. Wiesbaden: Gabler 2009
Eco, Umberto Eco/Carrière, Jean-Claude: *Die große Zukunft des Buches*. München: Hanser 2010/2016; auch München: dtv 2011
Groothuis, Rainer: *Wie kommen die Bücher auf die Erde?* Köln: DuMont 2000/2007
Hagner, Michael: *Zur Sache des Buches*. Göttingen: Wallstein 2015
Liepman, Ruth: *Vielleicht ist Glück nicht nur Zufall – Erzählte Erinnerungen*. Köln: Kiepenheuer & Witsch 1993
Littek, Frank: *So entsteht ein Buch*. Würzburg: Arena 2000
Maier, Otto Julius: *Der Enkel oder Mister Ravensburger fängt den Hut*. Stuttgart: sagas.edition 2013
Manzini, Antonio: *Spitzentitel*. Berlin: Wagenbach 2017
Schickerling, Michael: *Lektorat, Programmplanung und Projektmanagement im Buchverlag*. Frankfurt/Main: Bramann 2020
Schickerling, Michael/Menche, Birgit: *Bücher machen – Ein Handbuch für Lektoren und Redakteure*. Frankfurt/Main: Bramann 2015

von Lucius, Wulf D.: *Verlagswirtschaft.* Konstanz: UVK Verlagsgesellschaft 2014 (UTB 2652)
Wagenbach, Klaus (Hg.): *Warum so verlegen? Über die Lust an Büchern und ihre Zukunft.* Berlin: Wagenbach 2004
Wittmann, Reinhard: *Geschichte des deutschen Buchhandels.* München: C.H. Beck 1991; auch München: C.H. Beck TB 2019

ZUM KINDER- UND JUGENDBUCH

Baacke, Dieter: *Die 0- bis 5-Jährigen – Einführung in die Probleme der frühen Kindheit.* Weinheim: Beltz 1984/1999/2018
Baacke, Dieter: *Die 6- bis 12-Jährigen – Einführung in die Probleme des Kindesalters.* Weinheim: Beltz 1984/1999/2018
Baacke, Dieter: *Die 13- bis 18-Jährigen – Einführung in die Probleme des Jugendalters.* Weinheim: Beltz 1983/2000/2009
Bamberger, Richard: *Jugendlektüre.* Wien: Jugend und Volk 1965
Bamberger, Richard: *Jugendschriftenkunde.* Wien: Jugend und Volk 1975
Berner, Rotraut Susanne: *Alphabet & Zeichenstift.* München: Hanser 2008
Doderer, Klaus: *Die Entdeckung der Kinder- und Jugendliteraturforschung.* Weinheim: Beltz 2015
Doderer, Klaus: *Begegnung mit der Welt der Poesie – Autobiographische Notizen.* Niederfrohna: Mironde 2014
Ewers, Hans-Heino: *Literatur für Kinder und Jugendliche – Eine Einführung.* München W. Fink 2000/2012 (UTB 2124)
Greenfeld, Howard/Spangenberg, Berthold: *Bücher wachsen nicht auf Bäumen – Vom Bücherschreiben und Büchermachen.* München: Ellermann 1979
Härtling, Peter: *Reden und Essays zur Kinderliteratur.* Weinheim: Beltz & Gelberg 2003
Günther, Herbert: *Zwischen den Zeilen – zwischen den Stühlen.* Norderstedt: BoD 2021
Hurrelmann, Bettina (Hg.): *Klassiker der Kinder- und Jugendliteratur.* Frankfurt/Main: Fischer 1995
Lindgren, Astrid: *Niemals Gewalt!* Rede anlässlich der Verleihung des Friedenspreises des Deutschen Buchhandels 1978. Hamburg: Oetinger 2017
Lepman, Jella: *Die Kinderbuchbrücke.* Frankfurt/Main: S. Fischer 1964; auch München: Antje Kunstmann 2020
Krüss, James: *Naivität und Kunstverstand – Gedanken zur Kinderliteratur.* Weinheim: Beltz 1992
Maar, Paul: *Vom Lesen und Schreiben.* Hamburg: Oetinger 2007
Nöstlinger, Christine: *Geplant habe ich nichts – Aufsätze, Reden, Interviews.* Wien: Dachs 1996
Pleticha, Heinrich (Hg.): *Sagen Sie mal, Herr Preußler …* Stuttgart: Thienemann 1998
Spanner, Helmut: *Rund ums Pappbilderbuch.* München: Burckhardthaus 2018
Thiele, Jens/Steitz-Kallenbach, Jörg: *Handbuch Kinderliteratur – Grundwissen für die Ausbildung.* Freiburg: Herder 2003
Wolgast, Heinrich: *Das Elend unserer Jugendliteratur.* Hamburg 1899; diverse spätere Ausgaben

GEDICHTE

Enzensberger, Hans Magnus (Hg.): Allerleihrauh – viele schöne Kinderreime. Frankfurt/Main: Suhrkamp 1961. Neuausgabe Berlin: Insel 2012
Guggenmos, Josef: *Oh, Verzeihung, sagte die Ameise.* Weinheim: Beltz & Gelberg 2018

Gutzschhahn, Uwe-Michael (Hg.): *Sieben Ziegen fliegen durch die Nacht.* München: dtv 2018
Hohler, Franz: *Es war einmal ein Igel.* München: Hanser 2010
Nesbitt, Ken (Hg.): *Jetzt noch ein Gedicht, und dann aus das Licht!* München: Hanser 2019
Raecke, Renate/Blume, Monika (Hg.): *Schnick Schnack Schabernack – Das Hausbuch der Reime und Lieder für die Allerkleinsten.* Hildesheim: Gerstenberg 2008
Thalmayr, Andreas: *Lyrik nervt! Ein Erste-Hilfe-Buch für alle, die meinen, daß sie nichts mit Gedichten anfangen können.* München: Hanser 2004/2014

MEDIEN

Künnemann, Horst: *Kinder und Kulturkonsum – Überlegungen zu bewältigten und unbewältigten Massenmedien unserer Zeit.* Weinheim: Beltz 1972/1974
Lanier, Jaron: *Wem gehört die Zukunft?* Hamburg: Hoffmann & Campe 2014; auch Hamburg: Hoffmann & Campe TB 2021
Lanier, Jaron: *Zehn Gründe, warum du deine Social Media Accounts sofort löschen musst.* Hamburg: Hoffmann & Campe 2018; auch Hamburg: Atlantik TB 2019
Postman, Neil: *Das Verschwinden der Kindheit.* Frankfurt/Main: Fischer 1983
Postman, Neil: *Wir amüsieren uns zu Tode.* Frankfurt/Main: Fischer 1985; auch Frankfurt/Main: Fischer TB 2006
Reuß, Roland: *Ende der Hypnose – Vom Netz und zum Buch.* Frankfurt/Main: Stroemfeld 2012
Silberstein, Schlecky: *Das Internet muss weg!* München: Knaus 2018; auch München: Penguin TB 2019
Spitzer, Manfred: *Digitale Demenz – Wie wir uns und unsere Kinder um den Verstand bringen.* München: Droemer 2012; auch München: DroemerKnaur TB 2014

AUTOREN

Doderer, Klaus: *James Krüss – Insulaner und Weltbürger.* Hamburg: Carlsen 2009
Eccleshare, Julia: *Beatrix Potter to Harry Potter – Portraits of children´s writers.* London: National Portrait Gallery 2002
Kruse, Max: *Im Wandel der Zeit – Wie ich wurde, was ich bin.* Stuttgart: Thienemann 2011
Lindgren, Astrid: *Steine auf dem Küchenbord – Gedanken, Erinnerungen, Einfälle.* Hamburg: Oetinger 2000
Lionni, Leo: *Zwischen Zeiten und Welten.* München: Middelhauve 1998
Maar, Paul: *Wie alles kam – Roman meiner Kindheit.* Frankfurt/Main: Fischer 2020
Michl, Reinhard: *Bilderbuchleben.* München: dtv 2008
Middelhauve, Gertraud (Hg.): *Dichter erzählen Kindern.* Köln: Middelhauve 1966/1991
Middelhauve, Gertraud (Hg.): *Dichter Europas erzählen Kindern.* Köln: Middelhauve 1972; auch München: dtv TB 1975
Mitgutsch, Ali: *Herzanzünder – Mein Leben als Kind.* München: dtv 2015
Rowling, Joanne K.: *Was wichtig ist – Vom Nutzen des Scheiterns und der Kraft der Fantasie.* Hamburg: Carlsen 2017
Spinnen, Burkhard: *Das Buch – Eine Hommage.* Frankfurt/Main: Schöffling 2016
Ungerer, Tomi: *Expect the Unexpected.* Zürich: Diogenes 2011

Sachregister

Agenturen 132f, → Lizenzgeschäft
Autor 82f., 117–134, 133f
Avj 37, 45

Backlist 77f., 157
Bestseller 10, 66, 70–73, 157
Börsenverein des Deutschen Buchhandels 16, 157
Buch (als Medium) 9–12, 22f., 155f.
Buchkäufer 29f.

Controlling 113f.

Digitalisierung 22f., 155f., 157, → E-Book

E-Book 50–52, 155f.
E-Commerce → Internet-Handel

Freie Mitarbeiter 94, 95, 150–152

Genre (KJB) 24

Herstellung 40, 97–100
Honorar 158, → Verlagsvertrag, → Kalkulation

Illustrationen 89–91, 127
Imprint 54f.
Internet-Handel 10, 33, 158
ISBN 47

Kalkulation 11, 72, 96, 106, 137, 140, 143–148, 158
Klassiker 68–70, 159

Ladenpreis 9, 158
Lebenszyklus 148
Lektorat 11, 40, 92–97, 117–134
Leseexemplare 66
Leseförderung 16f., 134, 159
Lesen 12–23
Lizenzgeschäft 40, 42, 131, 159, → Übersetzungen

Make or Buy → Outsourcing
Markenbildung 54f.
Marketing 44–46, 101, 159
Marktüberblick 9f., 30–34
Mediennutzung → Studien zum Leseverhalten
Merchandising 27f.
Mitarbeiter 148–154, → Freie Mitarbeiter

Normvertrag 129

Outsourcing 41f., 63f.

Pareto-Prinzip 63
Portfolio 61–63, 74, 159
Pressearbeit 40, 46, 67f., 101–103
Print-on-Demand 47
Programmplanung 53–78, 140–143, 159
Projektmanagement 136–143

Rabatt 159
Rechtsabteilung 112, → Lizenzgeschäft, → Übersetzungen, → Verlagsvertrag

Self-Publishing 11, 48f.
Social Media 105f.
Spitzentitel 66, 68
Studien zum Leseverhalten 18–22

Typologie KJBV 35–42

Übersetzungen 84–89, 129
Urheberrecht 129f.

Verlagsvertrag 112, 123–126, 128–132
Vertrieb 40, 42–44, 106–110, 160
Vertriebs-Kooperationen 42–44
Verwertungsgesellschaft Wort 130
VLB/VLB-TIX 65f.
Vorschau 65–68, 77

Warengruppen 32f., 160
Werbung 44–46, 104–106

Verlags- und Namensregister

5plus Buchhandlungen 45

Abac Verlag 43
Aladin Verlag 69
Amazon Online-Buchhandel 68, 105, 110, 157, 158
Annette Betz Verlag 43
Antje Kunstmann Verlag 64
aracari Verlag 43, 46
Arche Kalender Verlag 43
Arctis Verlag 43
Arena Verlag 39
Atlantis Verlag 43, 46
Atrium Verlag 43
Aufbau Vertrieb 43
avj – Arbeitsgemeinschaft Jugendbuchverlage 29, 37f.

Bach, Tamara 121
Baobab Books Verlag 43
Bauer, Jutta 90f.
Beckett, Samuel 74
Bellos, David 64
Beltz & Gelberg Verlag 11, 51, 69f., 90, 92f.
Beltz Verlagsgruppe 43, 69
Benson, Patrick 87
Berlin Verlag 78
Berner, Rotraut Susanne 57, 70, 90
Bertelsmann Verlag 39
Bettelheim, Bruno 12f., 22
Bindewerk Papierwaren 43
Bitsche, Herwig 46
Bloomsbury Verlag 78
Blyton, Enid 54
Börsenverein des Deutschen Buchhandels 16, 29, 31ff., 37, 44, 51, 60, 129f., 134, 157, 159
Boie, Kirsten 16, 70, 83
Bommersheim Consulting 111
Bonnier Verlagsgruppe 39, 70
Books on Demand Verlag 48
Boynton, Sandra 94

Carle, Eric 70, 91
Carlsen Verlag 46, 51, 65, 71, 105
cbj Verlag 39, 59, 86

Damm, Antje 89
DAV – Der Audio Verlag 43
Der Kinderbuchverlag 69
Diogenes Verlag 25, 54, 56, 70
Disney, Walt 26
Dohle, Markus 155f.
Dorling Kindersley Verlag 127
Dörrich, Kleinhans + Partner 111
Dotbooks Verlag 51f.
Doubleday Verlag 39
Dragonfly Verlag 38, 43, 46, 55
Droemer Knaur Verlag 59
dtv Verlag 38f., 42f., 46, 92f., 111

Eco, Umberto 84f., 155
École des Loisirs Verlag 74
Edition Bracklo Verlag 43
Edition Pastorplatz Verlag 43
Egmont Verlag 18, 55, 86
Ellermann Verlag 39
Ende, Michael 26, 55, 70f., 119
Enzensberger, Hans Magnus 25, 57, 60, 74
Epstein, Jason 155
Ewers, Hans-Heino 119

Faltin, Günter 59f.
Fischer, Samuel 39
Flygenring, Rán 99f.
Franck, Georg 102
Friedrich, Maria 39
Fritz Agentur 132
Funke, Cornelia 54, 103
F.X. Schmid Verlag 54

Gabriel Verlag 69
Gehry, Frank O. 70
Gelberg, Hans-Joachim 11, 90
Gerstenberg Verlag 46, 70, 78
Globi Verlag 43
Glöckler Verlagsgruppe 43
Goya libre Verlag 43
G & G Verlag 43
Goldmann Verlag 39
Gräfe & Unzer Verlag 51
Grahame, Kenneth 85f.
Green, John 26, 103

Griesheimer, Frank 93
Groothuis, Rainer 98f.
Gruner + Jahr Verlag 18
Günther, Herbert 85
Gutzschhahn, Uwe-Michael 16, 85

Hach, Lena 122
Handler, Daniel 90
Hanser Verlag 11, 57, 82, 105, 111
Härtling, Peter 25, 120
HarperCollins Verlag 38f., 43, 55
Hawking, Stephen 25
Heine, Helme 69
Heinold, Spiller & Partner Beratung 58
Heymann Buchhandlung 68
Hoch Verlag 69
Hogrebe, Katrin 46
Hohler, Franz 25
Holtzbrinck Verlagsgruppe 39, 105
Hugendubel Buchhandlung 44, 68, 105, 109
Hurrelmann, Klaus 116

Indiekids Kooperation 43f.
Ingpen, Robert 87

Jacoby & Stuart Verlag 43
Janosch 54, 70
Joß, Stephan D. 111, 114
Jumbo Verlag 43
Jungbrunnen Verlag 44

Kalman, Maira 90
Kästner, Erich 25, 64
Keel, Daniel 25, 57
Kein & Aber Verlag 86
Kindermann Verlag 44
Kincaid, Eric 86
Klett Kinderbuch Verlag 37f., 43, 65
Knesebeck Verlag 87
Knödler, Christine 26
Kotler, Philip 100f.
Krüger, Michael 11, 57
Kruse, Max 26, 70
Kuckertz, Beate 51f.
KuK – Kooperation unabh. KBV 43

Lambeck, Silke 78
Landgrebe, Jonathan 71
Ländle, Andreas 59
Lechner, Auguste 152
Lehmkuhl Buchhandlung 45
Lendle, Jo 82
Lentz, Georg 70
Leon, Donna 45
Lepman, Jella 64f.
Lesch, Harald 25
Libri Barsortiment 48
Liepman Agentur 132
Lindgren, Astrid 55, 70
Lionni, Leo 69, 91
Löhr-Gößling, Anne 87
Lornsen, Boy 70
Lunghard, Bernhard 26
Lux, Susanne 78

Maar, Paul 26, 70
Magellan Verlag 43, 46
Mangen, Anne 22f.
Manguel, Alberto 14
Marx, Karl 120
May, Karl 114
Mayersche Buchhandlung 68
Mebs, Gudrun 25
Media Control Marktforschung 72f.
Meisinger Verlagsgruppe 69
Meyer, Stephenie 115
Middelhauve, Gertrud 39
Middelhauve Verlag 39, 69, 86
migo Verlag 49
Miller, Alice 121
minedition Verlag 46
Mitgutsch, Ali 54, 70
Mixtvision Verlag 43, 46
Mohn, Reinhard 39
Mohrbooks Agentur 132
Moore, Inga 87
Moritz Verlag 43, 46, 74
Mosch, Martin 99
Moses Verlag 46
Müller-Wallraf, Gundula 87

Neven-DuMont, Reinhold 60
Nimmerland Buchhandlung 78
Nilpferd Verlag 43
NordSüd Verlag 43, 46
Nöstlinger, Christine 70

Oetinger, Heidi 39
Oetinger Verlag 39, 43, 49, 70

Orell Füssli Verlag 43, 46
Orths, Markus 25
Osberghaus, Monika 38
Osiander Buchhandlung 68, 109
Oz, Amos 88

Panini Verlag 18
Pareto, Vilfredo 63
Pecher, Claudia Maria 16
Pehnt, Annette 25
Penguin Verlag 39
Pennac, Daniel 13
Peter Hammer Verlag 44, 46
Petersen, Wolfgang 26
Pludra, Benno 69
Ponti, Claude 83
Popp, Georg 39
Pressler, Mirjam 83, 88f., 93
Preußler, Otfried 26, 70, 83

Quitterer, Stepha 121f.

Ramos, Mario 91
Random House Verlagsgruppe 39, 155f.
RavensBuch Buchhandlung 45
Ravensburger Verlag 41, 51, 54, 70
Rebscher, Ralf 46
Reclam Verlag 51
Reed Elsevier Verlagsgruppe 39
Richter, Hans Peter 32
Richter, Jutta 83
Rowling, Joanne K. 54, 71, 115
Rowohlt, Harry 86
Rowohlt Verlag, rororo 41, 54
Runge Verlagsauslieferung 43
Rupprecht Buchhandlung 68
Rutschky, Katharina 121

Saramago, José 84
Schaltzeit Verlag 43
Scheffler, Axel 90, 119
Schlitzer, Monika 127
Schmid, Thilo 49f.
Schmitz, Thomas 45
Schmitz Buchhandlung 45
SchneiderBuch Verlag 38f., 43, 55, 92f.
Schneider, Franz 39
Scholastic Verlag 59
Schönfeldt, Sybil Gräfin 86
Shaw, Elisabeth 69
Shepard, E.H. 86
Simon & Schuster Verlag 39
Singer, Isaac B. 119
Skipis, Alexander 16, 51
Spangenberg, Christa 39
Spiegel Verlag 18, 45, 72f., 155
Spinnen, Burkart 25
Springer Nature & Business Verlagsgruppe 39
Stehle, Michael 87
Steinhöfel, Andreas 83, 85
Stine, R.L. 59
Suhrkamp, Peter 39
Suhrkamp Verlag 39, 71

Teich, Karsten 78
Thalia Buchhandlung 44, 109
Theisen, Manfred 103
Thienemann Verlag 39, 55, 69, 71, 87
Timm, Uwe 25
Tolkien, J. R.R. 115
Tredition Verlag 46

Ueberreuter Verlag 43
Udina, Carmen 49f.
Ungerer, Tomi 70, 83, 89
Unseld, Siegfried 39
Urachhaus Verlag 87
Usborne Verlag 38, 43

Verlagsconsult Beratung 58
Voltaire 25, 76, 156
von der Grün, Max 32
von Hacht Verlag 43

W1 Verlagsgruppe 43
Wagenbach Verlag 54
Watzlawick, Paul 102
Weber, Markus 74f., 89
Weitbrecht, Lieselotte 39
Wolf, Maryanne 13
Wölfel, Ursula 70
Wolff, Kurt 50
WooW Books Verlag 43

Zeit Verlag 18, 73
Zembol, Sebastian 46
Zipfel, Dita 99f., 122